新时期

浙江农业自然资源综合开发利用战略研究

王美青　孙永朋　徐萍　卫新　胡豹　著

中国农业出版社
北　京

FOREWORD 前言

本书系2013—2017年国家农业资源区划办公室和浙江省农业资源区划办公室资助项目的研究成果之一。

农业自然资源是人类社会的衣食之源、生存之本，是任何时代一个国家或地区经济社会健康稳定和永续发展的战略性资源。一般来看，农业自然资源包含农业生产可以利用的土地资源、水资源、生物资源、气候资源等自然环境要素。

本书结合浙江省农业自然资源特征和农业发展实际，从研究体系的完整性、连续性和时代性要求出发，以“十二五”时期特别是党的十八大以来，浙江省土地、水、森林、渔业、农业种质、农业气候六大类农业自然资源为研究对象，在对农业自然资源状况、开发利用情况、存在问题等进行分析评价的基础上，进一步探讨了综合开发利用的路径与举措，是新时期浙江农业区划研究领域的开创性成果之一，对于推动全省农业转型发展和产业振兴，加快生态文明和美丽浙江建设，实现农业农村经济社会和谐持续发展，具有重要的战略意义。

CONTENTS 目录

下篇　专题研究报告

导　论

一、研究现实背景与实践意义

资源是人类社会发展的物质基础，农业自然资源更是人类社会的衣食之源、生存之本，主要涵盖土地资源、水资源、森林资源、气候资源等；农业生产则是人类运用社会资源，对农业自然资源进行改造、加工的物质生产过程。在一定的社会资源条件下，农业发展水平决定了人类对农业自然资源的开发利用方式和水平，而农业自然资源禀赋又反过来决定着农业发展的空间潜力和前进道路。随着人类社会的发展和科学技术的进步，对农业自然资源的依赖程度正不断加深，科学评价农业自然资源禀赋及综合开发利用水平，加快革新农业耕作制度和开发利用模式，实现农业自然资源的可持续利用，日益成为新时期经济社会转型和现代化发展的时代需求。

中国是古老的农业国家，农业是五千年中华文明的重要根基。在数千年的农耕历史长河中，人类与自然、资源与生态的突出矛盾是贯穿始终的一条主线，其中水土资源居于农业自然资源的最核心地位，人口数量增长与水土资源短缺之间的矛盾长期困扰着中华民族的生存与发展。在传统农业落后的生产技术和装备条件下，我们的祖先创造出了一整套精耕细作、用地养地的农耕制度与技术体系，提出了“两论”（三才论、元气论）、“两说”（阴阳说、五行说）、“两观”（圜道观、尚中观）等经典农业哲学思想体系，最终孕育了以“应时、取宜、守则、和谐”为核心理念的华夏农耕文明。其中，协调和谐的三才观、趋时避害的农时观、辨土肥田的地力观、种养三宜的物性观、变废为宝的循环观、御欲尚俭的节用观等最具代表性，分别体现了中国传统农业哲学中朴素的唯物论和辩证法、整体观和系统论，深刻阐释了农耕实践中天、地、人之间的和谐共生关系，处处蕴含着我国劳动人民“天人合一”的哲学理念和“安土乐天”的生存智慧。华夏农耕文明从形成之初就重视对人类与自然、资源与生态等核心问题的哲学思考，历经无数先人的实践探索和理论创造，传统农业和小农经济传承数千年不衰，源于对资源与环境可持续、和谐发展理念的坚定信仰和上下求索。

18 世纪中叶，第一次工业革命从西方开始兴起，并推动资本主义迅速完成了从工场手工业向机器大工业过渡；19 世纪末 20 世纪初，第二次工业革命后的资本主义世界体系基本形成，工业革命与资本主义的互动发展在全球疆域实现了全覆盖。这一过程中，传统农业也发生了系统化的改造和重塑。特别是第二次世界大战之后，发达国家经济持续高速增长，发展中国家长期贫困，世界上80%左右的人口面临饥饿的挑战。发达国家以此为契机，开展了以“绿色革命”为标志的南北援助，通过向发展中国家输出新的经营理念和生产方式，广泛地应用先进技术与装备，加速了本国农业的规模化、集约化、机械化和企业化发展，开展大规模、高产量的农业生产，大幅提升了农业资源利用水平，并以此深刻影响了其他国家现代农业发展的导向，推动各国探索农业现代化道路。但是，由发达国家主导的农业现代化，是市场原则优先的“现代化”过程，是机械化、化学化、专业化、设施化的“农业工业化”过程。总体来说，“绿色革命”的深入推进，在增加农产品供给、缓解人口与资源矛盾的同时，也诱发了各国生态系统失衡和资源环境破坏等严重后果，进而造成了食物安全问题和食品健康问题。温铁军指出，“……追求资本收益的农业经营都会造成‘双重负外部性’——不仅带来水土资源污染和环境破坏，在最难治理的面源污染中，农业的贡献早已超过工业和城市，成为第一大污染源，而且使食品质量安全进一步恶化。”资本主义固有缺陷通过全球化和贸易自由化，扩张到全世界，发达国家在向发展中国家进行产业资本输出的同时，也实现了本国发展的矛盾输出和危机输出，其中包括自然资源与生态环境等问题。由此，农业可持续发展与人口、食物、资源、环境等重大问题，已成为全球化进程中世界各国所面临的共同问题。20世纪中后期，以人类生存发展和资源环境可持续利用为主题的学术研究成为变革的先导，各国真正关注并积极探索问题的解决方案，推动农业发展方式转型升级。最有代表性的著作包括蕾切尔·卡逊的《寂静的春天》(1962年版)，揭示了化学物质尤其是农药的大量使用，对人类生命与环境所造成的深刻威胁；丹尼斯·梅多斯等人的《增长的极限》(1972年版)，敲响了人口与资源环境问题的警钟；科尔伯恩等人的《被夺去的未来》(1996年版)，再次强调要改变过分依赖化学合成物质的工农业生产方式；等等。各类有预见性的著作均对农业发展和资源环境的重大问题展开了深度探索，并初步指明了农业发展新方向是可持续农业，形成了石油农业、无机农业应该向有机农业、绿色农业、生态农业、永续农业等转变的新思想。在此影响下，20世纪80年代，国际自然保护联合会和联合国环境规划署共同提出了“世界战略”，其中首次出现了“可持续”的概念；1987年世界环境与发展委员会发布了《我们共同的未来》，正式提出“可持续发展”的理念并明确了其深刻内涵；1992年起，联合国人类环境会议定期召开，有力地推动了可持续发展理念在全世界的普遍认同，也成为联合国千年计划的重要发展理念。

在全球化浪潮中，我国的传统农业自然未能独善其身。近代中国经历了两次被动式的工业化，随着国外产业资本和资本主义矛盾强行输入，中国农业在时局动荡中逐步被拖入全球化体系，这导致我国长期居主导地位的农耕文化受到冲击，小农经济走向解体，历来秉持的重农抑商思想也受到质疑，重商主义和实业救国的新思想、新思潮得以长足发展，并逐步成为影响中国各个时期农业现代化进程的主流思想。中华人民共和国成立后，毛泽东亲手起草"农业十七条"，并进一步提出了农业"八字宪法"，即土、肥、水、种、密、保、工、管，这是现代农业科学理论和传统农业实践经验的完美结合，涵盖了以农业自然资源综合循环利用为基础的生产、技术、装备、经营和制度等各个方面，形成了一套完整的国家农业策略。这一策略的全面实施，在大幅提高农业生产率的同时，还保留了良好的农业自然资源与生态环境，为中国农业创造了可持续发展的充足条件。改革开放以来，经济建设成为一切工作的重心，随着我国经济社会长期高速发展，城市化、工业化不断推进，人口快速增长，农业担负起新的历史使命，发挥了重要的支撑保障作用。但是长期以来，我国农业整体水平不高、科技含量低、结构不合理、资源配置效益较差、产品质量不高，传统农业改造滞后，片面追求数量（产值）增长而忽视产品品质、产业层次和竞争力的提升，高投入、高消耗的增长模式不仅使经济增长缺乏后劲，而且也带来了资源短缺、生态破坏和环境污染等严重后果。

2000 年，美国世界观察研究所的布朗提出了著名的世纪之问——"谁来养活中国"。这一问是结合中国国内发展形势、农业自然资源环境承载力和国际贸易环境，对中国粮食供给是主要依靠自力更生还是依靠国际市场而作出的判断。观察者普遍认为，中国的粮食将无法完全自给，只能依靠国际市场，中国的大量采购又会对国际粮食市场产生巨大冲击，引发全球生态危机、粮食危机，甚至引发世界性的经济崩溃。据统计，2016 年中国在国际粮食市场的进口量已达到 50%左右（1 亿多吨），根据布朗预测，若以人均粮食消费水平按 400 千克计算，到 2030 年，中国进口粮食将达到 3.78 亿吨，而世界粮食出口总量不过 2 亿多吨，中国甚至全世界都将无法养活中国。20 多年前，在很少有学者意识到并深入研究中国将面临巨大粮食缺口的情况下，布朗的惊天一问可谓振聋发聩、警醒世人。对此，中国领导者和农业专家经过研判，给予了坚实的回应：中国人靠自己养活自己！习近平总书记强调，要始终把粮食安全作为治国理政的头等大事，并提出了"粮食安全是维系社会稳定的压舱石"，要"把饭碗牢牢地端在自己手里"等一系列重要论断。

中国人没有空谈，而是采取了行之有效的重要战略举措。21 世纪以来，我国长期形成的结构性矛盾和粗放型增长方式尚未根本改变，影响发展的体制机制障碍依然存在，尤其是资源环境问题日益成为制约经济社会发展的瓶颈。以笔者之见，国家层面实施的农业自然资源开发利用相关战略主要集中在两大领域：一是深入推进生态文明建设，并将其作为中华民族永续发展的千年大计。2003年10月，胡锦涛提出“科学发展观”，要求在“五个统筹”框架之下建设资源节约型、环境友好型社会；2007年，第一次提出“建设生态文明”的重要命题，把建设生态文明列入全面建设小康社会奋斗目标的新要求；2012年，党的十八大把生态文明建设提高到前所未有的战略高度，纳入建设中国特色社会主义事业“五位一体”的总体布局；2015年，中央发布了《中共中央国务院关于加快推进生态文明建设的意见》，并首度将生态文明建设被写入国家五年规划，描绘了今后相当长一个时期我国生态文明建设的宏伟蓝图；2017年，党的十九大指出要加快生态文明体制改革，建设人与自然和谐共生的现代化，建设美丽中国。二是深化农业农村体制改革，优化农业资源要素配置。2015年中央发布的《深化农村改革综合性实施方案》明确指出，深化农村改革要聚焦农村集体产权制度、农业经营制度、农业支持保护制度、城乡发展一体化体制机制和农村社会治理制度五大领域；党的十九大报告和2018年中央1号文件进一步指出，要坚决破除体制机制弊端，使市场在资源配置中起决定性作用，设立国有自然资源资产管理和自然生态监管机构，完善生态环境管理制度。这从宏观与微观两个层面都对农业可持续发展机制体制改革作出了重要部署，并对农业自然资源开发利用配套监管体系建设提出了明确的要求。2015年以来，国家有关部门有序开展了促进农业资源环境管控的各项工作，在农业资源环境承载能力监测预警、自然资源资产负债表试点、产业负面清单制定和耕地休养生息制度、农业水价综合改革、农业自然资源遥感监测、重要农业资源台账制度建设、农作制度创新研究等领域均取得重要进展，“山水林田湖、生命共同体”建设实践不断推进。这一时期，我国有效推动了经济社会发展方式转变，形成了自然资源环境可持续发展的基本框架，坚守住了18亿亩耕地红线，很好地保障了中国人的“粮食安全”，走出了一条中国特色的粮食安全之路，为国家长治久安奠定了重要物质基础，也为世界粮食安全作出了重要贡献。

综上可见，发展高效生态的可持续农业，加快绿色农业向生态农业转型，已经成为全球的共识，世界各国的农业实践本质上从更高的层次上回归和呼应了中国古老农耕文化思想的精髓。

浙江是经济大省，又是资源小省，农业自然资源匮乏，资源与环境是长期约束浙江省农业现代化发展的因素。以人地关系为例，2017年底浙江常住人口5 657万人，人口密度每平方公里533人，人均耕地0.53亩[①]，比1978年浙江人均耕地占有量（0.68亩）明显下降，不足全国平均水平的一半，如何

① 亩为非法定计量单位，15亩=1公顷。下同。——编者注

提高土地资源利用效率始终是浙江农业发展要面对的核心问题。浙江是“两山论”的发源地，牢固树立和践行“绿水青山就是金山银山”的重要理念，深入贯彻实施“八八战略”，是新时代中国特色社会主义理论在浙江的生动实践。进入21世纪以来，国际国内环境发生了深刻变化，浙江经济社会发展进入了工业化、城市化、市场化、国际化、信息化加速发展的转型时期，乡村振兴战略的实施方兴未艾，农业发展也面临全新环境，新机遇和新挑战并存。近年来，浙江省委、省政府秉持“干在实处永无止境，走在前列要谋新篇”的新使命要求，坚持以新发展理念为指引，以深化供给侧结构性改革为主线，加快经济发展方式转变，适时做出了大力发展高效生态农业、加快建设现代农业的战略决策，作为推动“四化”同步协调发展和高水平全面建成小康社会的重大任务和战略目标。2010年以来，浙江农业“两区”建设有效促进了全省现代农业建设和农业产业集群发展，进一步提高了农业资源高效集约利用水平，农业可持续发展能力不断提高。在此基础上，省委、省政府提出落实节约优先、保护优先、自然恢复的方针，统筹山水林田湖草系统治理，严守生态保护红线。这一系列举措使浙江在全国农业绿色发展中先行一步，促进了农业自然资源高效利用保护和生态文明建设，缓解了农业资源紧缺的矛盾，进一步提升了全省农业综合生产能力和竞争力。目前，浙江省已成为全国唯一现代生态循环农业发展试点省份、唯一全省推进的国家农业可持续发展试验示范区，并与农业农村部签署了全国唯一一个乡村振兴省部合作框架协议。同时我们也应清醒地看到，浙江现代农业发展中所面临的资源环境约束趋紧矛盾尚未得到根本缓解，农业自然资源开发利用与集约化水平有待提升，农业资源持续高效利用的保障和支撑有待强化；与此同时，相关研究成果分散单一、体系不完善等问题突出，实践中还未形成清晰的工作思路和战略举措，不能很好地满足新时期农业自然资源管理和全面支撑实施乡村振兴战略的新需求。

在此背景下，今后要深入推进生态文明建设，全面深化农业农村体制改革，加快经济社会和农业发展方式转型升级，对农业自然资源的科学合理开发、高效集约利用等提出了前所未有的时代要求，对当前农业自然资源利用开展综合评价工作也显得尤为重要和紧迫。从战略意义上看，农业自然资源的科学合理开发和高效集约利用，应上升到重大国策的战略高度，作为支撑新时代乡村振兴战略、支撑中华民族伟大复兴、实现中国梦的重大战略举措。浙江作为全国现代农业建设和改革试验省、探索中国特色农业现代化道路的先行者，必须加强农业自然资源高效集约利用的相关研究与探索实践，在坚持保护与开发、高效与集约、低碳与循环并重的原则指导下，走全面高水平、高效益的农业现代化发展道路，这是中国当前的国际国内环境与形势所决定的，也是实现中华民族复兴的重要内涵和必然要求。

二、研究总体思路与主要方法

（一）总体思路

以习近平新时代中国特色社会主义思想为行动指南，全面贯彻落实党的十九大精神和新发展理念，深入推进“八八战略”和乡村振兴战略，按照浙江全力打造“两高”现代农业和绿色农业强省的基本要求，紧紧围绕农业自然资源“科学开发、高效利用、可持续发展”的总体目标，坚持资源保护与开发并重，生态、经济和社会效益和谐统一、统筹互促；坚持以市场机制为配置基础，探索资源可持续、高效利用模式，构建以生态与资源补偿机制为核心的政策体系；坚持减量化、无害化、资源化和高值化原则，创新农业自然资源综合循环利用路径；坚持农业科技创新与农作制度改革，打造资源与产业互促发展的良性机制。

本书集成运用多学科、多专业、跨领域的研究理论与方法，通过开展对浙江省农业自然资源综合评价与开发利用的总体研究和相关专题研究，着力剖析浙江省农业自然资源综合利用的现状与特征、成效与问题、思路与重点、路径与对策等，旨在形成全面、系统、创新的理论与实证研究成果。通过相关研究成果的转化应用，有效提升农业自然资源的基础保障能力，保障农业安全与可持续发展，为全省农业产业振兴和转型升级提供有力支撑，为逐步建立资源环境、产业乡村、经济社会全面融合、统筹协调的现代化发展体系，建设“两富”“两美”现代化浙江，在全国率先基本实现农业现代化目标，提供重要的决策参考。

（二）主要方法

1. 理论分析与经验分析相结合

本书始终坚持理论分析和经验分析相结合，注重理论对实践的指导作用。坚持以现代西方经济学与农业经济基础理论为核心，积极吸纳农业资源理论、农业可持续发展理论和“生态—经济—社会”耦合系统理论等农业现代化理论中有价值的成分，并运用了现代产权理论、现代管理理论等主流理论，特别是融合了党的十八大以来国家生态文明建设理论探索的重要成果，把“生态循环、绿色低碳”农业、“三生”发展和“创新、协调、绿色、共享、开放”等新发展理念运用到具体实践中去，成为研究资源评价和开发利用问题时贯穿始终的指导思想。

本书坚持“用脚做学问”和“用事实说话”的基本研究准则，在理论回顾和文献资料研究的基础上，同样重视田野调查和经验研究。为此，项目组采用现有文献调查、重点调查和面上调查相结合，座谈访问与典型验证相结合的方法，对浙江全省 11 个市、88 个县（市、区）、1 000 多个乡镇进行了大量实地调查研究，调查涉及面广、工作量大、持续时间久。通过调查，研究者丰富了对浙江农业区域布局及浙江农业与资源环境的协调发展的感性认识，升华了对浙江农业现代化进程的理性认识和深刻把握，为增强各项研究成果的科学性和可靠性提供了坚实基础。

2. 定性分析与定量分析相结合

本书始终坚持定性分析和定量分析相结合，以定量分析为定性分析提供研究基础的原则。这一原则是由研究主题的性质和特点决定的。农业资源评价是在对农业资源状况进行全面考察的基础上进行科学分析的过程，方法包括定性与定量分析、单项与综合评价。评价必须客观、准确，为资源的合理利用与综合开发，产业结构的调整与布局，以及农业资金、物资和劳力的投向与决策提供科学依据，这对评价方法的运用提出了相应的要求。

项目组在开展浙江农业自然资源综合评价中，将资源分为土地、水、森林、渔业、种质和农业气候六大类，分别运用时间序列数据进行动态分析和比较研究。在此基础上，研究建立了涵盖年际变化与区域差异两个维度的农业资源评价指标体系，运用层次分析法（The analytic hierarchy process，AHP）对资源可持续性等内容进行定量评价，客观反映了浙江省农业自然资源利用状况。另外，项目在开展水资源可持续利用评价中，充分依托并深入挖掘已有的数据资源，建立水资源生态足迹模型和水资源生态承载力模型，对全省水资源可持续利用状态进行了客观、准确的评价，奠定了水资源开发利用的基础性工作。

3. 综合性分析与专门化分析相结合

本书有着涵盖省、市、县级各部门和各学科领域专家的人员专业化、部门多元化的研究组织体系，构建了以土地、水、森林、渔业、种质和农业气候六大类农业自然资源为主要对象的专题系列化、手段科学化的研究内容体系。基于此，本书灵活运用综合性与专门化的分析方法，既在某项专题研究中突出使用调查法、区划法、评价法等单一方法，又在处理综合性宏观问题时，能将定性与定量方法、理论与经验研究以及各类技术与手段科学合理地结合起来，以全新的开放系统功能寻找问题的切入点，推动了相关研究不断深化，取得了诸多系统性、动态性和连续性的研究成果。

本书在对各类资源的评价中，将定量与定性方法相结合，在运用综合评价模型、水资源生态足迹模型和水资源生态承载力模型、废弃物测算模型等进行研究的基础上，开展深入、全面的定性判断和比较研究；对资源开发利用模式的研究则兼顾了理论探讨、宏观分析和典型案例研究等多个层次的分析，整个研究报告中通过问卷、调研、座谈等专门化手段获得的数据和材料非常翔实、浩繁，其中剖析典型案例 14 个，区划农业功能区、类型 2 套，并总结出 4 种资源开发利用模式、提出 10 条开发利用创新路径。综合性分析与专门化分析技术的灵活运用，使研究体系更加有层次、研究主题更加有侧重、研究结论更加有力度，达到了较为完美的结合。

综上所述，本书坚持以规范、严谨为宗旨，充分发扬了“三农”研究者特有的勤奋务实、脚踏实地的工作作风。在扎实的文献研究和理论梳理基础上，深入开展了广泛的实证调查、专家访谈和案例研究，并在获得大量一手材料的条件下，综合运用了统计分析、计量分析等实证研究方法，克服了工作任务重、协调难度大等困难。报告学风严谨、逻辑严密、结论可靠，在农业自然资源综合评价与开发利用、水资源与林业资源可持续开发利用、废弃物资源化利用、农作制度区域主导模式创新等诸多领域，取得了一系列理论创新、方法创新和结论创新。

三、研究主要内容与重要结论

本书紧紧围绕新时期浙江农业自然资源综合利用的研究主题，分别开展了2011—2017 年浙江省农业自然资源利用状况分析和综合评价。在此基础上，结合浙江省的自身特点和发展需求，按照有必要、有侧重、有针对的原则，谨慎选取了水资源可持续开发利用路径、林业资源综合开发利用路径、农业废弃物资源化利用路径、农作制度区域主导模式创新等专题开展深入研究，形成了综合性、系统化、多层次的研究体系和创新成果（图 0－1）。具体包括以下研究内容和重要结论：

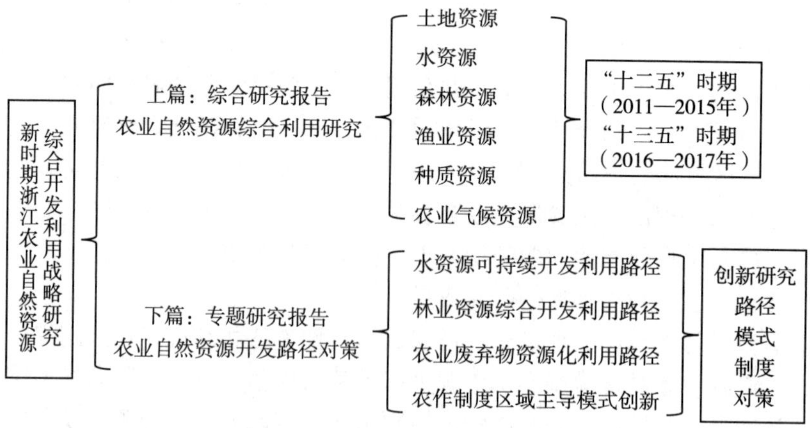

图 0－1　研究体系及结构示意图

浙江省农业自然资源综合利用研究。本书坚持定量分析与定性分析相结合的原则，以农业自然资源调查数据为支撑，重点对2011—2015年以及2016—2017年浙江省农业自然资源状况进行了论述，分别分析了土地、水、森林、渔业、种质和农业气候六大类农业自然资源的现状、动态变化和开发利用成效。本书建立了包含25项具有一定代表性指标的评价体系，对2011—2015年全省农业自然资源保障与利用效果开展了综合评价，认为均处于“良”的阶段，量化反映了浙江省农业自然资源禀赋情况及对全省农业现代化发展的支撑；进一步运用层次分析法构建评价模型，对浙江省农业资源可持续进行综合评价，深入剖析了资源可持续利用状况及存在的主要问题；在2011—2015年全省农业自然资源综合评价的基础上，结合浙江实际和最新形势，继续开展了2016—2017年评价研究，围绕六大类农业自然资源的现状、成效、问题和对策等，形成了具有延续性、动态性和突出创新性的研究成果。研究提出了提高全省农业自然资源开发利用水平的总体思路、发展战略、主要路径及政策建议，对有关部门及时了解全省农业自然资源保护和开发利用情况，推进全省农业自然资源规范化、制度化管理，加强农业自然资源保护与开发利用，均具有重要的参考价值。

水资源可持续开发利用路径研究。本书紧扣“五水共治”主题，针对浙江水资源的特点，运用水资源生态足迹模型和水资源生态承载力模型，对2005—2014年全省的水资源可持续利用状态进行了评价。研究认为，全省水资源具有时空分布不均、区域性缺水矛盾突出等特点，面临着水资源利用尚显粗放、供需矛盾日益凸显、水污染问题仍较突出、水资源管理体系建设滞后等亟待解决的严峻挑战。研究模型从水资源生态足迹、水资源生态承载力、水资源生态盈余、水资源生态压力指数、水资源生态足迹强度五个方面展开分析，认为浙江人均水资源生态足迹的变化幅度较小，但总体趋增，反映了经济和社会发展对于水资源的开发利用程度越来越高；农田灌溉用水账户呈现逐年递减的趋势，反映了农业灌溉用水效率明显提高，千万亩十亿方节水工程等一系列工程成效突出；浙江水资源承载能力正经受严峻考验，接近出现生态赤字；水资源总体呈现生态盈余，但盈余水平不高，年际波动较大；水资源生态压力指数在合理范围，水资源保障水平仍处于较安全状态；得益于全省产业用水结构的不断调整和用水效率的持续提高，水资源生态足迹强度逐年下降。在此基础上，结合“五水共治”内涵，分析了省内具有代表性的水资源可持续利用的典型案例，提出了浙江省水资源可持续利用的总体思路、路径及对策，为进一步探索和推进全省水资源可持续利用提供了理论与实践支撑。

林业资源综合开发利用路径研究。本书以林权制度改革与创新为背景，全面分析了浙江省林业改革和资源利用现状及存在问题。认为通过集体林权制度改革，稳定了林业承包关系，使林业效益充分发挥；森林生态状况得到持续改善；林业产业转型升级步伐加快；完善了市场发展机制；增强了森林的风险防范能力。但是总体林业资源质量较低、产权界定不明晰、补偿机制不到位、产业深度开发不足等问题仍然突出。研究还通过宏观分析和典型案例调研，剖析林业资源综合开发利用面临的诸多问题，梳理林业资源综合利用的重点和难点，探索提出了“以全产业链开发为体，林下经济挖潜为基，新型主体培育为本，生态高效为魂”的科学路径，通过林业资源综合开发，实现持续高效利用，并提出了相关保障措施。研究为推进浙江省林业转型发展、强化农业资源管理、实现林业资源可持续利用提供决策依据，相关成果对于浙江加快建设生态文明强省，推进山区经济发展，造福全省山区群众，具有重要实践价值和战略意义。

农业废弃物资源化利用路径研究。本书围绕浙江省农业废弃物资源化利用的主题，从利用现状、存在问题、主要路径、对策建议等方面进行了系统研究，着力探索符合浙江省农业废弃物资源化利用特点的主要路径。研究采用学术界较为成熟的研究方法或生产经验，主要对浙江省农作物秸秆资源量、畜禽粪便排放量、食用菌废弃菇渣量等进行了初步的估算，发现浙江省农业废弃物排放量呈现出日益增长态势，面临着农业废弃物面广量大、收集成本过高、资金投入和技术创新研发不足、缺乏相关政策法规和社会化服务体系等突出问题。本书依据浙江农业废弃物资源化利用特点，按照发展基本思路与战略构想，在剖析7个典型案例的基础上，充分借鉴浙江省农业废弃物资源化利用成功经验，以“资源—农产品—农业废弃物—再生资源（资源化）”为基本模式，从产业发展、循环利用、资源开发、功能拓展等多角度，将全省农业废弃物资源化利用总结归纳为生化燃料能源化、有机还田肥料化、蛋白开发饲料化、营养培育基质化、生态环保材料化和文旅融合创意化“六化”创新路径，并提出相应对策建议。相关成果对于全面提升浙江农业废弃物资源化利用水平，提高农业废弃物利用效率，实现浙江省农业资源的集约、高效、持续利用，促进农业可持续发展，改善农业农村生态环境，具有重要的决策参考和推广应用价值。

农作制度区域主导模式创新研究。本书在分析新时期浙江农作制度创新和农业产业转型升级重要性的基础上，系统总结了浙江省农作制度创新的不同类型和典型案例，提出了全省农作制度创新的基本思路、发展方向，并对不同区域农作制度创新和产业转型升级互促的主导模式及深化农作制度创新提出了相关政策建议。本书系统总结了浙江农作制度五大创新类型——种养结合型、粮经复合型、水产混（套、轮）养型、立体种养型和功能拓展型，提出了全省农作制度创新的基本思路和发展方向（集约节约、复合生态、产业循环和功能多元），本书进一步将全省划分为平原、丘陵盆地、丘陵山地和沿海岛屿四大农业发展区域，探索不同区域农作制度创新与产业转型升级互促机制的发展定位、主导模式，提出了深化农作制度创新的相关政策建议。研究成果对浙江突破农业资源环境约束，协调农林牧渔各业统筹发展，提高全省农业资源利用效率和经济效益，探索“资源节约、环境友好，经营集约、经济高效，产品安全、功能多样，技术密集、耕作精细”的新型高效生态现代农业发展道路，具有重要的现实意义和参考价值。

四、研究主要创新与关键突破

（一）浙江省农业自然资源综合利用研究

1. 创新性地开展浙江省农业自然资源的评价研究

本书以农业自然资源调查数据为支撑，重点对 2011—2017 年浙江省土地、水、森林、渔业、种质和农业气候六大类农业自然资源的状况进行了全面、系统的综合评价，并对各类农业自然资源的现状、动态变化和开发利用成效进行了分析，揭示了农业自然资源保护和开发利用中存在的问题，提出了针对性的对策建议。这是浙江省农业资源区划研究领域的一次全新突破与升级，具有较强的实践指导意义。

2. 综合运用跨学科、跨专业定量分析方法

本书结合浙江实际，建立了包含 25 项具有一定代表性指标组成的评价体系，对全省农业自然资源保障与利用效果开展了综合评价，量化反映了浙江省农业自然资源禀赋情况及对全省农业现代化发展的支撑；运用层次分析法（AHP 法）对浙江省农业自然资源进行综合评价。通过专业性、针对性的定量分析方法的综合运用，得到了一系列重要结论，大幅拓展了农业自然资源问题研究的空间和深度。

3. 提出今后农业自然资源协调发展的总体思路和对策

研究认为，应坚持以提高资源利用效率为核心，以资源综合开发利用为重点，以技术创新和制度创新为动力的总体思路，遵循“因地制宜，发挥资源优势、综合利用，经济、社会、生态效益协调发展，珍惜资源、有偿开发、保护资源，改善生态环境”四条原则。在此基础上，本书提出了资源可持续利用的相关保障措施，包括加强体制和机制创新、统筹协调发展、全面落实科学发展观、统筹城乡发展、加强科技创新等，具有鲜明的创新特色和重要的参考价值。

（二）水资源可持续开发利用路径研究

1. 构建“生态足迹模型—生态承载力模型”双模型，进行水资源可持续利用状态评价

本书结合全省水资源特点，创新性地构建了水资源生态足迹模型和水资源生态承载力模型，对2005—2014年全省水资源可持续利用状态进行了评价，研究模型从水资源生态足迹、水资源生态承载力、水资源生态盈余、水资源生态压力指数、水资源生态足迹强度五个方面开展全面系统分析，得出了一系列具体而重要的结论。包括浙江的人均水资源生态足迹的变化幅度较小，但总体趋增；农田灌溉用水账户呈现逐年递减的趋势；浙江的水资源承载能力正经受严峻考验，接近出现生态赤字；水资源总体呈现少量生态盈余，但年际波动较大；水资源生态压力指数在合理范围，处于较安全状态；全省水资源生态足迹强度逐年下降；等等。

2. 提出“五水共治”背景下浙江省水资源可持续利用的总体思路、路径及对策

研究提出要坚持走集约节约改造型、循环利用再生型、优化配置引导型、清洁安全控制型的“四型”路径，积极构建“水功能区管理、双总量控制（取水总量、排污权总量控制）、双有偿使用（水权、排污权有偿使用）、双交易机制（水权、排污权交易）”制度，建立健全“保护有效、安全可靠、配置优化、开发合理、利用高效”的水资源保护与开发利用体系，并提出了具有针对性的组织保障、制度保障、投入保障、科技保障和供给保障的对策体系，为进一步探索和推进全省水资源可持续利用提供了理论与实践支撑。

（三）林业资源综合开发利用路径研究

1. 深刻把握并阐述林权制度改革创新与林业资源综合开发之间的辩证关系

运用新制度经济学理论和马克思的生产力与生产关系理论观点，辩明了经济发展的本质是技术进步与制度变迁的统一过程，即技术进步决定制度变迁，而制度变迁反作用于技术进步。根据这一规律，提出了对林业资源开发需要坚持的几个要点，即林业资源开发要始终把林农长期享有林权改革红利作为出发点和落脚点，始终把林权信息化作为基础性工作，始终把林权抵押贷款作为中心环节，始终把工商资本流转林权作为强劲动力，始终把强化管理和服务作为有力保障，从理论高度指明了林业资源综合开发的基本方向。

2. 提出浙江省林权制度创新视角下林业资源开发的四条科学路径

通过宏观分析和典型案例调研，剖析林业资源综合开发利用面临的诸多问题，梳理林业资源综合利用的重点和难点，探索提出了“以全产业链开发为体，林下经济挖潜为基，新型主体培育为本，生态高效为魂”的科学路径，并提出了相关保障措施。研究成果为推进浙江省林业转型发展、强化农业资源管理、实现林业资源可持续利用提供了明确可靠的决策依据，对于实现新时期山区绿色发展、生态富民，具有重要实践价值和战略意义。

（四）农业废弃物资源化利用路径研究

1. 测算浙江省农业废弃物排放量

鉴于当前农业废弃物排放量的统计和相关研究还较少，没有准确的数据和记录，且缺乏系统性和连续性，本书采用学术界较为成熟的研究方法或生产经验，主要对浙江省农作物秸秆资源量、畜禽粪便排放量、食用菌废弃菇渣量以及废弃农膜等进行了初步的估算，填补了相关空白，为进一步开展废弃物资源化利用提供了重要依据。

2. 探索基于资源高效利用的具有浙江特色的农业废弃物资源化利用路径

依据浙江农业废弃物资源化利用特点，提出以“资源—农产品—农业废弃物—再生资源（资源化）”为基本模式，从产业发展、循环利用、资源开发、功能拓展等多角度，将全省农业废弃物资源化利用总结归纳为生化燃料能源化、有机还田肥料化、蛋白开发饲料化、营养培育基质化、生态环保材料化和文旅融合创意化“六化”创新路径，并提出相应对策建议。相关成果对于全面提升浙江农业废弃物资源化利用水平，实现我省农业资源的集约、高效、持续利用，改善农业农村生态环境，具有重要的决策参考和推广价值。

（五）农作制度区域主导模式创新研究

1. 系统总结了浙江农作制度创新的五大类型

结合全省农业生产实际，将浙江农作制度创新模式总结归纳为种养结合型、粮经复合型、水产混（套、轮）养型、立体种养型和功能拓展型，并分别阐述了其内涵功能与典型代表。这为把握浙江农作制度创新成效与特征、深化相关研究奠定了重要基础。

2. 指明浙江农作制度创新的基本思路和发展方向

研究认为，浙江今后应坚持农作制度创新与产业转型升级互促的基本思路，坚持特色优势为出发点，着力发展绿色农业、生态农业、循环农业、设施农业、节水农业、创意农业和智慧农业，同时以集约节约型、复合生态型、产业循环型和功能多元型为四个主要发展方向，走出一条具有浙江特色的高效生态现代农业发展道路。

3. 提出不同区域农作制度创新和产业转型升级互促的主导模式

将全省划分为平原、丘陵盆地、丘陵山地和沿海岛屿四大农业发展区域，分别探讨了各区域农业资源特征、农业产业发展现状、农业发展总体定位与主导模式等内容，形成了体系化、差异化、区域化的农作制度创新的总体思路和发展模式，突出了可行性、普适性与可复制性，对于新时期农业区划工作和相关研究具有重要的现实意义和参考价值。

上篇

综合研究报告

第一章 “十二五”时期浙江省农业自然资源综合利用研究

一、农业自然资源概况

2010年以来，浙江省一直高度重视农业自然资源的开发、利用和保护工作，通过加快推进管理体制的建立与完善，深入实施和发展生态循环农业等，浙江省农业自然资源管理步入规范化、制度化轨道，农业自然资源的质量和利用效率不断提高，农业生产、生态环境逐步改善，抵御自然灾害能力显著增强。在土地等生产要素供求日益紧张的压力下，浙江省有限的农业自然资源不仅保障了农业可持续性和综合生产能力的稳步提高，也满足了全省经济社会快速发展的基本需求，经济、社会和生态综合效益得到了进一步提升。

（一）土地资源

据最新土地变更调查统计，2015年浙江省各类土地面积为1 055.22万公顷，较2010年略有上升，其中农用地866.07万公顷、占82.08%，分别比2010年下降了0.37%和0.31个百分点；建设用地121.58万公顷、占11.52%，分别比2010年增长了0.39%和0.43个百分点；未利用地67.56万公顷、占6.40%，分别比2010年下降0.32%和0.12个百分点。

农用地中，耕地占全省农用地面积的22.85%，垦殖指数为18.76%；园地占全省农用地面积的6.99%；林地占全省农用地面积的65.46%。

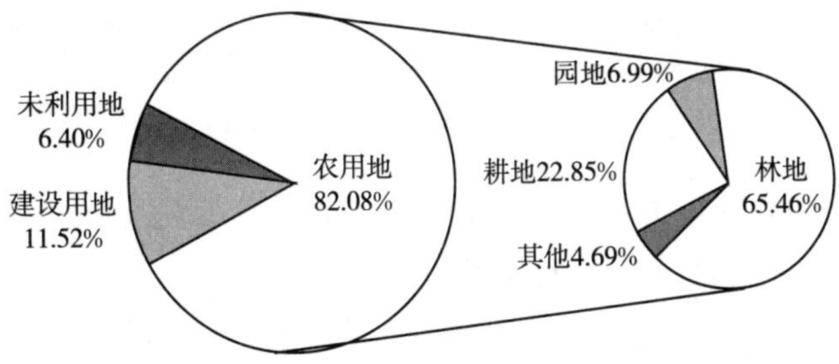

图1-1 浙江省2015年土地利用结构

建设用地面积中，居民点及独立工矿用地94.70万公顷，占全省建设用地面积的77.89%，分别比2010年增长4.05%和0.09个百分点；交通运输用地

（扣除农村道路）13.09 万公顷，占全省建设用地面积的 10.77%，分别比 2010 年增长 6.25%和 0.24 个百分点；水利设施用地 13.79 万公顷，占全省建设用地面积的 11.34%。

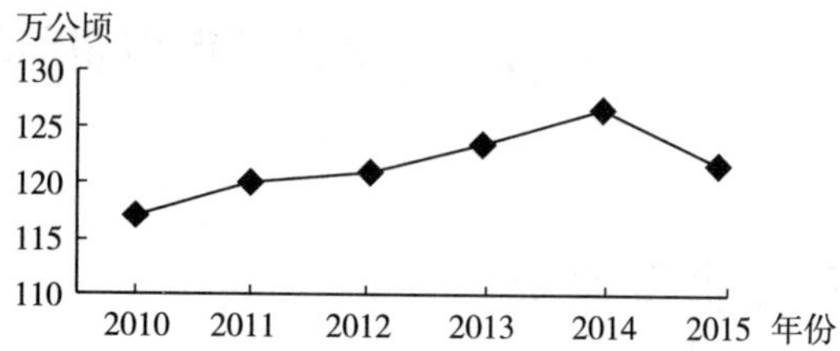

图 1-2　浙江省 2010—2015 年建设用地面积变化

（二）水资源

1. 水资源量和供用水量

（1）水资源量。2015 年，由于降水充沛，全省水资源总量为 1 405.11 亿米^3，较多年平均值偏多 47.1%，与 2010 年基本持平，较 2011 年偏多 88.81%。水资源总量年际波动较大，时空分布与降水量基本一致。产水模数为 135.6 万米^3/千米^2，人均水资源量为 2 536.77 米^3。各流域分区水资源量如图 1-3 所示。

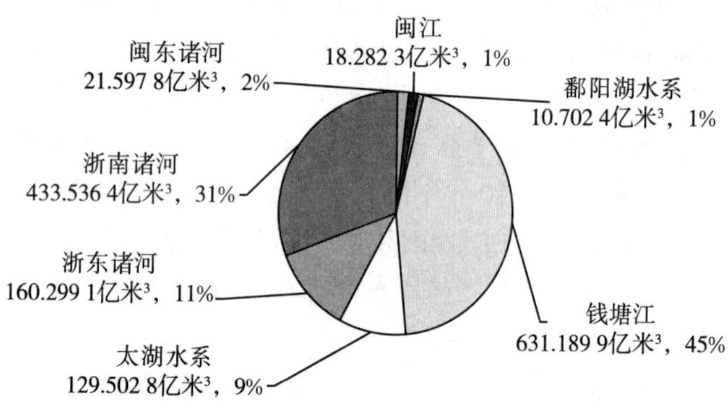

图 1-3　浙江省 2015 年水资源流域分布

全省地表水资源量为 1 388.42 亿米^3，与 2010 年基本持平，较多年平均值偏多 47.1%。地表径流的时空分布与降水量基本一致。地下水资源量 269.83 亿米^3，地下水与地表水资源不重复计算量 16.69 亿米^3。

（2）供用水量。2015 年，全省年总供水量 211.60 亿米^3。其中地表水源供水量为 208.9 亿米^3，占 98.7%；地下水源供水量 1.70 亿米^3，占 0.8%；其他水源供水量 1.00 亿米^3，占 0.5%。

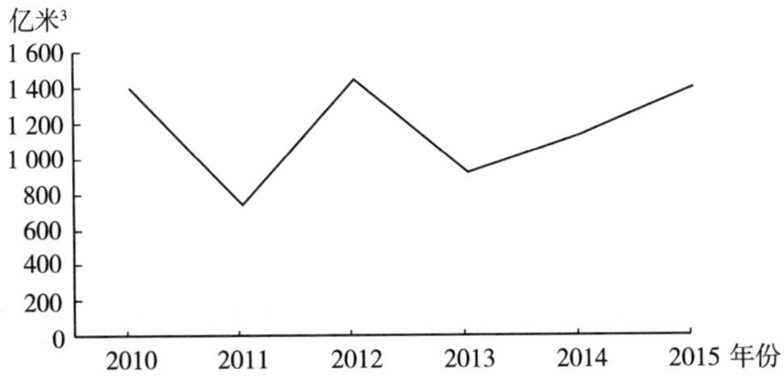

图 1-4 2010—2015 年浙江省水资源总量变化

2015 年，全省年总用水量为 211.60 亿米^3（包含环境配水量），较 2010 年减少 8.48 亿米^3，其中农业用水 84.66 亿米^3、占总用水量的 40.01%，分别比 2010 年下降 11.74 亿米^3、3.79 个百分点。全省农业用水量占总用水量的比重继续下降，城镇公共用水量和生态环境用水量则呈逐年上升态势。

表 1-1 2010—2015 年浙江省用水量组成与结构变化

单位：亿米^3，%

<table>
<tr><th colspan="2" rowspan="2">项目</th><th colspan="2">农业用水量</th><th rowspan="2">工业
用水量</th><th rowspan="2">城镇公共
用水量</th><th rowspan="2">居民生活
用水量</th><th rowspan="2">生态环境
用水量</th><th rowspan="2">总计</th></tr>
<tr><th>农田灌溉</th><th>林牧渔畜</th></tr>
<tr><td colspan="2" rowspan="2">2015 年用水量</td><td colspan="2">84.66</td><td rowspan="2">51.59</td><td rowspan="2">16.59</td><td rowspan="2">27.77</td><td rowspan="2">31.0</td><td rowspan="2">211.60</td></tr>
<tr><td>71.76</td><td>12.90</td></tr>
<tr><td rowspan="6">各类用水
所占比重
及变化</td><td rowspan="2">2015 年</td><td colspan="2">40.01</td><td rowspan="2">24.38</td><td rowspan="2">7.84</td><td rowspan="2">13.12</td><td rowspan="2">14.65</td><td rowspan="2">100</td></tr>
<tr><td>33.91</td><td>6.10</td></tr>
<tr><td rowspan="2">2010 年</td><td colspan="2">43.80</td><td rowspan="2">27.13</td><td rowspan="2">5.28</td><td rowspan="2">11.82</td><td rowspan="2">11.97</td><td rowspan="2">100</td></tr>
<tr><td>36.63</td><td>7.17</td></tr>
<tr><td rowspan="2">增减数</td><td colspan="2">−3.79</td><td rowspan="2">−2.75</td><td rowspan="2">+2.56</td><td rowspan="2">+1.30</td><td rowspan="2">+2.68</td><td rowspan="2">—</td></tr>
<tr><td>−2.72</td><td>1.07</td></tr>
</table>

（3）水资源利用概况。2015 年，全省人均生活年用水量 50.1 米^3，其中城镇和农村居民人均生活年用水量分别为 54.0 米^3 和 42.7 米^3。农田灌溉亩均年用水量为 355 米^3，比 2010 年下降了 8 米^3，其中水田亩均灌溉年用水量 434 米^3；灌溉水有效利用系数为 0.582，比 2010 年提高了 0.022。万元工业增加值用水量 29.18 米^3（当年价），比 2010 年下降了 18.62 米^3。全省水资源利用率为 15.1%。

2. 地表水环境

（1）总体水质。2015 年，全省地表水总体水质为轻度污染。在 221 个省控断面中，Ⅰ～Ⅲ类水质断面占 72.9%，比 2010 年下降了 1.4 个百分点；Ⅳ类水质断面占 15.8%，比 2010 年上升 0.6 个百分点；Ⅴ类水质断面占 4.5%，比2010年上升1.6个百分点；劣Ⅴ类水质断面占6.8%，比2010年下降了0.8个百分点；满足水环境功能区目标水质要求断面占75.1%，比2010年上升了1.4个百分点。主要污染指标为氨氮、石油类和总磷。

（2）八大水系和运河水质。2015年，全省八大水系和运河中按Ⅰ～Ⅲ类水质断面比例由大到小排列依次为：曹娥江/瓯江/飞云江/苕溪、钱塘江、椒江、甬江、鳌江、京杭运河，与2010年相比，除甬江、京杭运河，其他水系水质都有所改善，其中曹娥江尤为明显，全水域水质均达到Ⅰ～Ⅲ类标准。钱塘江、甬江、椒江、鳌江和京杭运河等水系中部分河流（段）仍存在一定程度污染（表1-2）。

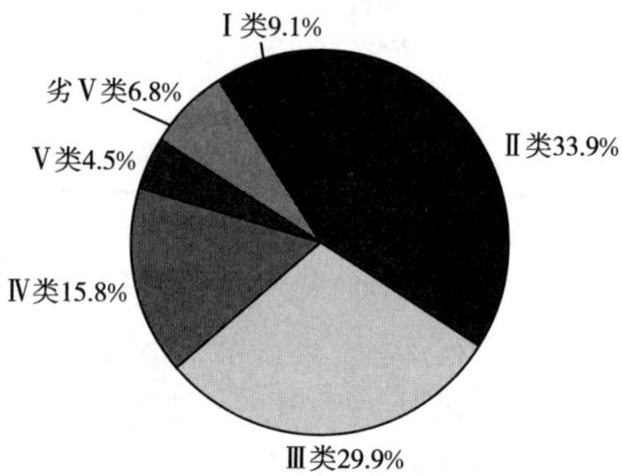

图1-5 2015年浙江省总体水质类别组成比例

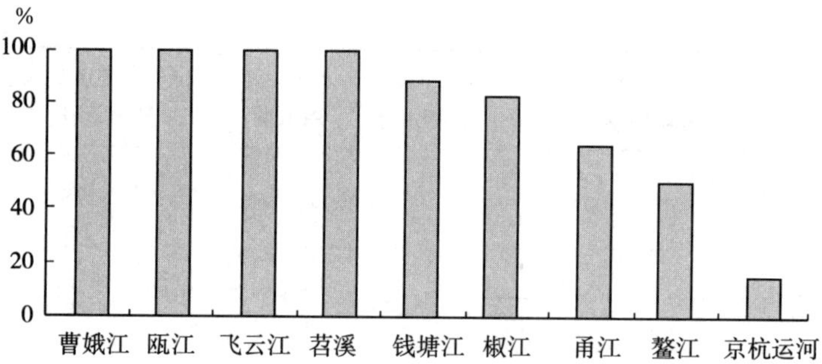

图1-6 2015年浙江省八大水系和运河Ⅰ～Ⅲ类水质断面比例

表1-2 浙江省八大水系和京杭运河主要污染河流（段）及污染指标

水系	主要污染河流（段）	主要污染指标
钱塘江	金华江	氨氮、化学需氧量
	东阳江	氨氮、石油类、化学需氧量
	武义江	石油类、总磷
甬江	干流	石油类
	奉化江上游	石油类
椒江	干流	石油类
	永宁江下游	总磷、氨氮
鳌江	干流中下游	氨氮
京杭运河	杭州段	氨氮、五日生化需氧量
	嘉兴段	石油类、氨氮、总磷

(3) 主要湖库水质和营养状况。湖库水质状况：2015 年，在 4 个省控湖泊中，西湖水质为Ⅲ类；东钱湖为Ⅳ类，主要污染指标为石油类；鉴湖为Ⅳ类，主要污染指标为总磷和石油类；南湖为Ⅴ类，主要污染指标为总磷、五日生化需氧量和氨氮。12 个省控水库水质为Ⅰ～Ⅲ类，与 2010 年相比，除西湖水质无明显变化，南湖水质由劣Ⅴ类上升为Ⅴ类，鉴湖水质由劣Ⅴ类上升为Ⅳ类，青山水库、铜山源水库水质均由Ⅳ类上升为Ⅲ类，好转的指标均为总磷；其余湖库总体水质均无明显变化。

湖库营养状况：2015 年，在省控湖库中，鉴湖为轻度富营养，南湖为中度富营养，千岛湖、珊溪水库、白溪水库、湖南镇水库和滩坑水库为贫营养，其余均为中营养。与 2010 年相比，除南湖营养状态级别无变化，其余各湖库营养状态级别变化较为明显，其中鉴湖由重度富营养降为轻度富营养，铜山源水库由中度富营养降为中营养，西湖、紧水滩水库由轻度富营养降为中营养，湖南镇水库由轻度富营养降为贫营养，千岛湖、珊溪水库、白溪水库、湖南镇水库和滩坑水库均由中营养降为贫营养（图 1－7，图 1－8）。

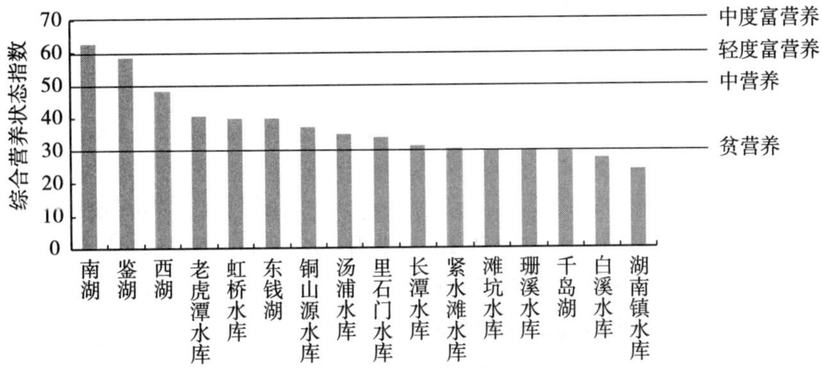

图 1－7 2015 年浙江省主要湖泊、水库营养状况

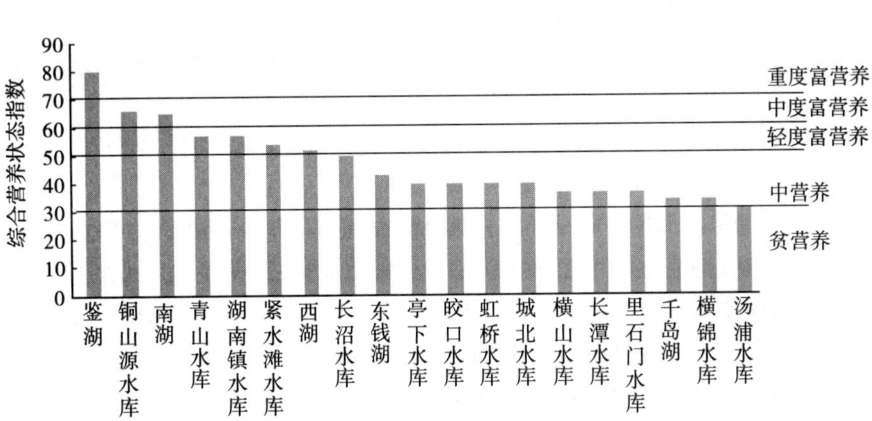

图 1－8 2010 年浙江省主要湖泊、水库营养状况

（4）平原河网水质。2015 年，全省平原河网 42 个省控断面水质类别为Ⅲ～劣Ⅴ类，其中Ⅲ类约占 30.0%，比 2010 年上升 14 个百分点；Ⅴ类约占 7.0%，比 2010 年下降 13 个百分点；Ⅳ类约占 32.0%，比 2010 年上升 22 个百分点；劣Ⅴ类约占 31.0%，比 2010 年下降 23 个百分点；不满足水环境功能区目标水质要求断面占 66.7%，比 2010 年下降 20.8 个百分点，总体水质明显好转，主要污染指标也由氨氮、总磷、溶解氧、五日生化需氧量和高锰酸盐指数变为总磷、氨氮和化学需氧量。

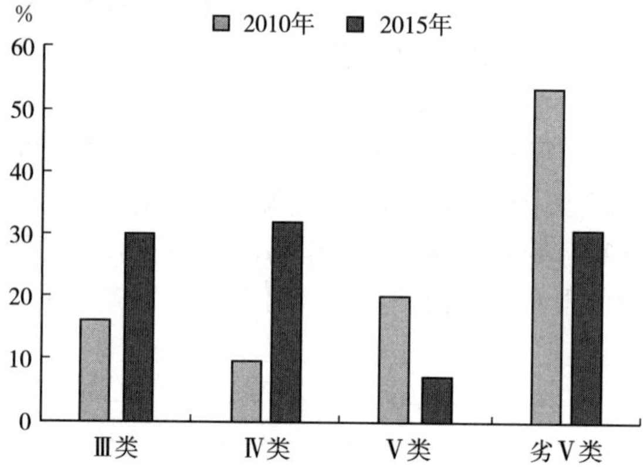

图 1-9　浙江省平原河网水质类别组成比例

（5）饮用水水源地水质。2015 年，全省 99 个县级以上城市集中式饮用水水源地水质达标率为 89.4%，较 2010 年上升 2.0 个百分点；其中设区城市主要集中式饮用水水源地水质达标率为 92.8%，较 2010 年上升 0.6 个百分点。设区城市主要集中式饮用水水源地生物监测结果表明，水源地的藻类群落组成随季节变化而不同；各水源地均未出现微囊藻毒素检出现象。与 2010 年相比，藻类群落结构健康程度有所改善。

（6）地表水交接水体水质。2015 年，全省 145 个跨行政区域河流交接断面中，Ⅰ～Ⅲ类水质断面占 72.4%，Ⅳ类占 20.0%，Ⅴ类占 3.4%，劣Ⅴ类占 4.1%；满足水环境功能区目标水质要求断面占 73.1%，较 2010 年上升了 12 个百分点，总体水质有明显改善。

（7）重点流域水质。2015 年，钱塘江流域 32 个交接断面（市界 10 个、县界 21 个、入杭州湾 1 个）中，Ⅰ～Ⅲ类水质断面占 90.6%，满足水环境功能区目标水质要求断面占 90.6%。与 2010 年相比，Ⅰ～Ⅲ类水质断面比例上升 22.9 个百分点，达标断面比例上升 29.3 个百分点。

2015 年，太湖流域 44 个省控地表水监测断面水质为Ⅱ～劣Ⅴ类，其中Ⅱ和Ⅲ类水质断面 20 个，占 45.5%（Ⅱ类 18.2%，Ⅲ类 27.3%）；Ⅳ类 19 个，占 43.2%；Ⅴ类 3 个，占 6.8%；劣Ⅴ类 2 个，占 4.5%；满足功能要求断面占 47.7%。与 2010 年相比，达到或优于Ⅲ类水质断面比例下降 4.5 个百分点，Ⅴ类上升 9.1 个百分点，劣Ⅴ类下降 22.8 个百分点，满足功能要求断面比例下降 4.6 个百分点，总体水质有所好转。

3. 海洋水环境

（1）近岸海域水质。2015 年，对 57 469 千米^2 海域开展了现场监测。结果表明，全省近岸海域海水环境质量状况总体有所改善，夏季海水水质状况明显优于春、秋、冬三季；全年符合第一、二海水水质标准的海域面积占 25%，符合第三、四类和劣四类海水水质标准的海域面积分别占 16.5%、3.7%和 54.8%。与 2010 年相比，符合第一、二类海水水质标准的海域面积比例上升了 16.0%，第三、四类海水水质比例分别下降 8.253%和 9.78%，水质状况基本保持稳定。

2015 年，全省近岸海域水质富营养化状况依然明显，全年 66%以上的海域呈现富营养化状态，与 2010 年基本持平，监测的入海排污口达标排放率仍然较低。全海域赤潮发生次数位居全国前列，且呈高发态势。杭州湾、乐清湾生态系统总体处于不健康和亚健康状态。

（2）海水增养殖区环境状况。2015 年，对 7 个重点海水养殖区和 3 个重点海水增殖区实施环境质量监测。结果表明，全省 7 个重点海水养殖区环境质量为优良或较好，基本满足养殖区功能要求；无机氮和活性磷酸盐是全省重点海水养殖区环境质量的主要影响因子。全省 3 个重点海水增殖区环境质量均为优良，满足增殖区功能要求；无机氮是全省重点海水增殖区环境质量的主要影响因子。与 2010 年相比，重点海水增养殖区环境质量有所改善，较好或优良的比例上升了 7.69 个百分点。

（三）森林资源

1. 森林资源概况

根据最新国家森林资源连续清查浙江省第七次复查结果：2015 年，全省林地面积 659.77 万公顷，其中森林面积 604.99 万公顷，比 5 年前增加了 3.63 万公顷，疏林地 1.67 万公顷，一般灌木林地 15.09 万公顷，未成林造林地 7.42 万公顷，苗圃地 4.78 万公顷，迹地 8.86 万公顷，宜林地 16.96 万公顷。

全省森林面积中，乔木林占 70.56%，经济林占 14.55%，竹林占 14.89%（图 1－10）。其中，乔木林平均每公顷 1 693 株，较 5 年前增加 199 株，平均胸径 10.7 厘米，同比增加 0.3 厘米。

全省活立木总蓄积 3.14 亿米^3，比 5 年前增长 29.75%；其中森林蓄积占

89.58%，较5年前增加了6 434.92万米^3，疏林蓄积占0.09%，散生木蓄积占6.72%，四旁树蓄积占3.61%。活立木蓄积按组成树种分：松木类蓄积占26.68%，杉木类蓄积占26.66%，阔叶树类蓄积占39.56%，经济树种类蓄积占4.77%，灌木树种类蓄积占2.33%（图1－11）。

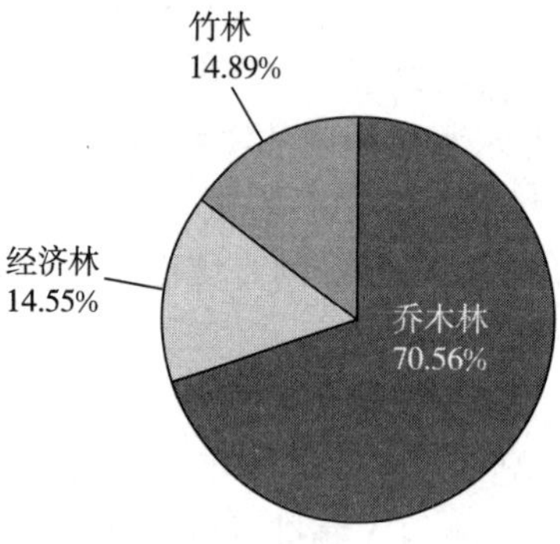

图1－10　浙江省森林面积组成

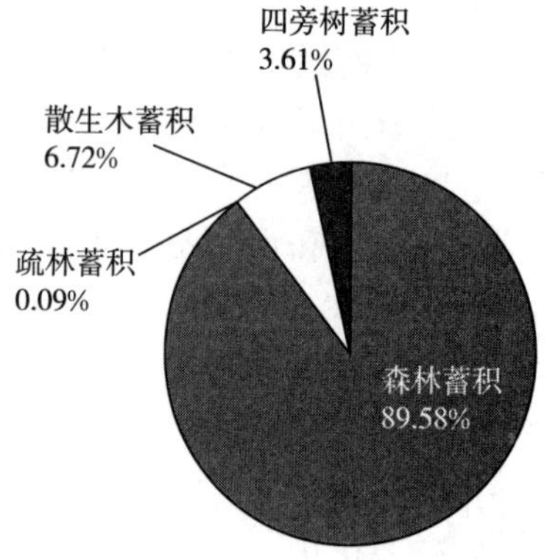

图1－11　2015年活立木总蓄积组成

全省毛竹总株数25.74亿株，比5年前增长了27.24%，毛竹林每公顷立竹量3 026株，当年生新竹占毛竹总株数的12.7%。活立木蓄积量继续呈现生长量大于消耗量的态势。

全省乔木林（含乔木经济林）单位面积蓄积量65.86米^3/公顷，比5年前增加了12.99米^3/公顷，其中：天然乔木林63.38米^3/公顷，人工乔木林72.59米^3/公顷。乔木林分平均郁闭度0.59，同比增加了0.03。

全省森林覆盖率59.43%，比5年前增长了0.36个百分点，一般灌木林覆盖率1.48%；若按浙江省以往同比计算口径，则森林覆盖率为60.91%，同比增长了0.33个百分点，继续位居全国前列。

2. 森林资源结构

森林起源结构：全省天然林面积占森林面积的59.56%，比5年前增长了2.55个百分点，蓄积占森林蓄积的70.33%，同比增长了1.84个百分点；人工林面积占森林面积的40.44%，蓄积占森林蓄积的29.67%。

森林林种结构：全省防护林面积占40%，同比上升了9.83个百分点；用材林面积占40.93%，同比下降了7.64个百分点；特用林面积占2.77%；经济林面积占16.30%。

乔木林龄组结构：全省乔木林中，幼龄林、中龄林面积所占比重较大，二者合计的面积、蓄积分别占乔木林总数的71.12%和58.49%，分别同比下降了5.64个百分点和4.74个百分点，说明全省乔木林仍然以幼龄林和中龄林为主体（图1－12）。

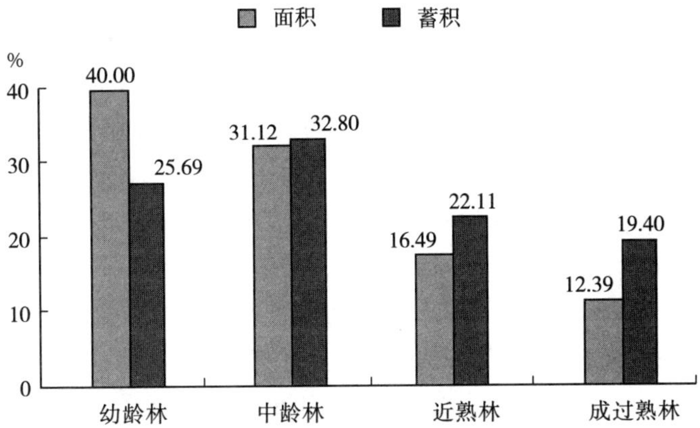

图 1-12 2015 年乔木林各龄组面积和蓄积比重

乔木林树种类型结构：全省针叶林面积占 41.18%、蓄积占 47.63%，分别同比下降了 11.54 个和 9.78 个百分点；阔叶林面积占 42.68%、蓄积占 37.02%，分别比 2010 年上升了 9.24 个和 8 个百分点；针阔混交林面积占 16.14%、蓄积占 15.35%，分别同比上升了 2.3 个和 1.78 个百分点。全省阔叶林、针阔混交林面积呈逐年增长态势，阔叶林面积首次超过针叶林面积。

3. 森林生态状况

森林群落结构：全省乔木林的群落结构比较完整。其中，具有乔、灌、草三个层完整结构的面积占 59.07%，比 5 年前上升了 1.79 个百分点；仅有乔、灌层或乔、草层较完整结构的面积占 40.48%，同比下降了 1.83 个百分点；仅有乔木层简单结构的面积占 0.45%，同比上升了 0.04 个百分点。

森林健康：全省森林健康状况较好，达到健康等级的森林面积居于绝对优势地位。其中达到健康的面积比例为 94.69%，比 5 年前上升了 17.02 个百分点；健康等级为亚健康、中健康、不健康的面积比例分别为 4.63%、0.44%和 0.24%，分别比 2010 年下降了 11.41 个、4.97 个和 0.64 个百分点。

森林灾害：无林木受害或受害比例在 10%以下的森林面积占 96.83%，遭受了不同程度灾害的面积占 3.17%。其中灾害等级达到轻度、中度和重度的受害面积占森林面积的比例分别为 1.90%、0.95%和 0.32%。从受害面积的各灾害类型看，森林病虫害占 56.31%，雪压、风折（倒）等气候性灾害占 31.16%，森林火灾占 5.01%，其他灾害类型占 7.52%。

森林生态功能：全省森林生态功能指数为 0.497 2，比 5 年前上升了 0.016 6，但仍属中等水平；森林生态功能好、中、差三个等级的面积所占比例分别为0.87%、83.11%和16.02%。

森林生物量：全省森林植被总生物量45 355.40万吨，比5年前增长了22.55%。其中乔木林群落生物量35 449.91万吨，同比增长了21.84%；竹林群落生物量4 814.80万吨，灌木林群落生物量2 145.63万吨，散生木四旁树（竹）生物量2 690.79万吨，其他类型群落生物量165.09万吨。

森林碳储量：全省森林植被总碳储量22 456.31万吨，比5年前增长了22.53%。其中乔木林群落碳储量17 576.85万吨，竹林群落碳储量2 363.73万吨，灌木林群落碳储量1 045.42万吨，散生木四旁树（竹）碳储量1 387.59万吨，其他类型群落碳储量82.72万吨。

森林生态服务功能价值：全省森林固定二氧化碳5 811.86万吨，比5年前增长了8.05%，释放氧气4 243.01万吨；森林生态服务功能总价值4 388.32亿元，比5年前增长了23.31%，林地平均每公顷年生态效益6.65万元。

4. 湿地资源

2015年，全省湿地总面积继续保持在111.01万公顷（不含水田面积，下同），占全省国土面积的10.9%。其中近海与海岸湿地、河流湿地、湖泊湿地、沼泽湿地、人工湿地分别占全省湿地总面积的62.40%、12.72%、0.79%、0.07%和24.02%。全省拥有国际重要湿地1个、国家重要湿地5个、省重要湿地32个，面积13.3万公顷；有33个县已公布首批县级湿地保护名录。

2015年，全省已建有湿地及与湿地有关的自然保护区11个，比2010年增加了3个，面积15.04万公顷；建立湿地类型自然保护小区30个，面积0.62万公顷；建立国家湿地公园10个，比2010年增加4个，国家城市湿地公园4个，省级湿地公园17个，比2010年增加10个，面积6.30万公顷，比2010年增加9 844公顷。湿地保护总面积22.76万公顷，比2010年增加2.19万公顷，其中湿地保护示范工程区已达28个，比2010年增加13个。

5. 自然保护区

2015年，全省拥有森林和野生动物类型自然保护区20个，其中国家级自然保护区7个，省级自然保护区7个，县级自然保护区6个；总面积9.96万公顷；全省建立各种类型自然保护小区353个，面积6.77万公顷。

6. 野生动植物资源

据调查统计，2015年，全省陆生野生动物分布有126科689种，约占全国总数的三分之一，其中被列入国家一级保护有18种、二级保护97种。全省列入中日、中澳保护候鸟及其栖息环境协定的种类分别为178种、56种，其中包括中华秋沙鸭、中华凤头燕鸥、黑脸琵鹭、卷羽鹈鹕等世界性濒危鸟类。全省约有高等植物 5 500 余种，占全国高等植物的 18.3%，居全国第 9～10 位。列入国家重点保护的珍稀濒危野生植物有 52 种，其中浙江特有的 28 种，包括国家一级保护植物 11 种，国家二级保护植物 41 种。浙江省还分布有较多的古老植物和孑遗植物，如银杏、金钱松、红豆杉等。

（四）渔业资源

1. 海洋渔业资源

据浙江省渔业资源动态监测，2015 年东海渔场整体的海洋渔业资源数量、资源品种结构稍好于 2014 年，但仍处在较差年景。主要海洋捕捞经济品种带鱼、小黄鱼、梭子蟹、虾类和上层鱼类资源状况好于 2014 年，其中带鱼、鲳鱼和梭子蟹增幅较大。2015 年全省鱼类产量 222 万吨，比 2010 年增长 9.65%，总体资源向小型化、低值化方向发展的趋势有所遏制。

2015 年，全省海水养殖面积继续呈下降趋势，养殖总面积 8.59 万公顷，比 2010 年减少 0.8 万公顷。其中海上养殖 1.76 万公顷、围塘养殖 2.95 万公顷，同比基本持平；滩涂养殖 3.70 万公顷。

2. 淡水渔业资源

2015 年，全省内陆渔业水域养殖面积 21.31 万公顷，比 2010 年减少 0.59 万公顷。其中池塘 7.47 万公顷、湖泊 0.24 万公顷、水库 9.53 万公顷、其他 0.50 万公顷；河沟养殖 3.29 万公顷。全省稻田养鱼 8.31 万公顷，其中稻鱼共生轮作面积达到 1.98 万公顷。

（五）农业种质资源

1. 农作物种质资源

2010—2015 年，浙江省共有 325 个农作物新品种通过审定或引种适宜在省内推广种植。其中，通过省审定的主要农作物品种 167 个、非主要农作物品种 143 个、蚕品种 1 个、省外引种审批许可在浙江省推广种植的主要农作物品种 14 个；退出主要农作物审定品种 157 个，审定通过的农作物品种基本满足了浙江省现代农业发展和人们日常生活的需要，特别是自主育成的“甬优系列”杂交水稻、“秀水系列”常规粳稻以及“浙油系列”油菜品种继续在全国保持领先地位。同时，全省 5 年共收集农作物种质资源 1 016 份；查明浙南山区大型真菌 1 014 个种。此外，部分县（市）组织野外植物资源普查，其中武义县发现野生药用植物种质资源 1 200 余种，首次发现了红果龙葵资源；磐安发现了野生白术、太子参等名贵种质资源，以及省内新药用植物 1 个、新分布药用植物 2 个。

2. 林业种质资源

2015年，全省选育并通过审（认）定省级林木良种29个，主要有马尾松、木荷、杂交松、马褂木等用材树种11个，锥栗、香榧、山核桃等经济树种13个，北美冬青、小叶榕等观赏树种5个；选育的山茶、紫薇、乌桕、香樟、桂花、女贞、刚竹等12个新品种获得国家林业局新品种保护办公室授权。截至2015年底，全省累计选育并通过审（认）定省级林木良种453个，比2010年增加100个，获得授权国家植物新品种86个。通过品种选育，提升了浙江省用材树种科研选育水平和优势，稳固并确保了经济树种的良种特性和林副产品质量，加快了全省观赏树种的品种创新和更新速度。

3. 畜牧业种质资源

2015年，全省主要有猪、鸡、鸭、鹅、特禽、黄牛、水牛、奶牛、绵羊、山羊、兔、蜂12个物种，共计59个畜禽品种和类群，其中原产浙江省的地方畜禽遗传资源33个（占56%）、培育品种14个（占24%）和引进品种12个（占20%）。浙江省的金华猪、嵊县花猪、嘉兴黑猪、白耳黄鸡、仙居鸡、绍兴鸭、缙云麻鸭、太湖鹅、浙东白鹅、温州水牛、温岭高峰牛、湖羊和长江三角洲白山羊（笔料毛型）13个畜禽地方品种列入《国家级畜禽遗传资源保护名录》。

4. 渔业种质资源

浙江渔场海洋生物以鱼类为主，有37目152科523种，其中软骨鱼类55种、硬骨鱼类468种；有游泳虾类12科34属78种及海蜇等大型水母。浙江省沿海潮间带生物丰富，有底栖海藻类85属180种，贝类5纲310种，还有种类繁多的虾蟹类、鱼类、多毛类等动物。

全省淡水渔业资源计有鱼类235种和亚种，隶属14目49科，其中鲤科鱼类93种，占39.57%；纯淡水鱼164种（包括引进的11种）；龟鳖类30多种；淡水贝类107种，其中腹足纲55种、瓣鳃纲52种。

（六）农业气候资源

1. 主要气候特征

（1）气温。浙江省热量充足，2010—2015年全省年平均气温16.2～18.9℃，自北向南逐步递增，其中17.5℃等温线横贯浙江中部。年平均温度最低分布在浙北的湖州、嘉兴地区，安吉、长兴、临安等地的年平均温度在16.5℃以下；年平均温度最高分布在浙南地区，青田、丽水、永嘉、温州、瑞安等地的年平均温度高于18.5℃。与1981—2010年平均值相比，全省大部地区平均温度增加0.2～0.4℃，其中浙东北大部、金华、永康、东阳、洪家、江山等地升温幅度大于0.4℃，萧山、慈溪、余姚、平湖等地增温幅度在

0.6～0.8℃，增温最大值为绍兴站（0.92℃）。

极端最高气温：2010—2015 年全省极端最高气温为 32.1（大陈岛）～43.5（奉化）℃，出现时段集中在夏季 7—8 月份。极端最高气温的分布与海拔、海陆分布密切相关，总体特征为内陆高于沿海、平原高于山区，金衢盆地极端最高气温均在 40℃以上。其中杭嘉湖平原极端最高气温为 39.9（平湖）～42.8（富阳）℃，金衢盆地 40.5～42.2℃，普陀、嵊泗、大陈岛、洞头、玉环等地极端最高气温低于 37℃，其他地区极端最高气温分布在 37.2～43.5℃。

极端最低气温：2010—2015 年全省极端最低气温为－1～－8.5℃，出现时段集中在整个冬季。浙东沿海平原大部与岛屿地区极端最低气温不低于－7℃，其中瑞安－3.5℃，为全省最高。浙中盆地极端最低气温为－7.5～－11.3℃。浙北平原大部地区极端最低气温分布在－7～－14℃。诸暨、萧山、临安、富阳、长兴和安吉等地低于－13℃，尤其是安吉增大到－17.4℃，为全省最低。

稳定通过 10℃的积温：2011—2015 年浙江各地稳定通过 10℃的积温为 4 765～6 155℃·天，由浙西北向浙东南沿海逐步递增；其中泰顺在 5 000℃·天以上。浙北平原、浙西北的临安与桐庐等为 5 200～5 400℃·天。5 600℃·天等值线西起常山与衢州的西部，过兰溪的北部、浦江的南部、义乌与东阳的北部、仙居中部、乐清北部一带。其中遂昌、缙云、平阳、庆元在 5 600～5 800℃·天；青田、丽水、永嘉、温州、瑞安等地在 6 000℃·天以上，最大值为青田（6 155℃·天）。

（2）降水。2010—2015 年全省年平均降水量为 1 090.1～2 119.9 毫米。受地形影响，降水地域差异很大。总体特征为海岛少、陆地多，平原盆地少、丘陵山区多，由东北向西南递增。浙北平原年平均降水量为 1 306～1 791 毫米，北部的嘉兴、嘉善、湖州、长兴、桐乡、玉环、洞头等地的降水量相对较少，低于 1 300 毫米；沿海岛屿嵊泗的年平均降水量仅有 1 090.1 毫米，为全省降水最少的地区。浙中盆地年降水量为 1 570～2 015 毫米，开化、常山、泰顺等地的降水量在 2 000 毫米以上。浙东沿海地区、浙中南部、淳安、临安、富阳、桐庐、建德等地年降水量在 1 600～1 800 毫米，衢州大部、龙泉、景宁、泰顺、文成、平阳年降水量比较大，均在 1 700 毫米以上，其中泰顺为 2 120毫米（为全省最大）。与 1981—2010 年相比，全省大部地区降水量均有增加，浙北大部、浙中增幅在 10%～15%，浙东沿海部分地区降水增幅 15%以上，其中宁波余姚、鄞州、北仑增幅超过 20%。

（3）日照。2010—2015 年全省各地年平均日照时数为 1 450.9～1 848.2 小时，其中浙南山区和浙东沿海平原是少日照区，年日照时数在 1 800 小时以下，开化、遂昌、缙云、丽水、龙泉、云和、泰顺、温岭等地的日照时数不足 1 700 小时；安吉、嘉善、湖州以及舟山群岛是多日照区，年日照时数在 1 800 小时以上，其中安吉的日照时数 1 848 小时，为全省之最。1981—2010 年的年平均日照时数为 1 574.9～2 012.1 小时，除安吉、鄞州、遂昌、龙泉、泰顺，其他地区年日照时数均减少。

2. 主要农业气象灾害

“十二五”期间，浙江农业气象灾害呈现多发、重发的态势，其中倒春寒发生的频率较高，但随着工厂化育秧技术的推广，倒春寒对早稻育秧的影响减小，但对其他作物仍有影响；高温热害多以局地发生为主，其中 2013 年浙江大部出现高温热害，对农业生产造成很大影响；秋季低温和冬季冻害总体偏轻发生；浙江暴雨日数有增加的趋势，年平均暴雨日数分布在 2.6～8 天；台风是对浙江影响较大的灾害之一，其中 2013 年“菲特”、2015 年“灿鸿”台风对浙江影响最严重；晚霜冻有重发、频发的趋势，其中 2013 年 4 月 7 日发生罕见严重的晚霜冻，造成茶叶大面积受冻，直接经济损失超过亿元。总体来说，2011—2015 年中除 2012 年农业气象条件属正常年景，其余年份均受气象灾害影响，5 年间全省农业受灾面积累计约 247.93 万公顷。

（1）对水稻的影响。2011 年气象条件属于正常年景，水稻生育期光温水匹配适宜，仅抽穗扬花期出现了短期的秋季低温天气，但影响有限；2012 年气象条件属于偏好年景，对水稻生长和成熟都非常有利；2013 年水稻生育期温度偏高、降水集中、日照偏少，对晚稻产量的影响比较大；2014 年气象条件仍差于正常年份，孕穗抽穗期间多雨寡照，且病虫害发生较重；2015 年气象条件属于偏差年景，水稻生育期间降水量和降水日数偏多、日照时数偏少，秋季低温和台风影响晚稻抽穗扬花，灌浆成熟期间出现阴雨天气导致秋收明显推迟。

（2）对油菜的影响。2011 年气候条件属偏好年景，油菜生育期间平均温度接近常年，日照略偏多，虽然降水量偏少，但浙江水系发达，影响极小，温光水匹配适宜，利于油菜生长和成熟收晒；2012 年气候条件属于正常年份，油菜播种期、蕾苔期较长时间的连阴雨天气导致油菜长势差、发育期推迟，且病害发生程度较 2011 年重，但是后期温光充足，油菜生长进程加快、花期缩短、收晒顺利；2013 年油菜生育期光温水匹配较好，除 2 月中旬有阴雨雪天气，其他发育期均对油菜生长、成熟和收晒有利；2014—2015 年气候条件属正常年份，油菜全生育期间平均气温略偏高、雨量偏多、雨日明显偏少，日照时数基本正常，没有大范围的重大气象灾害发生。

（3）对柑橘的影响。2011—2015 年柑橘生长期间气象条件总体利大于弊，虽然浙江梅汛期、台汛期出现的暴雨较多，尤其是 2013 年梅汛期强降水、台汛期带来的狂风暴雨造成橘园被淹，柑橘落果严重，但全省无明显冬季冻害且温光充足，利于柑橘越冬，所以总体气象条件对柑橘有利，使得柑橘座果率依然较高。2014—2015 年气象条件总体属于正常年景，由于开展了“三低”橘园治理工程，全省柑橘种植面积减少、单产明显增高。

二、保护和开发利用成效

（一）土地资源

1. 耕地保护力度进一步加大

2011 年以来，全省坚持最严格的耕地保护制制度，建立完善耕地保护共同责任机制，加强用途管制和规划管控，大力推进“百万”造地和“812”土地整治工程，确保了耕地数量基本稳定。5 年全省新增耕地 6.07 万公顷，连续 18 年实现占补平衡。与此同时，将永久基本农田划定与相关工作有机结合，统筹推进，提出把全省已建成的标准农田、粮食生产功能区、高标准农田、旱涝保收田、实施农田水利标准化建设的耕地等其他优质耕地，优先划入永久基本农田，并从平原优质耕地中，划出 66.67 万公顷左右的永久基本农田示范区。到 2015 年底，全省各县（市、区）都已完成了划定方案的编制。

2. 耕地质量提升工作继续推进

2015 年，全省继续加大高标准基本农田建设，推进国家和省级示范县建设，累计建成标准农田 100.9 万公顷，其中一等田比重达到 41.92%，较 2010 年增加 8.22 个百分点；推广测土配方施肥 214.8 万公顷，建立示范方 11.5 万公顷，减少不合理施肥量 4.69 万吨（实物），全省农业化肥施用量（折纯）比 2010 年下降 5.08%；创建整建制统防统治与绿色防控融合试点 40 个、面积 4.91 万公顷，绿色防控示范区 590 个、面积 4.28 万公顷，带动实施农作物病虫害专业化统防统治面积 38.38 万公顷、绿色防控技术应用面积 34.51 万公顷，农药减量技术应用面积 76.67 万公顷，全省农药使用量比 2010 年下降 13.21%；推广“千斤粮万元钱”高效生态新型农作制度约 16.67 万公顷，有效促进了全省化肥农药的减量使用，改善了耕地质量。

3. 作物种植面积基本保持稳定

2015 年全省农作物播种面积 242.87 万公顷，比 2010 年减少 2.25%；复种指数为 1.23，与 2010 年基本持平；土地生产率为 14 035 元/公顷，比 2010 年增长 28.44%。其中粮食播种面积 127.79 万公顷，与 2010 年基本持平；蔬菜瓜果播种面积 72.08 万公顷，比 2010 年略有下降；中药材面积 3.95 万公顷，比 2010 年增长 29.08%；花卉苗木面积 13.32 万公顷，比 2010 年增长 23.22%；茶园面积 19.67 万公顷，比 2010 年增长 10.57%；果园面积 33.21

万公顷，比 2010 年增长 3.49%；桑园面积 5.35 万公顷，比 2010 年减少 22.43%。

4. 农业“两区”建设成效明显

从 2010 年开始农业“两区”建设，到 2015 年底，全省累计建成粮食生产功能区 7 886 个，总面积 45.13 万公顷；其中省级粮食生产功能区 218 个，面积 2.39 万公顷。累计建成省级现代农业园区 818 个，总面积 34.47 万公顷；其中省级现代农业综合区 107 个、面积 25.97 万公顷，主导产业示范区 200 个、面积 4.83 万公顷，特色农业精品园 511 个、面积 3.67 万公顷。粮食生产功能区内粮食单产比面上提高 7.3%，现代农业综合区亩均产值比周边提高 20%以上。

（二）水资源

1. 水资源环境承载力不断提高

“十二五”期间，全省以强库、固堤、扩排、开源、引调、提升六大类工程为重点，全面推进“五水共治”水利工作，着力提升防御洪涝台旱灾害能力，改善水生态环境。全省新建平阳顺溪、诸暨永宁等防洪控制性水库，加固一批病险水库和主要江河堤防、海塘，完成 30 个国家大中型灌区续建配套与节水改造以及中央财政小型农田水利项目县建设，稳步推进太湖流域水环境综合治理五大项目，开展珊溪水库等重要饮用水水源地安全保障达标建设，陆续启动 21 个全国中小河流治理重点县综合整治试点。

2. 水资源管理工作不断加强

2015 年，按照实行最严格水资源管理制度要求，围绕用水总量控制、用水效率控制和水功能区限制纳污“三条红线”要求，强化考核责任制落实。全省用水总量控制在 186.06 亿米^3（不含环境配水量）；万元工业增加值用水量下降至 29.18 米^3，较 2010 年下降 38.2%；农田灌溉水有效利用系数为 0.582，比 2010 年提高了 0.092；重要江河湖泊水功能区水质达标率达到 79.1%，全部四项考核指标均超额完成国务院下达的“十二五”目标要求。全面推进节水型社会建设，2015 年余杭区等 19 个县（市、区）先后通过了省级节水型社会建设验收；截至 2015 年底，省政府确定的全省第一批 27 个节水型社会建设县（市、区）全部创建完成。

3. 饮水安全保障能力持续提升

全省大力推进“开源、引调、提升”工程建设，多源供给、联网联调的水资源保障格局基本形成。合溪水库、浙东引水萧山枢纽、舟山大陆引水二期等工程相继建成，新增工程年供水能力 13 亿米^3；杭州市第二水源千岛湖配水、钦寸水库等工程有序推进；闲林水库等应急备用水源工程基本建成，

66%的县级以上城市建立了应急备用水源体系。继续实施“农村饮水安全提升工程”，改善455万农村人口饮水安全条件，农村自来水覆盖率提高到99%；加强农村供水工程水质检测能力，在26个县（市、区）各建设1个区域水质检测中心。截至2015年底，浙江省农村集中式供水工程约3.3万处，受益人数约3 246万人，农村饮水安全进一步提高，早期饮水困难现象基本解决。

4. 水土流失治理进展明显

2013年开始全省积极探索林下水土流失治理、生态清洁型小流域建设，将重点治理项目建设与项目区民生需求、美丽乡村建设和水源地保护等充分结合，加大水土流失治理力度；2015年又出台了《浙江省水土保持条例》，为全省更好地预防和治理水土流失、保护和合理利用水土资源、维护生态安全提供了重要的法律依据。据统计，2010—2018年全省共完成水土流失治理面积3 561千米^2。同时，规范开发建设项目水土保持方案的监督管理，加强在建项目监督检查，大中型生产建设项目水土保持设施验收基本实现制度化，促进水土保持各项措施落到实处，防治人为造成的水土流失。

（三）森林资源

1. 以“林权改革”为重点的体制机制创新取得重大进展

全面推进以深化集体林权制度改革为核心的各项林业改革，加快体制机制创新，调整林业生产关系，增强林业发展动力。率先在全国完成林权制度主体改革任务，全省林权证换发率达99.7%，责任山承包合同签订率达99.4%。推进林地经营权流转，在全国率先实施《林地经营权流转证》制度，出台了《浙江省森林、林木和林地流转管理办法》等政策性文件，共流转林权1 586万亩。积极推进林权抵押贷款和林木政策性保险，累计发放林权抵押贷款172.3亿元，贷款余额77.7亿元，林木参保面积占全省森林面积的55%，公益林基本全面参保。积极培育新型林业经济合作组织，已建股份制合作社79家，家庭林场1 294个，近5年社会资金投资林业达500多亿元。推进森林采伐管理改革，开展商品林和自然保护区采伐管理改革试点，探索林木采伐限额分类管理。国有林场改革任务率先在全国全面完成。

2. 森林资源数量质量持续向好

与“十一五”末相比，全省森林面积稳中略升，森林蓄积持续增长，森林资源质量不断提高，森林结构进一步优化，森林生态状况继续向着好的方向发展。主要表现在：全省森林面积增长了0.60%，活立木总蓄积年均净增5.15%，森林蓄积年均净增5.17%；乔木林单位面积蓄积量增长了24.57%，郁闭度增长了5.36%；龄组结构中，近成过熟林比重上升，幼中龄林与近成过熟林的面积比例由77∶23调整为71∶29，蓄积比例由63∶37调整为58∶42；树种结构中，针叶林、阔叶林、针阔混交林面积比例由51∶35∶14调整为41∶43∶16，阔叶林成为全省乔木林中面积最大的树种组；林种结构中，防护林、特用林、用材林、经济林的面积之比由31∶2∶49∶18调整为40∶3∶41∶16，防护林和特用林的面积所占比重提高了10个百分点。

3. 森林生态建设成效显著

全省围绕"双增"目标，加快森林扩面提质步伐，不断强化资源培育和城乡绿化，持续提升生态质量。全面实施"1818"平原绿化行动，5年新增平原绿化面积13.67万公顷，活立木总蓄积408.98万米^3、增幅达59.02%，乔木林面积增加1.45万公顷、增幅43.41%，林木覆盖率达到19.3%，平原地区生态环境得到明显改善。全面完成沿海千里绿色屏障建设，建成宽度50米以上基干林带964公里，宜林岩质岸线全面绿化，实现基干林带合拢目标。继续加强生态公益林建设，省级以上生态公益林补偿标准提高到每亩30元，生态公益林面积增加了66.67万公顷，增幅超过30%，全省公益林布局日趋合理，林分质量逐步提高。加快推进森林抚育，启动实施千万亩珍贵彩色健康森林建设，提升森林质量和景观水平。2015年全省苗木生产面积13.87万公顷，总产苗量45.5亿株，可供造林用苗总量35.5亿株，赠送珍贵和彩色树种867万株。

4. 森林资源保护力度不断加大

全面加强森林资源保护，保持森林面积、森林覆盖率和森林蓄积"三增长"，森林覆盖率和蓄积量列入领导实绩考核体系。加强征占用林地管理，完成省、县两级林地保护利用规划编制工作，严格执行《浙江省征占用林地定额管理办法》，2010—2015年全省依法办理各类征占用林地项目2.7万公顷；加大对涉林垦造耕地工作监管力度，建立完善垦造耕地中林地资源保护的长效机制。开展省、市两级森林资源年度监测，启动新一轮全省二类资源调查。颁布《浙江省湿地保护条例》，公布首批32块省重要湿地名录，初步完成浙江省湿地生态补偿办法草案，95%的县编制了湿地保护规划。濒危野生动物和极小种群野生植物拯救工作有了新突破，全省90%以上濒危野生动物种群栖息地、80%以上濒危野生植物全部或部分被划定在自然保护区（小区）中加以保护。抓好森林灾害防控，2010—2015年全省森林火灾年受害率、森林病虫害年成灾率均低于国家、省控制指标。启动航空护林工作，提升森林安全防控能力。组织开展一系列打击破坏森林资源违法犯罪专项行动，切实保障了森林资源安全。

5. 现代林业经济稳步发展

"十二五"时期以来，全省加快发展高效生态富民产业，推动产业转型升级，努力把“七山”优势转化为经济优势、富民优势。大力发展林业主导产业，形成了木、竹、花卉苗木、森林旅游等六大特色优势产业，2015 年全省林业产业总产值达 4 523 亿元，是 2010 年的 2.30 倍，居全国前列，以占全国 2%的林地面积创造了占全国 8%的林业总产值。大力实施生态富民工程，调整优化林业产业结构，精心打造产业发展平台，建立示范带动效应明显的现代林业园区 473 个，建设规模达到 239 万亩；农民增收的林业贡献率持续增长，农村居民人均林业纯收入达 3 219 元。大力发展林下经济，积极开展省级林下经济示范基地创建工作，加强林下经济典型培育和技术指导。同时，大力发展森林旅游，启动森林休闲养生试点，2015 年全省接待森林旅游游客量达到 2.66 亿人次，森林旅游与休闲服务产值 977.25 亿元，分别是 2010 年的 3.13 倍和 4.36 倍。

（四）渔业资源

1. 渔场修复振兴行动启动并深入推进

全省以振兴浙江渔场为目标，“打非减船”、修复资源、强化管理为重点，开展“一打三整治”专项执法行动，保护海洋生态环境，促进海洋渔业可持续发展。截至 2015 年底，全省累计取缔涉渔“三无”船舶 14 004 艘，对 6 703 艘“船证不符”渔船开展整治，清缴以“一电四网”为主的“绝户网”14 万顶（张），对 336 个入海排污口开展摸查，在全国率先建立了海洋环境季度监测通报制度，“一打三整治”取得阶段性胜利，打破了长期以来国内海洋捕捞“无序、无度”和“不敢管、管不了、管不好”的局面；开展了海洋牧场、渔业资源“三场一通道”本底调查等海洋生态修复工作，渔船振兴修复、春汛生产、增殖放流、全面伏休等措施成效初步显现，使全省海洋渔业资源有所恢复。

2. 渔业水域环境监测全面推进

自 2011 年起，浙江省连续 5 年对主要渔业水域水质进行了业务化监测和评价。结果表明，全省主要渔业水域水质整体基本上均能满足渔业环境水质功能需要，2015 年全部区域综合水质均在中等以上，其中水质优等的占 14.0%、良好的占 75.0%、及格的占 11.0%，与 2011 年相比，水质状况略有改善；监测的增殖放流区、产卵索饵场和水产种质资源保护区综合水质全部为良，比 2011 年有较大改善；开放性养殖水域综合水质达到优良的占 83.4%、较 2011 年上升 7.2 个百分点，中等的占 16.6%。

3. 渔业经济呈现稳步发展态势

全省渔业经济整体呈现持续上升的良好发展态势。2015 年，全省渔业经济总产出 1 937.4 亿元，比 2010 年增长 44.98%，其中渔业总产出 707.9

亿元，比2010年增长35.57%；与2010年相比，一、二产比重有所下降，三产规模继续稳步提高。全省水产品总产量602万吨，比2010年增长16.28%；其中国内海洋捕捞产量336.7万吨，比2010年增长9.14%；每千瓦功率年捕捞量0.92吨，比2010年增长35.29%；海水养殖产量93.3万吨，比2010年增长7.0%；淡水养殖产量102万吨，与2010年持平。到2015年底，全省已有休闲渔业经营主体1 881个、从业人员17 557人，分别比2010年增长43.59%和18.40%；休闲渔业总产出18.67亿元，比2010年增长58.22%。

4. 现代渔业园区建设成效显著

截至2015年底，全省建成并通过省级挂牌验收的现代渔业园区322个，实施面积2.41万公顷，投入资金约28.7亿元；累计实施标准化生产面积1.66万公顷，改造高标准鱼塘0.95万公顷，建设大棚等设施0.44万公顷，改造电力线路88.7公里、进排水渠道101.9公里和园区道路81公里，基本做到道路硬化、进排水独立以及绿化、塘堤护坡和电力线路配套，园区内亩产比建设前提高了230千克。现代渔业园区的建成投产，为全省水产养殖业转型发展提供了样板和经验，辐射带动了全省水产养殖业提质增效，促进了渔业增效和渔民增收。

5. 生态渔业建设初见成效

近年来，全省以治水为突破口，按照治水促进渔业产业转型的思路，全省组织实施了养殖塘生态化改造、江河湖库增殖放流、稻鱼共生轮作减排三个“百万亩工程”。到2015年，全省水源地、水环境敏感地区的养鱼网箱基本整治到位；推广稻鱼共生轮作面积近2.67万公顷，亩均减施农药60%、化肥20%；完成池塘生态化改造近3.33万公顷，划定禁限养区超4万公顷，有效地改善了农业农村生态环境，提升了水产品质量，促进了渔（农）民增收。

（五）种质资源

1. 农作物种质资源保护管理成绩显著

2014年省农业厅修订发布了《浙江省农作物种质资源调查收集技术规范（试行）》，2015年全省新修订发布了《浙江省主要农作物品种审定办法》《浙江省非主要农作物品种审定办法》和《浙江省主要农作物品种审定标准》；深入实施企业育成品种审定绿色通道，加大审定品种转基因检测，启动省品种区试审定网上统一受理平台，筹建省农作物品种试验管理信息系统；强化品种区试质量过程管理，加快对适宜机械化操作、优质、多抗、低耗品种审定步伐；完成省种质资源信息网升级改造，对约2 000份种质资源信息公开实行分类管理，批准申请利用种质资源实物 51 份；安排现代种业发展工程项目资金 3 330 万元，对优良品种引繁推、区试审定展示示范、种子生产基地基础设施建设等进行补助；布置落实品种展示示范方 142 个、展示示范品种 1 020 个（次），并在省（萧山）农业创新园新品种展示中心和宁波、湖州、绍兴、衢州 4 个分中心及 22 个县（市、区）分别展示优势瓜菜品种 2 500 余个（次）。

2. 林业种质资源保护利用深入推进

5 年来，全省持续推进林木种质资源保育，编制实施了《浙江省林木种质资源收集与保存利用规划（2014—2025）》和《浙江省林木育种中长期发展规划（2014—2025）》，初步建成林木种质资源保育体系。到 2015 年底，全省拥有省级以上重点林木良种基地 22 个，其中国家基地 10 个、省级基地 12 个，面积 2 100 多公顷，并依托林木良种基地建立了主要树种的种质资源收集区 80 余个、收集了 30 余科百余个树种，林木主要树种种质资源都得到了异地保存；共保存林木种质 2.20 万余份，建有淳安县姥山林场国家马尾松种质资源库等 3 个国家林木种质资源库以及杭州市余杭区长乐林场杉木种质资源库等 25 个省级林木种质资源库（圃）。继续推进野生动植物种源基地和示范基地建设，促进产品开发和深加工，提高产品附加值。

3. 畜牧业种质资源保护利用取得新突破

2011 年以来，全省畜牧业种质资源保护利用工作有序推进，初步建立了省、市、县分级负责的地方畜禽遗传资源保护与开发体系，为实现畜牧业的可持续发展和畜禽遗传资源保护利用提供有力支撑。截至 2015 年底，全省有“振宁黄鸡”配套系、优质地方鸡“光大梅岭 1 号”配套系和“国绍Ⅰ号蛋鸭”配套系 3 个品种获得国家级畜禽新品种（配套系）证书，其中“国绍Ⅰ号蛋鸭”配套系是我国通过审定的第二个蛋鸭新配套系；有 13 个场被认定为国家级畜禽遗传资源保种场（保护区、基因库）、位列全国前列，其中有国家级的地方鸡种基因库 1 个、湖羊资源保护区 1 个和保种场 11 个；正式启动实施畜禽遗传资源协议保护制度，成立了首届省畜禽遗传资源委员会，认定一批省级畜禽遗传资源保种场，并对列入 33 个省级保护名录中的 26 个品种，分别纳入保种范围，落实了相应的保种经费。

2011—2015 年，全省陆续引进了娟姗牛、澳洲黑白花奶牛、长白种猪、大约克种猪、红宝 JA57 祖代种鸡、海兰白祖代种鸡、种蛋等一批畜禽种质资源。其中引进澳洲黑白花奶牛 300 头；长白种猪 760 头，大约克种猪 550 头，杜洛克种猪 230 头；红宝 JA57 祖代种鸡 24 516 只，海兰白祖代种鸡 8.4 万只，SPF 父母代种蛋 7.4 万个。此外，杭州市大观山育种有限公司、浙江光大种禽业有限公司分别成为国家生猪、肉鸡核心育种场。

4. 渔业种质资源保护利用成效显著

2010 年以来，全省加快水产种业园区、省级水产原良种场和繁育基地的建设，进一步完善了水产苗种繁育体系，海淡水苗种生产实现快速增长，确保了水产养殖业持续健康发展。据统计，到 2015 年底，全省拥有国家级遗传育种中心 1 家、国家级水产良种场 7 家、省级良种场 20 家，以及省级规模化繁育基地 25 家和省级水产引种育种中心 1 个，繁殖各类鱼苗 123 亿尾、虾苗 427 亿尾、龟鳖苗 1.71 亿只，苗种产值 16.8 亿元；全省累计建立省级以上水产种质资源保护区 12 个，其中国家级 5 个。同时，积极开展放流各类水生生物苗种活动，5 年全省水域共投入增殖放流资金 36 276.17万元，放流各类水生生物苗种 104.75 亿尾（只），有效保护了渔业资源。

（六）农业气候资源

1. 特色农业气象服务逐步完善，农业气象区划趋于精细化

围绕全省现代农业生产发展需求，注重特色作物的相关研究和气象服务工作，修订完善了浙江省茶叶主栽品种的农业气象指标和主要气象灾害，制定了茶叶农业气象指标体系，建立了茶叶气象灾害监测预警、茶叶生长气候适宜度、春茶开采期预报、茶叶气候品质评价、茶树种植农业气象区划等模型，完成了气象行业标准《杨梅冻害等级》《柑橘农业气象观测规范》等编制；同时，借助 GIS 技术完成了单季稻、茶叶、柑橘、西兰花、杨梅、黑木耳以及海水养殖大黄鱼、梭子蟹的精细化农业气候区划，以及单季稻的秋季低温、茶叶早春霜冻、柑橘冬季冻害、西兰花台风、杨梅成熟期暴雨、黑木耳夏季高温、海水养殖冬季冻害等主要农业气象灾害的风险区划，为开展特色农业气象观测、优质农产品气候品质认证和特色农业气象灾害的监测预警及影响评估等提供了重要的技术依据。

2. 优质农产品气候品质认证深入推进

为积极做好气象对现代农业的服务，2012 年省气象部门率先创新性地提出开展优质农产品气候品质认证工作，省气象局组织制定了《浙江省农产品气候品质认证工作暂行规定》，对认证流程、等级作了统一规定，并通过田间试验、控制试验，构建气候品质指标，建立气候品质评价模型，深化细化优质农产品气候品质评价技术。在省市县各级相关部门的通力合作下，2012—2015 年共完成了茶叶、枇杷、杨梅、葡萄、蜜梨、桃、西瓜、柑橘、水稻、胡柚、石斛、文旦、冬枣等 36 种作物 100 多个农业大户或农民专业合作社的优质农产品的气候品质认证，为合理开发利用气候资源、提高农产品质量和附加值、助推全省精品特色农业的发展奠定基础。

3. 现代农业气象服务平台实现全覆盖

2011年以来，全省各级气象部门紧紧围绕“两区”建设任务，积极启动农业气象服务体系建设，建立完善全省现代农业气象服务平台。先后在每个市基本建成了1个农业主导产业园区气象观测基地，省、市、县三级农业气象监测预警业务平台投入运行，设施农业气象服务网（慈溪）、茶叶气象服务网（新昌）和柑橘气象服务网（龙游）上线，面向全省开展服务；在慈溪市成立了集设施农业气象观测、科研、服务于一体的浙江省设施农业气象试验站，通过电视、短信、报纸、网络等多种途径制作、发布设施农业气象服务产品；研发了以气象指数为主的农业气象灾害监测预警指标、主要农作物气象指标等，开发农业气象监测、预报、预警、评估等产品网格化展示模块，使现代农业气象服务产品达到了数字化、格点化和自动化，从而完善了浙江省现代农业气象服务平台，并实现了省市县气象部门内的共享，为开展主要农作物的全程性、多时效、多目标、定量化、精细化的现代农业气象信息服务提供了重要技术支撑。

4. 重大气象灾害监测预警和影响评估不断强化

通过气象资料与虫情信息的共享，结合浙江省主要农作物病虫害发生实情，制定了浙江省重大病虫害发生气象预报业务流程和技术规范，建立了基于气象要素的稻飞虱发生气象等级预报模型，开发病虫害（稻飞虱）气象监测预警业务系统。在稻飞虱发生关键期（8—9月），联合省植物保护检疫局，动态发布重大病虫害（稻飞虱）发生气象等级预报服务，提醒广大农户密切关注天气、科学防治。针对近年来出现的重大农业气象灾害，如2015年全省降水明显偏多、阴雨寡照，气象条件非常利于各类病虫害的发生和蔓延，尤其是病害重于虫害的特点，省气象部门根据农作物种植制度和品种安排，在关键农事季节及关键性、转折性、灾害性天气来临前，及时提供未来一周农用天气预报专题气象服务。同时，深入灾害发生主产区，开展实地调查，了解灾情，结合未来天气预报，提供有针对性的防灾减灾农事建议；及时编制重大农业气象灾害影响评估专题信息，不断加强重大农业气象灾害监测预警和影响评估能力，为省农业部门发布农作物病虫发生趋势提供科学依据。

三、农业自然资源综合评价

为了更好地量化浙江省农业自然资源禀赋情况，为全省农业现代化发展提供有力支撑，本书对2010—2015年全省农业自然资源开展综合评价。

（一）评价指标体系

1. 构建的基本原则

（1）科学性原则。以科学发展观为指引，以遵从农业资源利用的自然规律、生态规律和经济规律等科学原则为前提，指标的设置尽可能科学、客观地反映浙江农业自然资源在农业生产系统内部的支撑、变化及外部影响，通过设置相互关联的指标，能较好地度量和评价不同时期、不同地区、不同类型和不同模式农业自然资源禀赋及利用情况。

（2）整体性原则。农业资源利用的同等重要律和最小量限制律要求评价指标体系覆盖面较广，指标体系整体上要包揽农业资源存量与利用的各个方面；但在单个指标的选择上，既要立足全面，又要有所侧重，选取具有代表性的指标，要能从纵向和横向两个角度综合反映影响农业资源禀赋和利用的各个环节和各种因素，能全面体现和落实农业资源高效利用的衡量标准。

（3）可获性原则。评价指标体系中的各指标应简单明了，便于调研获取和计算，尽可能用惯用的百分比、单位面积产出、单位投入产出、利用效率等表示。在选取指标时，应尽量选取富有代表性、多用途性和可定量化的指标。

（4）层序性原则。农业资源在农业生产系统中相互联系、彼此依存的耦合性，要求在构建农业资源评价指标体系时，指标的组织必须依据一定的逻辑规则，具有较强的结构层次性。

（5）动态性原则。农业资源禀赋与利用是一个相对的、动态的概念。一是农业生产具有周期性、循环性、连续性等特点，有些指标很难在一个周期内界定，往往需要一定的时间尺度，经过几个周期循环才能得到反映；二是随着科技发展和人类认识自然水平的提高，农业自然资源开发的广度和深度也处于变化之中，要求评价指标要考虑资源禀赋与利用动态发展和变化的特点；三是随着农业农村经济发展方式的逐步转变，将适当对指标体系进行调整和完善，及时反映农业资源与农业发展方式的转变。

2. 指标体系的确定

按照浙江省目前的农业资源特点和农业发展对资源依赖程度，选择五大类25项具体指标，构成完整的评价体系。

（1）土地资源指标。重点选择农用地面积、垦殖指数、复种指数、一等田占标准农田比重、土地生产率5项指标。

——农用地面积：区域内直接用于农业生产的土地的面积，包括耕地、园地、林地、牧草地及其他农用地。

——垦殖指数：耕地面积占其土地总面积的比例，用百分数表示，是衡量一个地区土地资源开发利用程度的指标。

——复种指数：农作物总播种面积与耕地面积之比，用百分数表示，是反映耕地利用程度的指标。

——一等田占标准农田比重：具有吨粮生产能力的一等标准农田在标准农田中的比重，用以反映耕地质量的重要指标。

——土地生产率：反映土地生产能力的一项指标，用农牧业增加值与农用地面积之比来确定。

（2）水资源指标。重点选择水资源总量、农业用水量、农田灌溉亩均用水量、灌溉水利用系数、地表水Ⅰ～Ⅲ类水质断面占比5项指标。

——水资源总量：降水所形成的地表和地下的产水量，即河川径流量和降水入渗补给量之和。

——农业用水量：农业生产所用的水量，包括农田灌溉用水量、渔业及林果地用水量等的总和。

——农田灌溉亩均用水量：单位面积的农田实际灌溉用水量，是反映水资源高效利用程度的指标。

——灌溉水利用系数：被农作物利用的净水量与水源渠首处总引进水量的比值，是衡量灌区从水源引水到田间作用吸收利用水的过程中水利用程度的一个重要指标。

——地表水Ⅰ～Ⅲ类水质断面占比：地表水Ⅰ～Ⅲ类水质所占的比重，反映地表水质的重要指标。

（3）森林资源指标。重点选择林地面积、活立木总蓄积量、森林覆盖率、用材林面积比重、阔叶林和针阔混交林比重5项指标。

——林地面积：包括森林、疏林地、一般灌木林地、未成林地、苗圃地、无立木林地、宜林地等的总面积。

——活立木总蓄积量：一定范围内土地上全部树木蓄积的总量，包括森林蓄积、疏林蓄积、散生木蓄积和四旁树蓄积。全省活立木蓄积总生长量与总消耗量之间会有一个例，反映了活立木蓄积量生长大于或小于消耗的变化趋势。

——森林覆盖率：亦称森林覆被率，指一个地区森林面积占土地面积的百分比，是反映该地区森林面积占有情况或森林资源丰富程度及实现绿化程度的指标，又是确定森林经营和开发利用方针的重要依据。

——用材林面积比重：用材林是以培育和提供木材或竹材的森林，主要有乔木林、竹林、疏林。用材林面积比重是森林树种结构中用材林面积占森林总面积的比重，这一指标反映了高产林业资源结构及拥有量。

——阔叶林和针阔混交林比重：在乔木林树种类型结构中，阔叶林和针阔混交林面积的比例，是一个反映森林资源结构变化的指标。

（4）渔业资源指标。重点选择海水养殖总面积、内陆渔业水域养殖面积、水产品总产量、每千瓦功率年捕捞量、养殖水域综合水质优良率5项指标。

——海水养殖总面积：利用大量海水、占用大量沿岸滩涂和近海海域，发展海水养殖的总面积，是反映海洋资源开发利用的指标。

——内陆渔业水域养殖面积：利用水系、流域、内流河系等发展水产养殖的面积，是反映内陆水域资源开发利用的指标。

——水产品总产量：包括国内捕捞产量、远洋渔业产量、海水养殖产量、淡水渔业产量等，是反映渔业资源总体利用的指标。

——每千瓦功率年捕捞量：是反映单位功率年捕捞量的指标。

——养殖水域综合水质优良率：养殖水域水质优良的比重，是反映养殖水域综合水质环境的指标。

（5）农业气候资源指标。重点选择年平均降水量、年平均气温、平均日照时数、平均酸雨率、农业受灾面积5项指标。

——年平均降水量：某地多年降水量总和除以年数得到的均值，或某地多个观测点测得的年降水量均值。

——年平均温度：一年内各次观测的气温值的算术平均值。根据计算时间长短不同，可有某日平均气温、某月平均气温等。

——年平均日照时数：太阳多年在垂直于其光线的平面上的辐射强度超过或等于120瓦/米^{2}的平均时间长度。

——平均酸雨率：酸雨次数除以降水总次数，反映降水质量指标。

——农业受灾面积：由于水旱等造成的农业受灾面积，反映农业气象对农业生产造成影响的指标。

3. 指标权重的确定

农业资源可持续利用评价涉及多截面、多指标，截面与指标之间、各截面之间与各指标之间的交互作用永远是一个灰色系统，是确定性和随机性的统一。本书主要采用层次分析法（AHP法）来确定各指标的权重，AHP法是基于系统中的“层次性原理”创建起来的，将众多复杂指标分解成若干相互联系的有序层次，使之条理化。针对某种事物，就不同指标的相对重要性，逐一进行两两对比判断，把人的主观判断用数量的形式表达和处理，其本质是把定性分析与定量分析相结合以确定不同指标的权重。各指标权重的计算主要是根据浙江省农业资源特点和系统分析原理，结合有关部门专家意见，构造各判断矩阵，通过分级定量法将数值转化为数量表达形式，然后对各判断矩阵求它们的最大特征值和最大特征值对应的特征向量，进行一致性检验。结合上述具体指标的构成及其内涵，采用专家评判法和试算法确定指标权重。

表 1-3 浙江农业自然资源综合评价指标权重

类别	具体指标	单位	权重	权重小计
土地资源	农用地面积	万公顷	8	30
	垦殖指数	%	6	
	复种指数	%	6	
	一等田占标准农田比重	%	5	
	土地生产率	元/公顷	5	
水资源	水资源总量	亿米^3	5	22
	农业用水量	亿米^3	6	
	农田灌溉亩均用水量	米^3	3	
	灌溉水利用系数	—	4	
	地表水Ⅰ～Ⅲ类水质断面占比	%	4	
森林资源	林地面积	万公顷	4	16
	活立木总蓄积	亿米^3	3	
	森林覆盖率	%	3	
	用材林面积比重	%	4	
	阔叶林和针阔混交林比重	%	2	
渔业资源	海水养殖总面积	万公顷	4	14
	内陆渔业水域养殖面积	万公顷	3	
	水产品总产量	万吨	2	
	每千瓦功率年捕捞量	吨	2	
	养殖水域综合水质优良率	%	3	
农业气候资源	年平均降水量	毫米	5	18
	年平均气温	℃	4	
	年平均日照时数	小时	3	
	平均酸雨率	%	3	
	农业受灾面积	万公顷	3	

4. 指数的编制方法

（1）指标目标值的确定。

表1-4 浙江农业自然资源综合评价各指标的目标值

类别	具体指标	单位	目标值	说明
土地资源	农用地面积	万公顷	872.67	近十年最大值
	垦殖指数	%	19.83	据“十二五”规划指标计算
	复种指数	%	1.55	结合全国平均指标与省“十二五”规划指标
	一等田占标准农田比重	%	48	“十二五”规划指标
	土地生产率	元/公顷	17 011	据“十二五”规划指标计算
水资源	水资源总量	亿米^3	>955.41	多年均值
	农业用水量	亿米^3	<102.74	多年均值
	农田灌溉亩均用水量	米^3	368	省“十二五”规划指标
	灌溉水利用系数	—	0.58	省“十二五”规划指标
	地表水Ⅰ～Ⅲ类水质断面占比	%	74.9	省“十二五”规划指标
森林资源	林地面积	万公顷	672	“十二五”规划指标
	活立木总蓄积	亿米^3	2.92	“十二五”约束性指标
	森林覆盖率	%	61	“十二五”约束性指标
	用材林面积比重	%	50	据“十二五”规划指标计算
	阔叶林和针阔混交林比重	%	59	据“十二五”规划指标计算
渔业资源	海水养殖总面积	万公顷	25	最大可养面积
	内陆渔业水域养殖面积	万公顷	40	最大可养面积
	水产品总产量	万吨	545	“十二五”规划指标
	每千瓦功率年捕捞量	吨	1.3	近年最大值
	养殖水域综合水质优良率	%	100	目标值
农业气候资源	年平均降水量	毫米	1 603.8	多年平均
	年平均气温	℃	16.9	常年平均
	年平均日照时数	小时	1 735	常年平均
	平均酸雨率	%	82.8	近十年平均89.02，最大值92.8
	农业受灾面积	万公顷	41.23	近十年最小值

注：相关规划主要包括《浙江省水资源保护与开发利用“十二五”规划》《浙江省土地利用总体规划（2006—2020年）》《浙江省现代农业发展“十二五”规划》《浙江省农村经济发展“十二五”规划》《浙江省林业发展“十二五”规划》《浙江省海洋事业发展“十二五”规划》《浙江省渔业发展“十二五”规划》《浙江省水利发展“十二五”规划》。

（2）综合评价方法。设 X_i 为第 i 项评价指标的实际值，Y_i 为第 i 项评价指标的目标值，S_i 为第 i 项评价指标的权重，L_i 为第 i 项评价指标的评分。

对于正向性指标：$X_i \geqslant Y_i$ 时，$L_i = S_i$，即得分为全权重；$X_i \leqslant Y_i$ 时，$L_i = S_i \times X_i / Y_i$。

对于逆向性指标：$X_i \leqslant Y_i$ 时，$L_i = S_i$，即得分为全权重；$X_i \geqslant Y_i$ 时，$L_i = S_i \times X_i / Y_i$。

对于距间指标：先设定 Y_i 的距间大小，并同步确定相应的得分系数 P_i，按 X_i 属于哪一个距间，相应的 $L_i = S_i \times P_i$。

在 25 项指标中，水资源总量指标是正向指标，当实际值大于目标值时，得分为全权重；农业用水量是逆向指标，当实际值小于目标值时，得分为全权重。

年平均降水量设定为距间指标，当实际值处于距间（1 603.8±100）时，得分为 100%；当实际值处于距间（1 603.8±200）时，得分为 90%；当实际值处于距间（1 603.8±300）时，得分为 80%，依此类推。

年平均气温设定为距间指标，当实际值处于距间（16.9±0.5）时，得分为 100%；当实际值处于距间（16.9±1.0）时，得分为 90%，依此类推。

年平均日照时数设定为距间指标，当实际值处于距间（1 735±5）时，得分为 100%；当实际值处于距间（1 735±10）时，得分为 90%，依此类推。

平均酸雨率、农业受灾面积为逆向指标，当实际值大于目标值时，以实际值除目标值为依据计算得分；当实际值小于目标值时，得分为 100%。

其余指标均按完成程度进行计算，单项指标得分＝指标权重×指标实际值/指标目标值。

5. 综合评价指数（Z）

采用综合指数法：$Z = \sum L_i \times S_i$

（二）评价结果分析

1. 评价结果

根据综合指数法，得到 2010—2015 年浙江省农业自然资源综合评价指数得分如下：

2010 年 Z=85.28；2011 年 Z=83.85；

2012 年 Z=82.97；2013 年 Z=83.29；

2014 年 Z=86.40；2015 年 Z=86.60

表明 2010—2015 年全省农业资源保障与利用效果均处于“良”的阶段。

2. 分析讨论

通过比较2010—2015年综合指数得分，可以发现，2015年的综合指数得分位列历年来第一。主要是5年间标准农田中一等田的比重、土地生产率、灌溉水利用系数、活立木蓄积总量、阔叶林和针阔混交林比重、水产品总产量、养殖水域综合水质优良率等指标得分值的逐年提高，以及平均酸雨率等逐年下降所引起；综合指数得分在2011年、2012年有所下降主要是因为复种指数、水资源总量、海水养殖面积、年均降水量、年均气温等分值下降。

从大环境来看，自2005年习近平同志在任浙江省省委书记时提出“绿水青山就是金山银山”的科学论断后，浙江历届省委始终坚定这一发展理念，并且坚持“一张蓝图绘到底、一任接着一任干”。2010年省委提出努力把全省建设成为全国生态文明示范区，2012年省委提出深化生态省建设，2013年12月省委要求从2014年起全面开展“五水共治”工作，提出“以五水共治为突破口，打造美丽浙江升级版”。由此，浙江全面实施主体功能区战略，根据资源环境承载能力，确定不同区域的主体功能，牢牢守住生态红线，探索实施“考绿不考工”，建立与污染物排放总量挂钩的财政收费制度、与出境水质和森林覆盖率挂钩的财政奖惩制度……与此同时，全省以“两美”浙江为目标，努力推进生态文明建设，加强农业自然资源保护，大力实施“812”土地整治工程、标准农田质量提升工程、现代农业“两区”工程、“1 818”平原绿化工程、千万亩珍贵彩色健康森林建设、生态公益林建设工程、浙江渔场修复振兴行动、渔业转型促治水行动、农业种质资源保护工程、生态修复百亿放流行动、“蓝色屏障”行动、“千村示范、万村整治”等重大工程，全面实施五年绿化平原水乡、十年建成森林浙江的战略部署，着力推进“五水共治”“三改一拆”“四边三化”工作，实行最严格的土地、水、林地资源保护制度，不断健全生态保护补偿机制，有力保护了全省农业自然资源数量，有效改善了全省农业生态环境，从而使得农业自然资源综合评价指数得到稳步提高，生态环境状况指数持续位居全国前列，努力走出了一条“绿水青山就是金山银山”的绿色发展道路，为全省经济社会发展提供了有力保障。

此外，从评价结果还可以看出，土地生产率、农业用水量、农田灌溉亩均用水量、活立木总蓄积、森林覆盖率、阔叶林和针阔混交林比重、水产品总产量、平均酸雨率等指标值已达到或接近目标值；复种指数、一等田占标准农田的比重、地表水Ⅰ～Ⅲ类水质断面占比、用材林比重、每千瓦功率年捕捞量、养殖水域综合水质优良率等指标还有较大的提升空间。因此，保护农业自然资源、改善农业生态环境、增强农业防灾减灾能力，仍将是全省农业自然资源管理的重点和难点。

表 1－5 浙江农业自然资源基础数据表

类别	具体指标	单位	权重	目标值	2010 年值	2011 年值	2012 年值	2013 年值	2014 年值	2015 年值
土地资源	农用地面积	万公顷	8	872.67	869.30	867.20	866.07	864.84	862.43	866.07
	垦殖指数	%	6	19.83	18.80	18.76	18.81	18.79	18.73	18.76
	复种指数	%	6	1.55	1.25	1.24	1.24	1.21	1.22	1.23
	一等田占标准农田比重	%	5	48	33.70	36.90	37.20	37.50	38.40	41.92
	土地生产率	元/公顷	5	17 011	10 927	12 448	13 122	14 024	14 067	14 035
水资源	水资源总量	亿米^3	5	955.41	1 397.61	744.21	1 444.80	930.90	1 130.69	1 405.11
	农业用水量	亿米^3	6	102.74	96.40	94.01	91.29	91.95	88.22	88.21
	农田灌溉亩均用水量	米^3	3	368	363	347	330	346	346	355
	灌溉水利用系数	—	4	0.58	0.490	0.490	0.490	0.575	0.579	0.582
	地表水Ⅰ～Ⅲ类水质断面占比	%	4	74.9	74.3	71.3	77.3	63.8	63.8	72.9
森林资源	林地面积	万公顷	4	672	660.74	661.85	661.12	661.27	660.31	659.77
	活立木总蓄积	亿米^3	3	2.92	2.42	2.54	2.69	2.82	2.96	3.14
	森林覆盖率	%	3	61	60.58	60.63	60.97	60.82	60.89	60.91
	用材林面积比重	%	4	50	48.57	48.78	41.18	40.77	40.79	40.93
	阔叶林和针阔混交林比重	%	2	59	47.28	50.88	50.28	53.06	55.00	58.82
渔业资源	海水养殖总面积	万公顷	4	25	9.39	9.08	8.97	8.94	8.82	8.59
	内陆渔业水域养殖面积	万公顷	3	40	21.90	21.30	21.30	21.30	20.99	21.31
	水产品总产量	万吨	2	545	517.7	530.8	541.9	555.5	575.0	602.0
	每千瓦功率年捕捞量	吨	2	1.3	0.680 0	0.760 0	0.700 0	0.880 0	0.880 0	0.918 2
	养殖水域综合水质优良率	%	3	100	73.2	76.2	78.3	76.2	76.5	89.0
农业气候资源	年平均降水量	毫米	5	1 603.8	1 835.2	1 303.0	1 959.5	1 442.8	1 635.5	1 891.2
	年平均气温	℃	4	16.9	17.5	17.2	17.1	17.9	17.6	17.7
	年平均日照时数	小时	3	1 735	1 734.0	1 775.0	1 636.0	1 859.2	1 642.3	1 398.0
	平均酸雨率	%	3	82.8	87.9	82.8	84.1	64.2	79.3	73.2
	农业受灾面积	万公顷	3	41.23	58.93	45.35	53.6	118.2	4.61	26.17
	合计		100	—						

数据来源：《浙江统计年鉴》《浙江农业统计资料》和各部门提供的资料。

表 1-6　浙江农业自然资源综合评价得分表

类别	具体指标	单位	权重	目标值	2010 年评分	2011 年评分	2012 年评分	2013 年评分	2014 年评分	2015 年评分
土地资源	农用地面积	万公顷	8	872.67	7.97	7.95	7.95	7.93	7.91	7.94
	垦殖指数	%	6	19.83	5.69	5.68	5.69	5.69	5.67	5.68
	复种指数	%	6	1.55	4.84	4.80	4.80	4.68	4.72	4.76
	一等田占标准农田比重	%	5	48	3.51	3.84	3.88	3.91	4.00	4.37
	土地生产率	元/公顷	5	17 011	3.21	3.66	3.86	4.12	4.13	4.13
水资源	水资源总量	亿米^3	5	955.41	5.00	3.89	5.00	4.87	5.00	5.00
	农业用水量	亿米^3	6	102.74	6	6	6	6	6	6
	农田灌溉亩均用水量	米^3	3	368	3	3	3	3	3	3
	灌溉水利用系数	—	4	0.58	3.38	3.38	3.38	3.97	3.99	4.00
	地表水Ⅰ～Ⅲ类水质断面占比	%	4	74.9	3.97	3.81	4.00	3.41	3.41	3.89
森林资源	林地面积	万公顷	4	672	3.93	3.94	3.94	3.94	3.93	3.93
	活立木总蓄积	亿米^3	3	2.92	2.49	2.61	2.76	2.90	3.00	3.00
	森林覆盖率	%	3	61	2.98	2.98	3.00	2.99	2.99	2.99
	用材林面积比重	%	4	50	3.89	3.90	3.29	3.26	3.26	3.27
	阔叶林和针阔混交林比重	%	2	59	1.60	1.72	1.70	1.80	1.86	1.99
渔业资源	海水养殖总面积	万公顷	4	25	1.50	1.45	1.44	1.43	1.41	1.37
	内陆渔业水域养殖面积	万公顷	3	40	1.64	1.60	1.60	1.60	1.57	1.60
	水产品总产量	万吨	2	545	1.90	1.95	1.99	2.00	2.00	2.00
	每千瓦功率年捕捞量	吨	2	1.3	1.05	1.17	1.08	1.35	1.35	1.41
	养殖水域综合水质优良率	%	3	100	2.20	2.29	2.35	2.29	2.30	2.67
农业气候资源	年平均降水量	毫米	5	1 603.8	4.0	3.5	3.5	4.5	5.0	4.0
	年平均气温	℃	4	16.9	3.6	3.2	3.2	3.6	3.6	3.6
	年平均日照时数	小时	3	1 735	3.0	1.8	0.3	0	0.3	0
	平均酸雨率	%	3	82.8	2.83	3.00	2.95	3.00	3.00	3.00
	农业受灾面积	万公顷	3	41.23	2.10	2.73	2.31	1.05	3.00	3.00
	合计		100	—	85.28	83.85	82.97	83.29	86.40	86.60

四、存在的主要问题

（一）发展观念有待进一步创新

浙江是资源小省，国土面积空间有限，农业自然资源尤其匮乏，表现出总量紧缺、质量不优、品类结构和时空分布不合理等特点，是长期以来制约全省农业健康持续发展的瓶颈之一。进入新发展阶段，农业自然资源的开发、利用和保护工作需要有新理念、新思路和新举措，但部分地方政府仍未摆脱“重开发、轻保护”的传统观念，“逐利性、短期化”行为较为常见，“拼资源、拼环境”的粗放式增长尚未得到根本性转变。例如一些地方对城镇周边和交通沿线优质耕地划为永久基本农田阻力较大；即使划入永久基本农田后，占用永久基本农田和示范区的隐患仍然存在。尤其进入“十三五”时期以来，在全省传统农业向现代农业加快转变的关键时期，全面贯彻落实中央提出的五大发展理念，树立全面、持续、科学的发展观，以新的科学理念指导农业自然资源利用方式转变，探索具有浙江特色的农业自然资源保护和开发利用道路还任重而道远。

（二）资源状况有待进一步改善

随着浙江经济社会发展迈上新台阶，工业化、城市化加快推进，农业自然资源约束趋紧，环境承载力下降，需求刚性增长与农业资源减少不可逆转的矛盾加剧，总体状况不容乐观。一方面，全省农业自然资源人均占有量偏少，其中人均耕地 0.56 亩，仅为全国平均水平的 1/3，低于联合国粮农组织确定的人均耕地最低警戒线 0.79 亩的水平，且土壤有机质含量呈现一定程度下降，后备耕地资源非常有限，开发的难度亦在不断加大，占补平衡矛盾日趋尖锐；海洋渔业资源长期处于过度捕捞状态。另一方面，不合理土地利用方式等造成的水土流失仍然存在，工业“三废”污染、农业面源污染和海洋环境污染等生态环境问题依然突出，尤其是农用地土壤污染日渐凸显；相关治理和监管举措还不能适应新时期社会经济发展的需要，对农业生产发展和环境改善造成了不利的影响。同时，农业资源与环境约束的不断强化，进一步加剧了资源与产业生产力布局的不匹配状况，削弱了对现代农业的基础支撑作用，对于补齐资源短板、厚植农业发展优势、推动农业农村经济快速健康发展，提出了严峻挑战。

（三）利用效率有待进一步提升

总体来看，浙江省水、土、森林等农业自然资源的利用仍显粗放，利用效率有待进一步提升。主要表现在：土地经营分散化、细碎化，农业经营集约化、规模化和生产设施化、机械化发展水平不足，农作物复种指数相对较低，“只用不养”“广种薄收”等现象仍较普遍，土地产出率有待进一步提高；农业用水仍以大水漫灌方式为主，农灌渠道1/3仍是土渠，防渗漏能力差，灌溉水利用系数不高，微喷灌、滴灌、地下管道灌溉等先进灌溉技术的应用还未得到普及，农业节水灌溉仍有较大的发展空间；林业产业化滞后，随着劳动力日渐短缺，一些地方出现林地无人经营状况，产出率较低，林业资源闲置荒废现象突出。同时，科技创新能力不足，农业资源开发利用关键技术研究和应用仍然滞后，特别是新型生物农业技术、立体复合农作制度、农业废弃物产业循环链接技术、可再生能源开发利用等领域的先进技术、先进模式等需要重点加强和突破。

（四）管理体制有待进一步健全

全省农业自然资源管理工作起步较晚，在机构设置和制度建设方面有待进一步完善和提高。具体表现为：有关资源管理机构设置还不尽合理，职能交叉、管理重叠的状况仍未改变，缺乏统一的政策、领导管理和协调机制，也缺乏统一的农业自然资源发展规划，有关管理、保护与开发利用工作目标和方向长期不够明确，加上政府部门、机构及社会公众还普遍缺乏农业自然资源可持续利用与保护意识，全社会尚未形成重视合理利用农业自然资源的良好氛围。同时，农业自然资源有偿使用与生态补偿制度以及农业自然资源调查、动态监测、综合评价制度等，均有待进一步完善，农业自然资源开发利用与保护扶持的长效机制有待进一步建立和健全。以上问题都制约了有关政策和管理措施的执行水平和实施效果。

（五）保护力度有待进一步加大

多年来，浙江省各级财政对农业自然资源保护的投入力度明显加大，但仍然难以满足实际发展的需求。全省各类农业综合开发项目在投入规模、投入结构、投入方式等方面差强人意，项目资金投入缺乏足够的持续性，农业自然资源管理与生态环境监测、评估和保护等工作推进滞后，都进一步影响了农业自然资源的开发利用水平；尤其是农业种质资源保护经费投入长期不足，使得种质资源家底不清、种质流失严重，部分品种优良性状面临退化或丧失的危险，制约了对现代农业发展的支撑和保障功能的发挥。此外，《浙江省农业自然资源综合管理条例》已颁布10多年，但由于思想认识和机制体制等多方面原因，农业自然资源综合管理在各级政府部门工作中尚未上升到应有的重要地位，行政监管和执法力度仍然偏弱，对相关违法行为缺乏有效的管控和震慑。

五、总体思路与发展路径

（一）总体思路

深入贯彻落实党的十八大精神，以“创新、协调、绿色、开放、共享”五大发展理念为引领，“八八战略”为总纲，推进农业体制机制改革创新为突破口，提高农业自然资源利用效率为核心，发展高效生态、特色精品、绿色安全农业为目标，按照“优生态、补短板、转方式、调结构、提质量、促发展”要求，紧紧围绕生态文明建设，加快转变农业发展方式，积极打造产业布局生态、资源利用高效、生产清洁安全、环境持续改善的现代农业产业体系，提升农业生态环境质量，实现农业资源的节约、集约、循环、高效、持续利用，促进农业转型升级和可持续发展，为建设“两富”“两美”浙江，努力建成美丽中国样本的战略目标打下扎实基础。

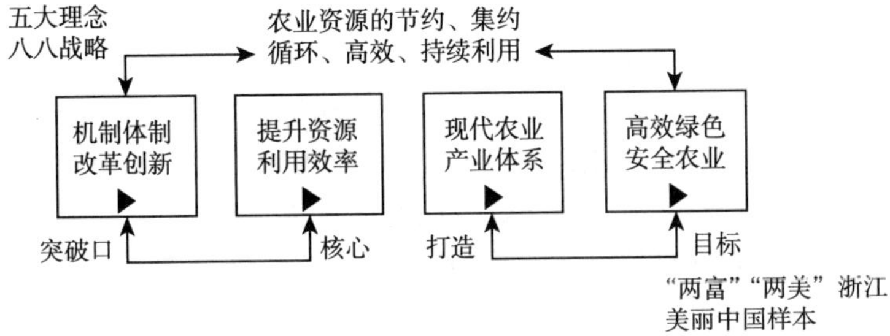

图 1－13 总体思路

（二）发展战略

1. 生态引领、绿色发展

以绿色发展为基础，按照“五位一体”的建设要求，深入贯彻落实“绿水青山就是金山银山”的发展理念，发挥生态建设与产业培育相融的复合功能，大力发展资源节约型、环境友好型农业，统筹推进生态环境保护、生态经济发展和生态文明建设，提升绿色资源财富效应与核心价值，促进农业可持续发展和资源永续利用。

2. 深化改革、创新驱动

坚持把改革与创新作为转变农业发展方式、提高农业自然资源利用效率、增强农业可持续发展动力的核心要素，打破体制机制障碍和要素制约，不断探索创新农业自然资源开发利用理念与路径，推动资源要素跨界配置，加快构建更为完善的农业自然资源开发利用与保护的法律约束、政策引导、市场运行的

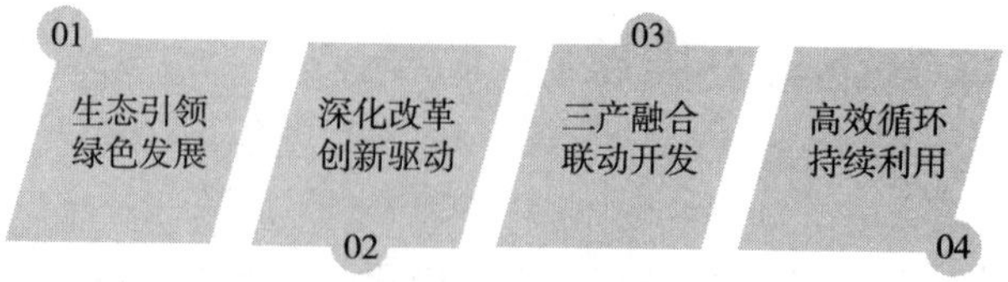

图 1－14　发展战略

制度体系和常态化运行机制。

3. 三产融合、联动开发

以打造农业全产业链和全价值链为抓手，按照联动、融合、拓展、提高并重的要求，发挥产业叠加优势和乘数发展效应，实施“产业＋”行动，强化三产联动与多元融合，促进农业自然资源在产业间、功能间、区域间全程循环利用，实现物质的良性循环和能量的最佳转换，拓展农业生产的广度和深度，培育新产业、新业态、新模式，推动农业产业的转型升级和产业间的循环发展、功能转换、有机融合。

4. 高效循环、持续利用

以提高资源利用效率为核心，树立高效循环与持续利用的理念，充分利用农业自然资源的多宜性、多用性，挖掘农业自然资源的潜力，积极构建资源循环利用的农业生态经济系统，推进农业朝着绿色化、生态化、品牌化、高效益和可持续方向发展，实现资源节约利用、综合利用、循环利用、永续利用以及农业可持续发展。

（三）主要路径

由于自然环境复杂，地形地貌类型繁多，浙江省不同农业区域间的经济发展水平、生产条件和产业结构差异较大，农业自然资源开发利用路径亦不尽相同。因此，根据全省农业自然资源特点、农业生产条件和经济社会发展水平，充分借鉴各地农业自然资源开发利用的成功经验，从产业发展、资源循环、功能拓展、加工增值等多视角，将全省农业自然资源开发利用实践总结归纳为集约节约利用、生态循环利用、功能拓展利用和多级加工利用等主要发展路径，为进一步推进浙江省各地农业自然资源高效利用提供示范借鉴。

1. 走集约节约利用道路

集约节约利用是指以提高资源利用效率为核心，以节地、节水、节肥、节药、节种、节能和资源高效集约利用为重点，以现代科技为支撑，导入现代精耕细作理念，积极优化各类农业自然资源及生产要素配置，合理搭配产业结构，优化种养模式，推广应用集约生态养殖、沼气综合利用、秸秆综合利用、农机与渔船节能等节约型技术，不断创新种养结合、农林结合等多种形式农作制度，探索现代高效、生态、低耗的新型农业种养模式，充分挖掘资源的潜力，进一步提高农业资源的利用率、产出率和劳动生产率，走出一条“低投入、高产出、低消耗、少排放、能循环、可持续”的农业资源开发利用道路，促进资源优势向质量优势和效益优势转变，缓解全省农业自然资源短缺和社会需求不断增长的矛盾，实现单位面积农业资源产出的最大化。

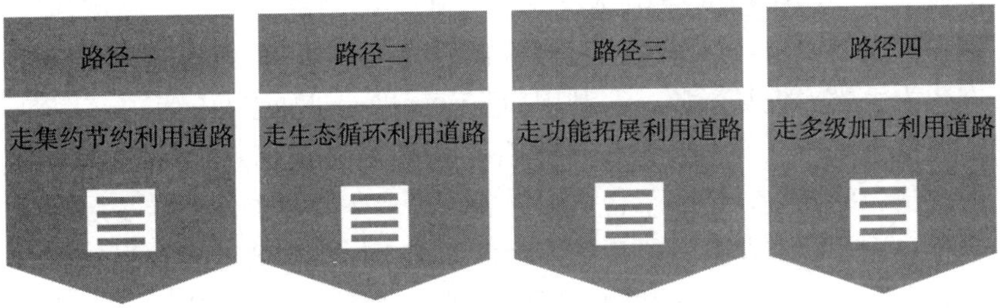

图 1-15 主要路径

2. 走生态循环利用道路

生态循环利用是指以可持续发展为基本原则，以资源的高效利用和循环利用为核心，以减量化、再使用、资源化为原则，以低投入、低消耗、低排放、高效益为特征，以推进生态文明建设和生态循环农业为主要内容，以促进生态安全、资源安全和提高农业综合效益的协调统一为目标，紧紧围绕“减量、清洁、循环”主线，按照构筑生态农业大循环和“整洁田园、美丽农业”建设要求，注重环境友好，推行清洁生产，追求绿色无公害产品，科学利用动物、植物、微生物之间的相互依存关系，加强农业自然资源保护和利用，发展更为丰富的农业产业循环链，着力构建现代生态循环农业绿色产业体系、控源治污体系和资源再生体系，进一步提升发展质量、改善发展环境，实现农业经济发展从过去的数量增长为主转到数量、质量、效益并重，由过去主要从要素投入转到依靠科技上来，由单一依靠资源消耗转到可持续发展的道路上来，促进农业生产安全、生态安全和资源安全。

3. 走功能拓展利用道路

功能拓展利用是指农业自然资源不仅具有农业生产和农产品供给农产品的经济功能，还可以将多功能理念逐步融入到农业自然资源开发利用中，使农业自然资源具有生态、社会和文化等多方面功能。具体地说，经济功能是指通过农业自然资源的开发利用，进行与农业生产并提供农产品供给和收入，是农业的基本功能；生态功能是指农业资源生态系统所具有的调节气候、保护和改善环境、维持生态平衡和生物多样性等方面的功能；社会功能是经济功能和生态功能的延伸功能，主要包括确保农产品安全、维护社会和政治稳定、提供就业和社会保障等方面的功能；文化功能是指农业资源本身构成的自然和人文综合景观带给人们的休闲、观光、体验、教育与养生等方面的功能。由此可见，走功能拓展利用道路是在农业自然资源开发利用确保实现农业经济功能的前提下，进一步拓展到其他领域，并对生态、社会、文化等功能进行挖掘、整合和提升，从而实现三产融合、效益倍增。

4. 走多级加工利用道路

多级加工利用是指围绕构建农业全产业链，按照“接二连三进四”和跨区、跨界发展的要求，以深度开发与综合利用农业自然资源为目标，转变传统增长方式为手段，提高资源综合利用为重点，进一步加强政策引导，转变资源开发利用理念，抓住产业发展的关键环节，依靠科技创新与进步，运用新技术、新设施、新设备，搭建平台，引导相关产业集聚集群发展，多层次、多环节、全方位地开展农业自然资源的多级深度加工增值。要着力加强农业全产业链建设和农业废弃物资源化利用，不断延伸产业链、整合价值链，大幅度提高产品附加值，带动农业产业结构优化调整，整体提升产业层次，增强产业发展活力和竞争能力，实现农业自然资源深度加工转换和价值最大化，有效推进农业供给侧结构性改革和产业的转型升级。

六、强化农业自然资源综合管理

（一）健全管理体制，实现资源最优配置

建立完善监管政策法规体系。要全力构筑农业自然资源保护的法律法规体系，依法加强对农业自然资源的保护监管；加大执法力度，认真贯彻落实《农作物种质资源管理办法》《浙江省土地管理实施办法》《浙江省水资源管理条例》《浙江省农业自然资源综合管理条例》《浙江省渔业管理条例》《浙江省自然保护区管理办法》《浙江省湿地保护规划》等相关的法律法规，加快相关规章的修订工作，同时逐步建立职能清晰、分工合理、协调有力、监管到位的农业自然资源统一管理体制，加强跨行政区、跨部门间的积极联动、协同合作，推进农业自然资源保护工作走上法制化、制度化和规范化轨道。

构建完善动态监测评价体系。建立健全农业自然资源调查、动态监测、农业自然资源信息系统和农业自然资源开发利用可持续发展影响评价制度，建成覆盖全省的农业生态环境监测网络；逐步建立完善农业环境的监测、评价和认定体系，包括农业污染源的收集监测和分析利用体系，农业投入品准入、监管、查处体系，农业标准化生产制度修订、执行体系，农业土壤监测、评价和提升体系，农产品监测、评价和跟踪追溯体系等，以及时调整农业自然资源的利用方向、利用政策和管理措施，确保农业自然资源的合理、高效、持续开发利用和保护。

建立健全预测预报预警体系。完善灾害预报预警系统，建设精细化台风、暴雨中尺度区域数值预报业务系统、省级生态环境监测卫星遥感信息处理平台以及森林火险、病虫害气象条件等农业灾害监测分析、预报预测和快速反应系统，完善气象服务业务平台和气象灾害预警信息手机短信发布系统，增加预警和防范准备时间，避免和减少各类灾害对资源环境造成的损失，提高农业抗灾减灾能力。

建立农业自然资源核算体系。完善农业自然资源核算体系和有偿使用制度，积极探索定量化的自然资源和生态环境价值评价方法，逐步建立土地、森林、水、渔业等农业自然资源的价值账户以及实物账户，加快建立起真正体现供求状况、资源稀缺程度和有利于可持续发展的价格形成机制，并通过资源入股、股份合作和抵押贷款等方式，促进农业自然资源的资产化。

（二）加大投入力度，推进资源有效保护

加大财政投入力度。在积极争取国家财政补助资金的同时，各级政府要调整优化财政支出结构，逐步建立农业自然资源持续高效利用专项资金，重点支持以高标准农田建设、耕地保护与质量提升、耕地重金属污染治理、水土保持与坡耕地改造、高效节水、地表水过度开发和地下水超采区治理、农业资源监测等为主的水土资源保护工程；以畜禽粪污综合治理、化肥农药氮磷控源治理、农膜和农药包装物回收利用、秸秆综合利用、农村环境综合整治等为主的农业农村环境治理工程；以森林资源管护、湿地保护、水域生态修复、渔业资源养护、农业种质资源保护、濒危野生动植物抢救性保护等为主的农业生态保护修复工程以及农业可持续发展试验示范区建设。

整合财政支持资金。调整盘活财政支农存量资金，进一步增强国土、农业、林业、渔业、水利、科技、环保、农业综合开发、帮扶等财政资金协调整合力度，实行资金捆绑使用，统筹安排，发挥政策性资金的聚集效应。逐步建立规划、资源、资金有机结合的“三位一体”工作管理模式，努力构建分类科学、分工明确、管理规范、运转有序的财政资金运行管理机制，提高财政资金使用绩效，推进农业自然资源有效保护。同时，完善财政资金使用监督、绩效评估机制和重大项目稽查制度，并逐步纳入法制化轨道，预防违法违规行为发生。

建立多元化投融资渠道。充分发挥各级财政投入的主导作用和市场机制对资源配置的基础性作用，综合运用财税、投资、信贷、价格等政策措施，积极探索财政贷款贴息、投资参股、以物代资等扶持方式。要按照“谁破坏谁治理、谁保护谁受益”的原则，调节和影响农业投资主体的经营行为，引导信贷资金、工商企业和民间资本、外资资本投向农业自然资源持续利用与保护，积

极发展 BOT、TOT、BT 等融资模式，建立多元主体投入、各种资金互补、投入方式多样、资金高效运行的投入保障体系，逐步形成以财政资金引导、政策性金融支持、社会资本广泛参与的多元化投融资渠道，形成全社会各行业共同推进农业自然资源持续高效利用的格局。

（三）加强科技创新，提高资源利用水平

加强相关技术研究。进一步加强科技创新，紧紧围绕农业资源动态监测、农业清洁生产、土地污染治理修复、农业面源污染防控、农业废弃物高效循环利用、生态恢复与重建、外来入侵生物风险评估与防治、种质资源创新等重大关键技术问题，加强基础研究和技术攻关，注重国内外先进技术的引进、消化、吸收和再创新力度，构建以高效种养技术、减量化技术和资源化技术为核心的农业自然资源持续高效利用技术体系，不断为农业自然资源高效利用和有效保护提供强大的技术支撑。

推进技术示范试点。加强与浙江大学、浙江农林大学、浙江省农业科学院等省内外科研院所的合作，重点依托农业龙头企业、农业科技企业、农民专业合作社、民营农业科技组织等经营主体，集成各类资源要素，探索“产学研”合作的新模式，理顺“产学研”合作的机制和体制，并根据全省不同区域的自然资源条件和社会经济发展水平等因素，因地制宜地开展农业资源持续高效利用相关技术、模式的试验、示范和集成应用，提高农业自然资源利用水平。

健全技术推广服务体系。充分发挥科研院所、农技部门、农业企业和农民合作社的组织优势和技术优势，培植一批骨干农业专业技术人才、农业科技示范基地和示范户，通过组织实施一批基层农技推广项目，形成“专家团队＋农技人员＋科技示范户”的科技成果快速转化机制，促进新品种、新技术进村入户，为全省农业自然资源开发利用提供示范和借鉴。同时，积极组织开展技术交流、技术咨询、技术培训等活动，通过多种形式加强宣传和推广，及时向社会发布有关农业资源和环境保护的技术，培育具有新理念、掌握新技能的现代经营人员，强化广大群众的农业资源和生态环境保护意识，为农业资源持续高效利用提供人力和智力支撑。

（四）完善机制体系，保障资源持续利用

强化政府激励机制。以资源承载力和环境容量保护为基础，逐步建立农业自然资源有效保护和高效利用的政府激励机制，把农业资源消耗、农业环境损害、农业生态效益纳入经济社会发展评价体系，并通过电视、广播、报纸、网络等进行广泛宣传，树立农业自然资源持续高效利用的先进典型，通过典型带动、全民联动，形成推进农业自然资源持续高效利用的合力。建立和完善对农

业自然资源的评价、开发利用的申报和审批制度，对开发利用农业自然资源依法征收资源消耗税、环境保护税、排污税等，对资源节约型农业和农业废弃物资源化利用等项目给予税收优惠或信贷优惠政策倾斜，使企业、农户和社会自觉自愿地支持农业自然资源持续高效利用。

完善生态补偿机制。根据浙江省农业自然资源特点，重点围绕水、土地、森林、渔业等各类农业自然资源，进一步完善生态补偿机制，加快出台与完善资源费的征收使用管理办法，逐步加大各项资源费使用中用于生态补偿的比重，并重点向省内26个山区县以及重要生态功能区、水系源头地区和自然保护区倾斜，特别要优先支持生态环境脆弱和保护作用明显的区域性、流域性重点项目。积极探索不同区域间、上下游间及大江大河源头的生态补偿方式，尤其要注重实践创新，因地制宜选择生态补偿模式，不断完善政府对生态补偿的调控手段和政策措施，积极推广成功经验，逐步加大生态补偿力度，促进农业自然资源的协调共享和持续利用。

第二章　2016年浙江省农业自然资源综合利用研究

一、土地资源

（一）现状

据2016年土地变更调查统计，浙江省各类土地面积为1 055.46万公顷，其中农用地860.38万公顷，占81.52%；建设用地129.57万公顷，占12.27%；未利用地65.51万公顷，占6.21%。

在农用地中，耕地占全省农用地面积的22.99%，垦殖指数为18.74%，与2015年持平；园地占全省农用地面积的6.75%；林地占全省农用地面积的65.59%；其他用地占全省农用地面积的4.67%。

在建设用地面积中，居民点及独立工矿用地100.66万公顷，占全省建设用地面积的77.69%；交通运输用地（扣除农村道路）14.77万公顷，占全省建设用地面积的11.40%；水利设施用地14.13万公顷，占全省建设用地面积的10.91%。

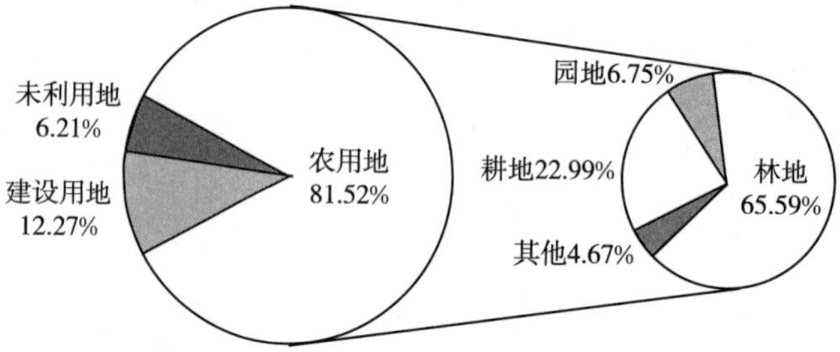

图2-1　浙江省2016年土地利用结构

（二）保护和利用情况

1. 耕地保护力度持续加强

2016年，浙江省持续加大耕地保护力度，综合运用行政、法律和经济等多种手段保护耕地。通过实施“611”耕地保护工程，建设高标准基本农田，划定永久基本农田等措施，城市周边永久基本农田平均保护比例由45%上升到60%；全省验收报备垦造耕地项目1 238个，新增耕地0.88万公顷，同比增加6.19%，建设水田0.58万公顷；完成建设占用耕地耕作层表土剥离再利用面积0.18万公顷；完成农村土地综合整治项目281个、面积0.22万公顷，复垦新增耕地0.21万公顷；全面建立耕地保护补偿机制，累计下拨省级耕地保护补偿资金6.14亿元、地方筹集“以奖代补”资金12.8亿元。此外，出台了《浙江省土壤污染防治工作方案》，明确“十三五”时期全省土壤污染防治的“路线图”和“作战表”。

2. 资源要素配置更趋科学

2016年，全省紧扣土地供给侧结构性改革，统筹“增量、存量、流量”关系，精准化、差别化配置土地要素，开发利用存量建设用地的理念渐成大势，要素配置的合理性和新增建设用地指标投放的精准度明显提升。在“增量”方面，建立“以项目定计划、以空间定计划、以占补定计划”三年滚动用地计划管理新机制。在“存量”方面，探索以“增量撬动存量”，2016年全省完成城镇低效用地再开发面积0.67万公顷，盘活存量建设用地0.85万公顷，批而未用土地总量比2010年底减少2.29万公顷；将“低小散”块状行业整治提升与“三改一拆”拆后土地利用、标准厂房建设等结合起来，保障小微企业发展用地。在“流量”方面，因地制宜用好城乡建设用地增减挂钩政策，提前谋划农村建设用地盘活利用。

3. 耕地质量提升工程继续推进

2016年，全省继续加大高标准基本农田建设，推进国家和省级示范县建设，累计建成标准农田100.91万公顷，其中一等田比重达到46.43%、比2015年增长4.51个百分点；创建专业化统防统治与绿色防控融合示范县11个、示范镇28个、面积5.6万公顷，绿色防控示范区817个、面积5.89万公顷，带动实施农作物病虫害专业化统防统治46.8万公顷、绿色防控技术37.54万公顷；应用农药减量技术97万公顷，推广高产高效、优质生态的新型农作制度模式面积21.9万公顷，全省化肥、农药使用量分别较2015年减少3.41%、12.36%，主要农区土壤环境质量良好，总体稳定。

4. 作物种植面积持续保持稳定

2016年，全省农作物播种面积246.67万公顷，比2015年增长1.59%；复种系数1.20；土地生产率为14 974元/公顷。其中粮食播种面积125.53万公顷，比2015年减少1.75%；蔬菜瓜果播种面积73.51万公顷，比2015年增长2.32%；中药材面积为4.30万公顷，比2015年增长11.4%；花卉苗木面积15.97万公顷，比2015年增长9.78%。茶叶面积19.7万公顷，比2015年增长1.25%；果园面积32.77万公顷，比2015年减少1.47%；桑园面积4.98万公顷，比2015年减少6.86%。

5. 农业“两区”建设开启新局面

2016年，浙江农业“两区”建设成效突出，稳粮保供基础得以巩固，农业发展水平明显提升，助农增收成效显著。全省在“十二五”农业“两区”建设基础上，全面实施“一区一镇”（农业产业集聚区、特色农业强镇）创建战略举措，首批10个农业产业集聚区、24个特色农业强镇正式启动创建。通过创建工作，进一步提高了产业集聚度、延伸了产业链条，推动了发展方式转变，引领全省现代农业持续稳定发展。

（三）存在问题

1. 新增垦造耕地难度不断加大

“十三五”时期，浙江仍处于工业化、城市化快速推进时期，用地刚性需求仍然高位运行，但是全省耕地后备资源日益减少，在资源环境约束下，补充耕地难度越来越大。具体表现在：一是已经确定的耕地红线绝不能突破，已经划定的城市周边永久基本农田绝不能随便占用，“占优补优”“占水田补水田”等管控政策全面实施，建设占用耕地和围海、滩涂造地都将严格受限。二是受项目条件和资源限制，通过“补改结合”方式落实耕地占补平衡非常困难。三是经过多年农村土地综合整治，建设用地挖潜空间十分有限，且造地成本逐年提高。

2. 土地综合利用水平有待继续提升

浙江是一个人多地少、自然资源尤其是土地资源十分稀缺、人均资源占有水平低的省份。随着工业化、城镇化加快推进，资源供需矛盾日益突出，资源粗放利用和配置效率低下等结构性矛盾凸显，推进国土资源集约节约利用已成为保障全省经济社会可持续发展的必由之路。从近年情况看，省市县各级对推进国土资源节约集约利用已达成共识，但是离真正实现国土资源高效、集约节约利用还有相当大的差距，需要各级政府部门和社会各界付出更多努力。

3. 新业态用地监管面临困惑

随着“五水共治”、小城镇综合治理和新农村建设进程的加快，出现了一些新产业、新业态用地方式，如点小量多的村级集中污水生态处理场地、城镇村河道整治形成的绿化带和游步道、乡村旅游生态停车场、各类农家乐采摘用地、新村绿化健身场所及季节性房车基地等旅游新业态用地，成为新常态下浙江省农村土地利用管理面临的新问题。既要严守耕地保护红线，又要满足社会经济发展及各类群体的实际生产生活需求和生态保护需要，防止发生各类违法违规用地行为，以更好地促进社会经济和文化发展，迫切需要对这些新业态用地进行及时引导和有效监管。

（四）保护和开发利用建议

1. 实施耕地保护“三位一体”综合管理

全面贯彻《中共中央国务院关于加强耕地保护和改进占补平衡的意见》

（中发〔2017〕4号）文件精神，着力推进耕地数量、质量、生态“三位一体”管理，确保耕地保有量和基本农田保护面积总体稳定，布局逐步优化，质量持续提高。严格“三界四区”特别是城乡建设用地扩展边界管控，严格永久基本农田特别是示范区管制，强化建设项目用地预审论证管理，坚持不占、少占耕地；应用卫星遥感等技术手段，对划定的永久基本农田实施全天候监测监管。继续推进“611”耕地保护工程，科学开展低丘缓坡垦造耕地，加大滩涂围垦造地力度，推进高标准基本农田建设，加快农村土地整治复垦。建立“国家统筹部分，省、市、县分级承担”的耕地占补平衡综合保障机制，健全“提升、改造、开垦”多措并举的工作推进机制。

2. 建设集约节约示范省创建体系

按照国土资源部关于浙江省国土资源集约节约示范省创建工作方案的批复要求，建立示范省创建组织体系、政策体系和考核评价体系，落实创建目标、具体任务和保障措施。各市、县（市、区）要结合实际制定具体落实方案，设计工作载体，落实工作责任，确保创建工作扎实推进。开展省级集约节约示范县（市、区）创建，对创建成功的县（市、区）给予计划指标奖励。完善“规划管控、计划调节，标准控制、市场配置，政策鼓励、考核推动”的政策体系，开展城市用地、开发区用地、建设项目用地集约节约评价，建成一批集约节约示范项目。

3. 提升国土资源综合利用效率

进一步严格建设用地批后监管，全面组织开展上图入库，查清各类批而未供、供而未用、用而未尽土地数量和分布，提出后续消化利用对策建议，并纳入年度考核。认真落实“三改一拆”拆后土地利用十条政策措施，通过“拆改结合、整体开发、综合利用”等途径，因地制宜推进拆后土地开发利用。全面完成农村存量建设用地调查，摸清利用状况、区域分布、类型结构及开发潜力，研究盘活途径和政策措施，推进农村存量建设用地盘活利用。继续推行新增计划分配与存量盘活挂钩制度，深入推进城镇低效用地再开发。

二、水资源

（一）现状

1. 水资源量和供用水量

（1）水资源量。2016年，全省水资源量1 322.16亿米^3，较2015年减少5.9%，较多年平均增加38.4%，产水模数为127.6万米^3/千米^2，人均水资源量2 365.22米^2。按流域分区水资源统计量如图2-2所示。

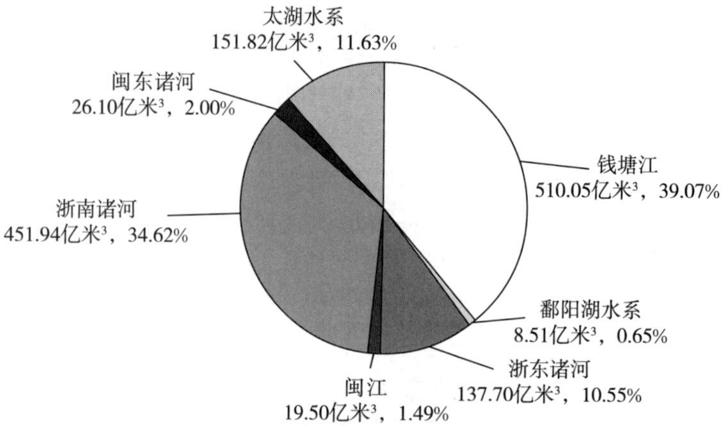

图 2-2　浙江省 2016 年水资源流域分布

全省地表水资源量为 1 305.61 亿米^3，较 2015 年减少 6.0%，较多年平均值增加 38.5%。地表径流的时空分布与降水量基本一致。全省地下水资源量 255.47 亿米^3，地下水与地表水资源不重复计算量 16.55 亿米^3。

（2）供用水量。2016 年，全省年总供水量 181.15 亿米^3，较 2015 年减少 4.91 亿米^3。其中地表水源供水量为 178.48 亿米^3，占 98.5%；地下水源供水量 1.56 亿米^3，占 0.9%；其他水源供水量 1.10 亿米^3，占 0.6%。

2016 年，全省年总用水量为 181.15 亿米^3（不含环境配水量）、较 2015 年减少 4.91 亿米^3。全省农业用水量占总用水量的比重继续下降，城镇公共用水量和生态环境用水量则呈逐年上升态势。

表 2-1　2015—2016 年浙江省用水量组成与结构变化

<table>
<tr><th colspan="2" rowspan="2">项目</th><th colspan="2">农业用水量</th><th rowspan="2">工业</th><th rowspan="2">城镇公共</th><th rowspan="2">居民生活</th><th rowspan="2">生态环境</th><th rowspan="2">总计</th></tr>
<tr><th>农田灌溉</th><th>林牧渔畜</th></tr>
<tr><td colspan="2" rowspan="2">2016 年用水量（亿米³）</td><td colspan="2">80.99</td><td rowspan="2">48.37</td><td rowspan="2">18.01</td><td rowspan="2">28.30</td><td rowspan="2">5.48</td><td rowspan="2">181.15</td></tr>
<tr><td>70.93</td><td>10.06</td></tr>
<tr><td rowspan="6">各类用水所占比重及变化（%）</td><td rowspan="2">2016 年</td><td colspan="2">44.71</td><td rowspan="2">26.70</td><td rowspan="2">9.94</td><td rowspan="2">15.62</td><td rowspan="2">3.03</td><td rowspan="2">100</td></tr>
<tr><td>39.16</td><td>5.55</td></tr>
<tr><td rowspan="2">2015 年</td><td colspan="2">45.50</td><td rowspan="2">27.73</td><td rowspan="2">8.92</td><td rowspan="2">14.92</td><td rowspan="2">2.93</td><td rowspan="2">100</td></tr>
<tr><td>38.57</td><td>6.93</td></tr>
<tr><td rowspan="2">增减数</td><td colspan="2">−0.79</td><td rowspan="2">−1.03</td><td rowspan="2">1.02</td><td rowspan="2">0.70</td><td rowspan="2">0.1</td><td rowspan="2">100</td></tr>
<tr><td>0.59</td><td>−1.38</td></tr>
</table>

（3）水资源利用概况。2016 年，全省人均综合用水量 324.1 米^3，人均生活年用水量 50.6 米^3（城镇公共用水和农村牲畜用水不计入生活用水量

中)，其中城镇和农村居民人均生活年用水量分别为 54.1 米^3 和 43.6 米^3。农田灌溉亩均年用水量为 347 米^3，其中水田亩均灌溉年用水量 411 米^3，农田灌溉水有效利用系数为 0.587。万元国内生产总值（当年价）用水量 39.0 米^3，万元工业增加值（当年价）用水量 26.9 米^3。全省水资源利用率为 13.7%。

在地表水源供水量中，蓄水工程供水量 75.07 亿米^3，占 42.1%；引水工程供水量 34.37 亿米^3，占 19.2%；提水工程供水量 68.39 亿米^3，占 38.3%；调水工程供水量 0.65 亿米^3，占 0.4%。

2. 地表水环境

（1）总体水质。2016 年，全省地表水总体水质为良。在 221 个省控断面中，Ⅰ～Ⅲ类水质断面占 77.4%，Ⅳ类水质断面占 15.8%，Ⅴ类水质断面占 4.1%，劣Ⅴ类水质断面占 2.7%；满足水环境功能区目标水质要求断面占 81.0%。主要污染指标为总磷、氨氮和石油类。

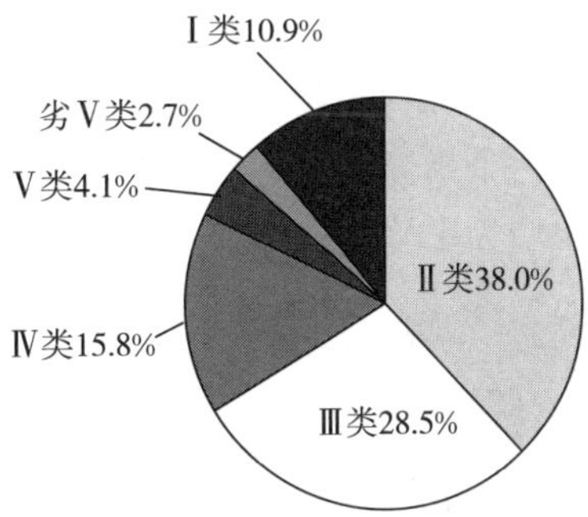

图 2-3　总体水质类别组成比例

与 2015 年相比，Ⅰ～Ⅲ类水质断面比例上升 4.5 个百分点，劣Ⅴ类水质断面下降 4.1 个百分点；总体水质由轻度污染转为良。

（2）八大水系和运河水质。将全省八大水系和京杭运河按Ⅰ～Ⅲ类水质断面比例从大到小排列依次为：钱塘江/曹娥江/瓯江/飞云江/苕溪（均为 100%）、椒江、鳌江、甬江、京杭运河。与 2015 年相比，钱塘江和椒江水质有所好转，其余各水系水质基本保持稳定。甬江、椒江、鳌江和京杭运河等水系中部分河流（段）水质相对较差，部分指标浓度超过Ⅲ类标准。

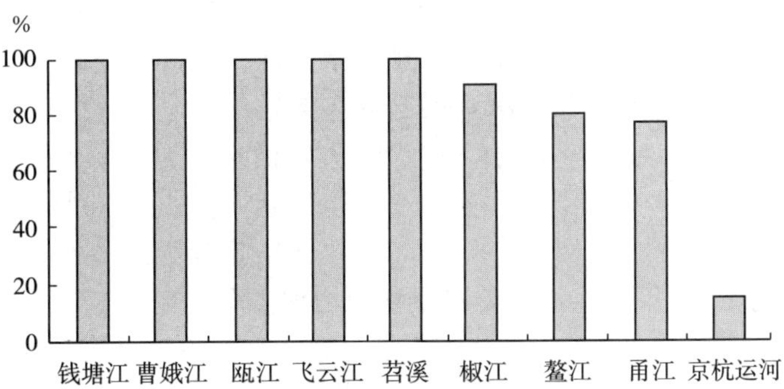

图 2-4　八大水系和京杭运河Ⅰ～Ⅲ类水质断面比例

表 2-2　八大水系和京杭运河主要污染河流（段）及污染指标

水系	主要污染河流（段）	主要污染指标
甬江	干流	石油类
	奉化江	石油类
椒江	永宁江下游	总磷
鳌江	干流下游	（溶解氧）
京杭运河	杭州段	氨氮
	嘉兴段	氨氮、石油类、化学需氧量

（3）主要湖库水质和营养状况。湖库水质状况：在 4 个省控湖泊中，西湖水质为Ⅲ类；东钱湖水质为Ⅳ类，主要污染指标为石油类；鉴湖水质为Ⅳ类，主要污染指标为总磷；南湖水质为Ⅴ类，主要污染指标为总磷。12 个省控水库水质为Ⅰ～Ⅲ类，与 2015 年相比，各湖库总体水质均无明显变化。

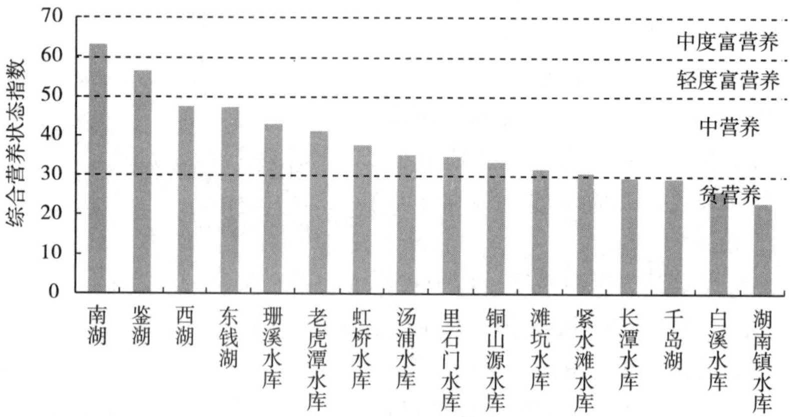

图 2-5　2016 年浙江省主要湖泊、水库营养状况

湖库营养状况：在省控湖库中，鉴湖为轻度富营养，南湖为中度富营养，湖南镇水库、白溪水库、千岛湖和长潭水库为贫营养，其余均为中营养。与 2015 年相比，各湖库营养状态级别均无明显变化。

（4）平原河网水质。平原河网 42 个省控断面水质类别为Ⅲ～劣Ⅴ类，Ⅲ类占 31.0%，Ⅳ类占 38.0%，Ⅴ类占 16.7%，劣Ⅴ类占 14.3%；不满足水环境功能区目标水质要求断面占 64.3%，主要污染指标为总磷、氨氮和五日生化需氧量。与 2015 年相比，Ⅲ类水质断面增加 1 个，Ⅳ类增加 2 个，Ⅴ类增加 4 个，劣Ⅴ类减少 7 个，总体水质有所好转。高锰酸盐指数、氨氮和总磷年均浓度较 2015 年分别下降 9.8%、40.5%和 22.3%。

（5）饮用水水源地水质。全省 92 个县级以上城市集中式饮用水水源地水

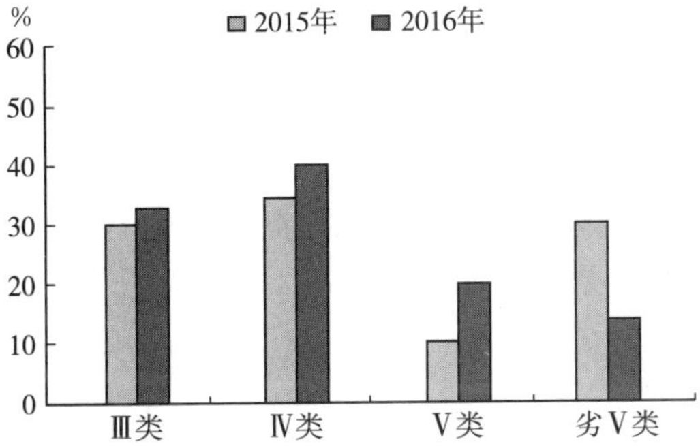

图 2-6　浙江省 2015—2016 年平原河网水质类别组成比例

质达标率为 91.1%，较 2015 年上升 6.0 个百分点；若按水量计，则水量达标率为 93.0%，较 2015 年上升 3.6 个百分点。11 个设区城市主要集中式饮用水水源个数达标率为 90.5%，较 2015 年上升 17.8 个百分点；若按水量计，则水量达标率为 96.2%，较 2015 年上升 3.4 个百分点。设区城市主要集中式饮用水水源生物监测结果表明，水源地的藻类群落组成随季节变化而不同；各水源地均未出现微囊藻毒素检出现象。与 2015 年相比，藻类群落结构健康程度变化不明显。

（6）地表水交接水体水质。2016 年，在全省 145 个跨行政区域河流交接断面中，Ⅰ～Ⅲ类水质断面占 88.9%，Ⅳ类水质断面占 6.2%，Ⅴ类水质断面占 2.8%，劣Ⅴ类水质断面占 2.1%；满足水环境功能区目标水质要求断面占 88.9%。与 2015 年相比，Ⅰ～Ⅲ类水质断面比例上升了 16.5 个百分点，劣Ⅴ类水质断面比例下降了 2 个百分点；满足水环境功能区目标水质要求断面比例上升了 15.8 个百分点。高锰酸盐指数、氨氮和总磷单项指标达标率分别为 100%、93.8%和 92.4%，较 2015 年分别上升了 6.2 个、15.9 个和 11.7 个百分点。

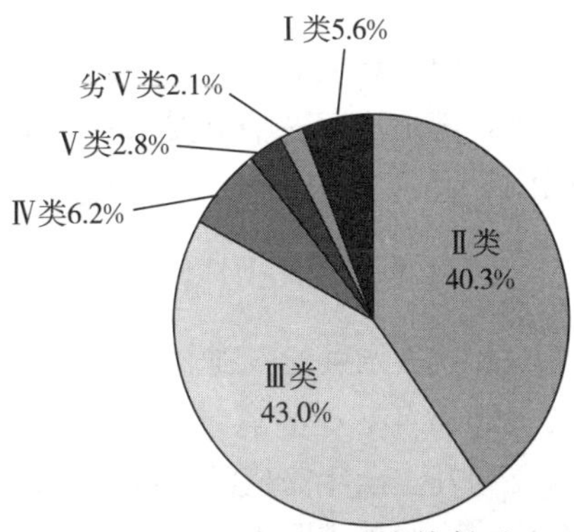

图 2-7　2016 年浙江省交接断面水质类别组成比例示意

（7）重点流域水质。2016 年，在钱塘江流域 32 个交接断面（市界 10 个、县界 21 个、入杭州湾 1 个）中，Ⅰ～Ⅲ类水质断面占 100%，较 2015 年上升了 9.4 个百分点；满足水环境功能区目标水质要求断面占 100%，较 2015 年上升了 9.4 个百分点。高锰酸盐指数、氨氮和总磷单项指标达标率均为 100%，氨氮和总磷达标率较 2015 年分别上升了 9.4 个和 3.1 个百分点。

2016 年，太湖流域 44 个省控地表水监测断面水质为Ⅱ～劣Ⅴ类，其中Ⅱ和Ⅲ类水质断面 21 个，占 47.7%（Ⅱ类 18.2%，Ⅲ类 29.5%）；Ⅳ类水质断面 20 个，占 45.5%；Ⅴ类水质断面 1 个，占 2.3%；劣Ⅴ类水质断面 2 个，占 4.5%；满足功能要求断面占 52.3%。

与 2015 年相比，达到或优于Ⅲ类水质断面比例上升 2.3 个百分点，劣Ⅴ类没有变化；满足功能要求断面比例上升 4.5 个百分点；总体水质基本保持稳定。

3. 海洋水环境

（1）近岸海域水质。2016 年，对 57 469 千米^2 海域、约 1 941 个监测站位开展了现场监测。结果表明，全省近岸海域水环境状况总体有所好转，夏季水质状况明显优于春、秋、冬三季。劣于第四类海水主要分布在重要港湾、河口海域以及沿岸局部区域。海水中主要超标指标为无机氮和活性磷酸盐。与 2015 年相比，劣于第四类和符合第四类海水水质标准的海域面积比例下降 15 个百分点，符合第一、二类海水水质标准的海域面积上升 18 个百分点。水质状况总体有所好转。

（2）海水增养殖区环境状况。2016 年，对 7 个重点海水养殖区和 3 个重点海水增殖区实施环境质量监测。结果表明，全省 7 个重点海水养殖区环境质量为优良或较好，基本满足养殖区功能要求；无机氮和活性磷酸盐是全省重点海水养殖区环境质量的主要影响因子。全省 3 个重点海水增殖区环境质量均为优良，满足增殖区功能要求；无机氮是全省重点海水增殖区环境质量的主要影响因子。

（二）保护和利用情况

1.“五水共治”工作深入推进

2016 年，全省累计完成“五水共治”投资 850 多亿元，水环境质量继续改善向好。全年完成河道综合整治 2 835 公里、农村生活污水治理村 4 173 个；开展“五原扩排”工程 32 项、“六江固堤”工程 33 项，新增入海强排能力 108 米^3/秒，完成海塘干堤加固 146.7 公里；实施“千塘加固”工程，开展 12 项强库重大工程建设，完成病险水库加固 115 座、山塘整治 495 座、圩区整治 2.31 万公顷；全面完成生猪养殖场污染治理和规模水禽场扩面整治，完成 24 个生猪重点县线上防控平台建设；不合理施用化肥减量 22 736 吨、农药减量 1 764 吨，回收农业废弃包装物 5 024 吨、处置 4 701 吨；累计完成池塘生态化改造 0.98 万公顷，稻鱼共生轮作 0.8 万公顷，禁限养区划定整治面积 0.67 万公顷；甲鱼温室、网箱拆除整治总面积累计达 278 万米^2。实施“双百万节水灌溉工程”，完成农村饮水安全提升 87 万人，新增改善灌溉面积 2.81 万公项，实施八大引调、十库蓄水工程，全面完成1 238个农村饮用水水源地保护范围的划定。

2. 切实增强防洪调蓄能力

加快实施“百项千亿防洪排涝工程”，完成投资215亿元、新开工建设15项重大水利工程。全面加快大中型水库、五大江河干堤和五大平原骨干排涝工程建设，进一步完善“上蓄、中防、下排”的防洪排涝工程体系，提高流域、区域整体防洪排涝能力；深入推进水利工程标准化管理，全省各市计划完成水利工程标准化验收2 775个、管理与保护范围划界2 652个以及省级日常监督检查1 179个工程；深入完成基层防汛防台体系，完成村级防汛防台形势图编制和浙江省基层防汛防台体系信息管理平台的网格及责任人信息采集录入。

3. 进一步提升供水保障能力

围绕全省经济社会发展和重大战略布局，合理开发、调配水资源，重点推进开源、引调、提升三类保供水工程建设，进一步提高城乡供水安全和农业灌溉保障水平。着力推进水厂工艺提升和管网更新改造，着力解决因水源污染和供水设施落后造成的供水水质不达标问题，消除管网水二次污染隐患。建立健全城镇供水安全管理制度，加快推进杭州市第二水源千岛湖配水工程建设、嘉兴市域外引水工程前期等；全年新增高效节水灌溉面积25万亩；实施“农村饮水安全巩固提升工程”，改善80万农村人口饮水安全条件。进一步加强饮用水水源保护，优化水源配置，强化源头控制，有效防控蓝藻异常增殖，保障饮用水安全。

（三）存在问题

1. 水环境治理任务仍然艰巨

尽管2016年全省继续加大环境执法力度，加强环保与公检法联动，对环境违法实行“零容忍”（全年共立案查处环境违法案件17 077件），使得全省地表水环境质量明显改善，但水污染问题或隐患依然存在，并出现反弹反复，尤其是平原河网水环境质量距水环境功能区目标仍有较大差距。

2. 农田水利建设有待加强

主要表现在：农业生产领域高效节水灌溉技术和相关设施推广应用面积偏少，农业用水量占比仍然较高；部分耕地抗旱排涝能力较弱，灌排得不到有效保障；农田水利工程建后管护较为粗放，水利设施存在使用效率不高、年限缩短等问题。

3. 治水长效机制有待完善

在初步形成了以河长制为核心的治水长效机制基础上，还需要对河长制工作进一步深化与完善，特别是在河长制组织体系、配套制度、权责边界、考核机制、法律规范等方面有待进一步完善，水资源管理方式有待进一步创新，水资源监控能力有待进一步提升。

（四）保护和开发利用建议

1. 继续加大水环境治理力度

严格执行垃圾河、黑河、臭河复查机制，大力推进小微水体整治，加大水生态保护与修复力度，实施河道清淤工程，2017 年全省完成河道综合整治 2 000公里、清淤 8 000 万米^3。严格执行禁限养区制度，全省 500 头以上养殖场、劣Ⅴ类区域存栏 50 头以上养殖场全部纳入在线智能化防控平台；推进化肥减量 2 万吨、农药减量 500 吨。扎实推进渔业转型促治水三大工程建设、近岸海域污染防治和海洋与渔业生态修复等重点工作，实施养殖塘生态化改造、稻鱼共生轮作、水生生物增殖放流等工程面积 0.67 万公顷。提标改造 2 000 个 2013 年前建设的农村生活污水治理设施，对 2016 年及以前完成的项目完成验收并及时运维到位；全面推进农村生活垃圾分类收集处置，确保建制村生活垃圾集中有效收集处置率达 96%以上。建立入河（海）排污口信息管理系统，实行近岸海域水质考核，构建海洋环境监测网络，不断提高监管水平。实施生态配水与修复工程，构建良好水生态系统。

2. 切实增强防洪调蓄能力

加快实施“百项千亿防洪排涝工程”，推进重要江河和重点小流域上游拦洪错峰控制性工程建设，提高流域、区域防洪调蓄能力。继续推进病险水库、屋顶山塘的除险加固和“六江固堤”“五原扩排”工程建设，实施圩堤加固，更新改造配套水闸和泵站，2017 年全省完成病险水库除险加固 100 座、山塘整治 500 座，加固海塘干堤 100 公里、圩区整治 2 万公顷，新增入海强排能力 100 米^3/秒，完善流域区域防洪封闭、排水条件，提升江河干堤防御洪潮综合能力以及平原低洼易洪易涝地区的防洪排和洪涝通江达海能力。

3. 进一步提升供水保障能力

围绕全省经济社会发展和重大战略布局，合理开发、调配水资源，重点推进开源、引调、提升三类保供水工程建设，进一步提高城乡供水安全和农业灌溉保障水平。着力推进水厂工艺提升和管网更新改造，着力解决因水源污染和供水设施落后造成的供水水质不达标问题，消除管网水二次污染隐患。建立健全城镇供水安全管理制度，加快推进杭州市第二水源千岛湖配水工程建设、嘉兴市域外引水工程前期等；全年新增高效节水面积 1.67 万公顷；实施“农村饮水安全巩固提升工程”，改善 80 万农村人口饮水安全条件。进一步加强饮用水水源保护，优化水源配置，强化源头控制，有效防控蓝藻异常增殖，保障饮用水安全。

4. 继续推进节水型社会建设

全面开展县（市、区）节水型社会建设，不断扩大节水载体创建覆盖面。加强供水管网改造，对使用超过50年和材质落后的供水管网进行更新改造，优化供水管网布局和管理。加强非常规水资源利用，以缺水及水污染严重地区城市为重点，完善再生水及雨水利用设施。加强供水和公共用水管理，继续推进居民用水阶梯水价和非居民用水超计划累进加价制度。2017年，建设大型雨水利用示范工程1个，屋顶集雨等雨水收集系统2 700处，改造节水器具3.8万套，改造“一户一表”2.8万户。

5. 全面深化河长制

贯彻落实中央《关于全面推行河长制的意见》精神，全面深化全省河长制工作，制定实施《关于全面深化河长制的若干意见》，全面落实各级河长“治、管、保”职责。在省、市、县、镇、村五级河长组织体系基础上，大力推行河道巡查员、网格员体系，积极推进小微水体河长制。继续完善河长制相关配套制度，细化河长权责利边界，健全考核激励机制，定期开展优秀基层河长评选，调动河长履职积极性。全面推广河长制信息系统应用，切实发挥河长制APP或微信公众平台作用，到2017年底全省实现河长履职网上巡查电子化考核。加快推动河长制地方立法。

三、森林资源

（一）现状

1. 森林资源概况

根据2016年浙江省森林资源年度监测结果：全省林地面积660.49万公顷，其中森林面积605.68万公顷，疏林地1.20万公顷，一般灌木林地14.85万公顷，未成林造林地8.14万公顷，苗圃地5.50万公顷，迹地7.67万公顷，宜林地17.45万公顷。

全省森林面积中，乔木林占68.89%，经济林占16.08%，竹林占15.03%（图2-8）。

全省活立木总蓄积33 073.53万米^3，其中森林蓄积占89.79%，疏林蓄积占0.08%，散生木蓄积占6.51%，四旁树蓄积占3.62%。活立木蓄积按组成树种分，松木类蓄积占25.82%，杉木类蓄积占26.09%，阔叶树类蓄积占41.00%，经济树种类蓄积占4.79%，灌木树种类蓄积占2.30%（图2-9）。

全省毛竹总株数28.53亿株，毛竹林每公顷立竹量3 311株，当年生新竹占毛竹总株数的19.20%。活立木蓄积量继续呈现生长量大于消耗量的态势。

全省乔木林（含乔木经济林）单位面积蓄积量69.41米^3/公顷，其中天然乔木林 67.09 米^3/公顷，人工乔木林 75.70 米^3/公顷。乔木林分平均郁闭度 0.60。

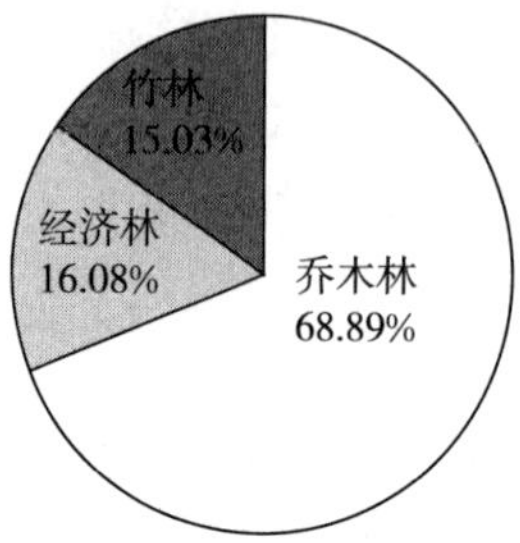

图 2－8　2016 年浙江省森林面积组成

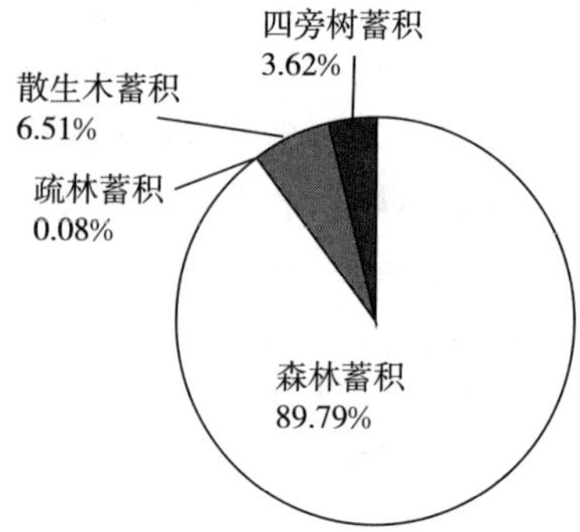

图 2－9　2016 年浙江省活立木总蓄积组成

全省森林覆盖率 59.50％，一般灌木林覆盖率 1.46％；若按浙江省以往同比计算口径，则森林覆盖率为 60.96％，继续位居全国前列。

2. 森林资源结构

森林起源结构：全省天然林面积占森林面积的 59.77％，蓄积占森林蓄积的 70.58％；人工林面积占森林面积的 40.23％，蓄积占森林蓄积的 29.42％。

森林林种结构：全省防护林面积占 40.31％，特用林面积占 2.93％，用材林面积占 40.68％，经济林面积占 16.08％。

乔木林龄组结构：全省乔木林中，幼龄林、中龄林面积所占比重较大，二者合计的面积、蓄积分别占总数的 69.90％和 57.88％，全省乔木林仍然以幼龄林和中龄林为主体（图 2－10）。

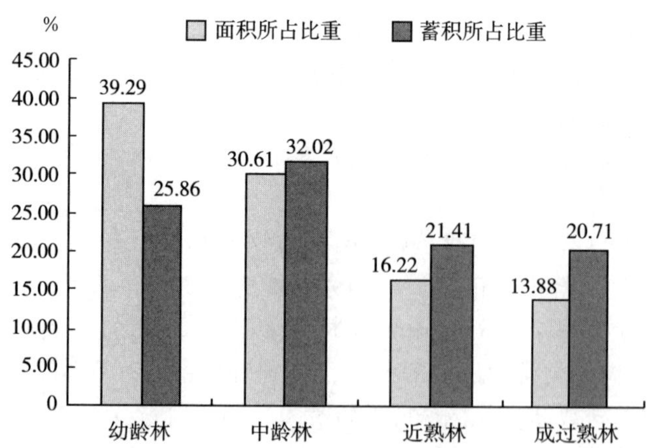

图 2－10　2016 年浙江省乔木林各龄组面积和蓄积比重

乔木林树种类型结构：全省针叶林面积占39.96%，蓄积占46.01%；阔叶林面积占43.43%，蓄积占37.94%；针阔混交林面积占16.61%，蓄积占16.05%。全省阔叶林、针阔混交林面积呈逐年增长态势，阔叶林面积已超过针叶林面积。

3. 森林生态状况

森林群落结构：全省乔木林的群落结构比较完整，乔木林中，完整结构面积占60.95%；较完整结构面积占38.71%；简单结构面积占0.34%。

森林自然度：自然度为Ⅲ级及以上的森林面积占5.37%，Ⅳ级的森林面积占54.00%；Ⅴ级的森林面积占40.63%。总体而言，由于人为活动的长期影响，浙江省原始林或接近原始的次生林面积非常少，森林类型自然度等级不高。

森林健康：全省森林健康状况较好，达到健康等级的森林面积居于绝对优势地位。其中达到健康的面积比例为96.64%，健康等级为亚健康、中健康、不健康的面积比例分别为2.92%、0.32%和0.12%。

森林灾害：无林木受害或受害比例在10%以下的森林面积占98.46%，遭受了不同程度灾害的面积占1.54%。其中灾害等级达到轻度、中度和重度的受害面积占森林面积的比例分别为0.87%、0.55%和0.12%。从受害面积的各灾害类型看，森林病虫害占59.06%，雪压、风折（倒）等气候性灾害占33.23%，森林火灾占5.14%，其他灾害类型占2.57%。

森林生态功能：全省森林生态功能指数为0.517 8，属中等水平；森林生态功能好、中、差三个等级的面积所占比例分别为1.18%、84.40%和14.42%。

森林生物量：全省森林植被总生物量47 588.15万吨。其中乔木林群落37 150.65万吨，竹林群落5 388.96万吨，灌木林群落2 067.05万吨，其他类型177.87万吨，散生木四旁树（竹）2 803.62万吨。

森林碳储量：全省森林植被总碳储量23 513.19万吨。其中乔木林群落18 359.96万吨，竹林群落2 658.33万吨，灌木林群落1 007.16万吨，其他类型89.09万吨，散生木四旁树（竹）1 398.65万吨。

森林生态服务功能价值：全省森林固定二氧化碳6 050.04万吨，释放氧气4 416.90万吨；森林生态服务功能总价值4 804.56亿元，林地平均每公顷年生态效益7.27万元。

4. 湿地资源

全省湿地总面积继续保持在111.01万公顷（不含水田面积，下同），占全省国土面积的10.9%。其中近海与海岸湿地、河流湿地、湖泊湿地、沼泽湿地、人工湿地分别占全省湿地总面积的62.38%、12.72%、0.79%、0.07%

和 24.04%。全省拥有国际重要湿地 1 个、国家重要湿地 4 个、省重要湿地 80 个，面积 13.3 万公顷。

2016 年全省已建有湿地及与湿地有关的自然保护区 11 个，面积 15.04 万公顷；建立湿地类型自然保护小区 30 个，面积 0.62 万公顷；建立国家湿地公园 11 个，国家城市湿地公园 4 个，省级湿地公园 20 个、比 2015 年增加 3 个，面积 7.0 万公顷。湿地保护总面积 25.40 万公顷，比 2015 年增加 2.64 万公顷。

5. 自然保护区

全省拥有森林和野生动物类型自然保护区 23 个、比 2015 年增加 3 个，其中国家级自然保护区 8 个、省级自然保护区 9 个，分别比 2015 年增加 1 个和 2 个；县级自然保护区 6 个；总面积 11.26 万公顷、比 2015 年增加 1.3 万公顷。全省建立各种类型自然保护小区 353 个，面积 6.77 万公顷。

（二）保护和利用情况

1. 森林资源数量、质量稳步提高

与 2015 年相比，全省森林资源蓄积继续增长、质量稳步提高。主要表现在：全省森林面积比 2015 年增加 0.69 万公顷，森林覆盖率比 2015 年上升 0.05 个百分点；活立木蓄积量比 2015 年增加 1 688.67 万$米^3$，乔木林单位面积蓄积量比 2015 年增加 3.55 $米^3$/公顷；乔木林幼、中龄林的面积和蓄积比重分别较 2015 年下降了 1.22%和 0.61%；阔叶林、针阔混交林面积之和占乔木林的比例由 58.82%上升到 60.04%，阔叶林面积超过针叶林面积，并且持续上升；龄组结构、树种结构向逐渐合理分布的方向发展；四旁蓄积比 2015 年增长 5.81%，有助于进一步提高森林覆盖率。

2. 森林生态建设持续推进

2016 年，全省继续以绿化造林和森林抚育为重点，全年完成造林更新面积 2.37 万公顷，完成森林抚育面积 3.39 万公顷。继续加强公益林建设管理，省级以上公益林保有量 302.33 万公顷，基本档补偿标准为每亩 30 元，源头县及省级以上自然保护区补偿标准提高到每亩 35 元，全省落实补偿资金 16.52 亿元。继续强化种苗生产供应保障，全省苗木生产面积 15.56 万公顷，总产苗量 47.9 亿株，可供造林用苗总量 30 亿株；实施珍贵彩色树种赠苗造林行动，赠送珍贵和彩色树种 580 万株。

3. 资源保护监管进一步加强

2016 年，全省进一步加强对涉林垦造耕地工作监管，建立完善垦造耕地中林地资源保护的长效机制；规范办理各类使用林地项目审核审批，全省共办理项目 3 090 项、林地面积 5 907 公顷。制订实施《浙江省古树名木保护五年行动方案》，稳步推进古树名木资源普查和挂牌工作；全省编制完成了县级湿地保护规划。继续抓好森林灾害防控，全年共发生森林火灾83起、受害森林面积313.03公顷，分别比2015年下降46.45%和60.15%；防治松材线虫病11.2万公顷，清理枯死松树120万株，疫情发生面积基本稳定。

4. 现代林业经济不断提升

2016年全省林业经济发展的质量与效益持续提高，林业产业总产值达5 121亿元，比2015年增长13%。同时，加快发展木本油料产业，新建油茶、香榧、山核桃等木本油料基地0.62万公顷；积极开展德清县现代林业经济示范区试点；启动“森林特色小镇”“森林人家”创建和命名工作，出台森林休闲养生建设项目指导意见，推进现代林业经济示范区、森林特色小镇、森林人家、森林古道等森林旅游休闲养生项目建设，改善森林生态环境，发展旅游休闲养生产业，促进一二三产融合发展，助力农民增收致富。全年接待森林旅游游客量3.3亿人次，森林旅游与休闲服务产值1 356亿元，分别比2015年增长24.06%和38.76%。

（三）存在问题

1. 生态建设任务依然艰巨

虽然近年来全省持续开展绿化造林、森林抚育等工作，但林业建设还无法完全满足国民经济发展的要求以及人民群众的生态需求，森林质量总体不高，森林结构有待进一步完善，森林多种功能还未能充分发挥，生态环境质量还有待提高。

2. 富民惠民潜力有待深入挖掘

在全省林业产业发展形势总体较好的情形下，产业发展也存在着诸多不足，林业产业发展在林业资源配置上更多是依靠政府的主导作用，在发挥市场作用、激发要素活力方面亟待加强。林业产业发展依然更多是依靠规模扩张和相对较低的劳动力成本，在发挥科技作用和加快二三产业培育方面亟待加强。林下经济、森林旅游、野生动植物驯养繁殖、生物产业等潜能还远未发挥，产业优势未能充分体现。

3. 林业发展基础依然较为薄弱

森林安全保护压力仍然巨大，森林火灾和林业有害生物防控能力需不断提升。森林、湿地等监测体系建设有待加强，监测能力和监测水平还需提升。国有场圃、林区部分基础设施建设滞后，部分国有林场负债较多，职工的生活和生产条件较差。林业人才队伍建设亟须加强，特别是基层林业专业人才紧缺现象突出，不能满足现代林业可持续发展的要求。

（四）保护和开发利用建议

1. 深入落实“双增”目标考核

各级政府要高度重视、加强领导，把森林面积、森林蓄积“双增”这两个约束性指标列入政绩考核的重要内容，要制定相应的林业发展规划目标和配套措施，形成分级管理、相互配合、良性互动的城乡统筹发展机制。同时，明确政府是本地区林业建设的责任主体，政府主要领导是林业建设的第一责任人，分管领导是主要责任人，各级林业部门主要领导是直接责任人，做到层层落实责任，全面落实森林增长指标考核工作，建立健全保护发展森林资源目标责任长效机制。

2. 着力推进森林质量精准提升

以发展珍贵彩色森林为重点，精准规划、精准经营、精准评价，加快林业向提升森林质量的内涵式发展转变。全面组织实施珍贵树种赠苗造林、基地建设、补植培育、四旁植树、发展示范五大行动，推进示范林、示范点和示范单位建设。加强林业保障性苗圃建设，不断丰富珍贵树苗种类，扩大容器大苗有效供应，确保全省珍贵树发展需要。认真组织实施中央财政森林抚育、珍贵彩色森林和木材战略储备林建设，制定落实抚育改造项目管理细则。积极探索目标树经营模式，采取综合抚育措施，提高木材单株的品质价值，推进森林质量精准提升。对交通主干道两侧、景区周围、城镇周边、松材线虫病发生区前沿，继续减少松树、增加珍贵彩色树种，优化树种，增强森林抵御有害生物侵害的能力。

3. 继续抓好资源保护管理

按照森林资源“总量不断增加、质量不断提高、管理不断规范”的要求，抓好资源保护工作。严格实行林地定额管理，优先保障民生项目、基础设施项目和省重点工程征占用林地需求，从严控制经营性项目占用林地。进一步规范审核审批，严格按要求审查各类征占用林地项目。组织森林公安、林政管理等力量开展专项行动，严厉打击非法占用林地、毁林开垦、乱砍滥伐林木和乱捕、买卖、运输野生动物等违法犯罪行为，对查处难度大、阻力大、影响大的案件实施挂牌督办，坚决问责到位、查处到位。启动生态保护红线划定工作，明确林地和森林、湿地、物种三条红线，并争取将其列入对党政领导考核的重要指标，增强其权威性。

4. 认真做好林业灾害防控

提升森林消防综合防控能力建设，严格执行森林火灾重点整治县管理办法，积极开展引水灭火工程建设，继续做好航空护林站筹建工作。抓好以松材线虫病为重点的林业有害生物防控，开展春秋两季疫情普查，科学制订防控方案，加大除治力度，加强疫木管理，提高除治质量，遏制松材线虫病蔓延。

四、渔业资源

（一）现状

1. 海洋渔业资源

2016 年，浙江省继续实施史上最严的伏休禁渔政策，大力开展“幼鱼保护攻坚战，伏季休渔保卫战”，整治违规渔具，保护幼鱼资源，对促进海洋生物种群资源的延续，推进浙江渔场修复振兴起到积极作用。据浙江省海洋渔业资源动态监测显示，2016 年浙江渔场总体资源状况稍好于 2015 年，但主要利用对象的群体组成仍以当龄鱼和 1 龄鱼为主，群体结构依然呈低龄化的态势。浙江渔场带鱼、鲳鱼和鲐鲹鱼类资源状况明显好转，尤其在浙江近海产卵亲体及幼鱼发生量增加明显；小黄鱼和虾蟹类资源差于上年，其中三疣梭子蟹资源量下降幅度较大。

全省海水养殖总面积 8.89 万公顷，比 2015 年增加 3.49%，其中海上养殖 2.17 万公顷，比 2015 年增加 23.30%；围塘养殖 2.77 万公顷，比 2015 年减少 6.10%；滩涂养殖 3.78 万公顷，与 2015 年基本持平。

2. 淡水渔业资源

2016 年，全省淡水养殖总面积 20.21 万公顷，比 2015 年减少 5.16%。其中湖泊 0.24 万公顷、水库 9.52 万公顷、其他 0.50 万公顷，均与 2015 年基本持平；池塘养殖 7.13 万公顷，比 2015 年减少 4.55%；河沟养殖 2.82 万公顷，比 2015 年减少 14.29%。稻田养鱼 7.71 万公顷，比 2015 年减少 7.22%。

（二）保护和利用情况

1. 渔业水域生态环境逐步好转

2016 年，在产卵索饵场、养殖水域、增殖放流区和水产种质资源保护区四大类共 27 个区域开展渔业水域水质监测和评价工作。结果表明，2016 年全省主要渔业水域水质整体基本能满足渔业环境水质功能需要，渔业水域监测区域综合水质均在中及中以上，与 2015 年同期相比，水质状况略有改善。渔业水域监测区域中，水质为优的占 40.7%，较 2015 年上升了 26.4 个百分点；为良的占 48.1%，较 2015 年下降了 32.1 个百分点；为中的占 11.2%，较 2015 年上升了 0.5 个百分点。

2. 渔业经济稳步发展

2016 年全省渔业经济总产出 2 023.9 亿元，比 2015 年增长 4.5%，其中渔业总产出748.7亿元，比2015年增长5.8%。全省水产品总产量631.2万吨，同比增长4.8%。其中，国内海洋捕捞347.1万吨，同比增长3.1%；海水养殖101.9万吨，同比增长9.1%；淡水养殖105.2万吨，同比增长3.2%；淡水捕捞产量9.2万吨，同比增长3.9%；远洋渔业产量67.8万吨，同比增长10.9%。全省水产品出口量43.18万吨、出口额17.1亿美元，同比分别减少7.9%、7.7%。全省规模以上水产品交易市场成交量349.9万吨、同比减少3.5%，成交额676.4亿元、同比增长1.7%。全省休闲渔业主体1 950个，同比增加3.7%；从业人员18 038人，同比增长2.7%；产出18.93亿元，同比略涨1.4%。

3. 机动渔船呈双降趋势

2016年末，全省机动渔船拥有量3.97万艘，同比减少3.3%，总功率466.8万千瓦，同比减少0.2%。其中，国内海洋捕捞机动渔船1.85万艘，总功率315.3万千瓦，分别同比减少2.5%和1.8%；远洋渔船578艘，功率51.8万千瓦，分别同比增加4.7%和13.3%；内陆捕捞机动渔船7 966艘、功率8.1万千瓦，分别同比减少9.9%和12.0%；养殖机动渔船10 035艘、同比增加0.5%，功率10.3万千瓦、与2015年相比基本不变。

4. 渔场修复振兴持续推进

2016年，全省持续深入推进浙江渔场修复振兴暨“一打三整治”专项行动，全面部署开展“幼鱼保护攻坚战”和“伏季休渔保卫战”。全年共取缔涉渔“三无”船舶580艘，累计取缔14 584艘，初步完成“船证不符”渔船整治6 500多艘，取缔违禁渔具超过20万顶·张，累计取缔36万顶·张；查处违法案件2 104起，各项指标均位居全国之首；提出的“全国统一伏休”“实施海洋渔业资源总量管理”和“调整渔业油补政策”等建议相继被采纳实施。此外，省人大常委会颁布了“加强海洋幼鱼资源保护的决定”，开创了全国“先河”。

（三）存在问题

1. 海洋环境整治问题依然突出

违反伏休规定、跨海区偷捕等行为屡禁不止；非法购销渔获物、非法供油供冰等现象屡见不鲜；电鱼、毒鱼、炸鱼等非法行为屡禁不绝；“三无”渔船更加隐蔽复杂，反弹回潮隐患长期存在；“绝户网”量大面广，“船证不符”渔船整治尚未完全到位；违法渔民冲撞渔政船、扣押执法人员等严重暴力抗法行为时有发生。海洋环境综合治理任重道远，而现有法律法规滞后、执法力量薄弱、联动协同机制不全，渔业基础工作不够扎实（尤其是资源监测调查工作缺失）、技术装备尤其是信息化水平较为落后等问题突出，导致渔业管理成效不明显，渔业资源管护与渔区社会稳定之间的矛盾日益突出。

2. 渔业资源开发状况不容乐观

资源开发利用中依然存在一些遗留的或新生的、有碍于渔业可持续发展的突出问题，特别是由于前几年捕捞过度，特许捕捞网目对经济鱼类幼体杀伤过大，部分渔业资源状况差于往年，捕捞产量较前三年下降明显，渔业资源利用一直处在“当年生、当年养、当年捕”补充型过度捕捞的恶性循环之中，种群资源依然承受着巨大的捕捞压力。

3. 水产养殖排放标准制定滞后

由于缺乏统一的水产养殖尾水排放标准，养殖尾水达标排放工作推进缓慢，水产养殖业规范管理工作滞后，严重影响渔业生产和水产品的质量安全，造成全省水产养殖竞争力偏弱，渔业产业转型升级滞后。

（四）保护和开发利用建议

1. 继续全面推进浙江渔场修复振兴行动

以浙江渔场“三场一通道”管理为重点，综合运用减船转产、规范网具、休渔禁渔、打击非法等措施，控制海洋捕捞强度。大力推进海洋牧场建设，创新海洋牧场建设与管理新技术、新模式，修复海洋重要渔业资源。进一步落实属地负责制和部门分工责任制，巩固深化渔业、市场监管、经信、交通运输、综合行政执法、公安、海警等部门联动机制，加强协同配合，依法严厉查处非法捕捞、收购、销售、转载、使用幼鱼等行为。全面推行海滩生态环境监管“滩长制”，落实责任，分片包干，加强巡查，全力整治滩涂上的“三无”船、“绝户网”、乱排污、乱用药等违法活动，推进浙江渔场修复振兴。

2. 深化渔业结构战略性调整

按照“养殖业提质增效、捕捞业（国内）压减产能、远洋渔业拓展、一二三产融合发展”的方针，优化平衡渔业产业结构，开展渔业转型发展先行区（5～7个）和“特色渔乡小镇”创建，推动渔业全产业链建设。大力培育水产种苗育繁推体系和现代种业企业，增强育种和原良种供给能力。鼓励发展离岸深水养殖、工厂化养殖、循环水养殖、浅海鱼贝藻间养等环境友好型养殖模式，继续实施鱼塘生态化改造、大水面增殖放流、稻鱼共生轮作减排等工程，推广配合饲料、尾水排放控制技术。着力压减海洋捕捞产能，规范发展远洋渔业，大力发展水产品精深加工；开发海上游钓、赶海体验等休闲产品，推进渔业与旅游、教育、文化等产业深度融合；发展渔业电子商务，建设水产品网络销售平台，开拓会展渔业、渔业众筹等新型业态，实现渔业产业转型发展。

3. 加强养殖水域滩涂资源开发

统筹养殖水域滩涂资源开发，全面启动全省养殖水域滩涂规划编制，通过划定禁养区、限养区和养殖区，合理开发养殖水域滩涂资源，制订和落实相应的管控措施，实现滩涂资源的可持续开发利用。

4. 开展海洋生态保护区创建

加快创建海洋生态建设示范区，规范完善示范区管理办法、建设指标评价等配套管理要求。加强海洋与渔业保护区的建设与管理，重点加强制度建设和规范化管理，完善保护区的机构、人员设置、经费保障和项目管理，对建设与管理工作开展考核评估，保护重要生态系统、物种资源和自然文化遗产。

五、种质资源

（一）现状

1. 农作物种质资源

2016 年全省审定通过了 40 个主要农作物品种。其中，水稻 22 个、玉米 12 个、大豆 4 个、小麦 2 个；省内自主育成的 35 个，占比 87.5%；种业企业独家或合作选育的 25 个，占比 62.5%。在审定的 22 个水稻品种中，稻瘟病抗性达中抗或抗的品种 10 个，占比 45.45%，米质达部颁二等或三等优质米品种 15 个，占比 68.18%，产量也比对照平均增长 10%以上，杂交水稻品种和油菜品种选育水平继续在全国保持领先地位。审核通过了 7 个水稻不育系，撤销了 42 个种植面积小、利用价值低或存在重大缺陷的农作物品种，进一步优化了农作物品种结构，突出了优质绿色品种地位，为浙江省农业供给侧结构性改革和农业绿色发展奠定了坚实基础。

2. 林业种质资源

2016 年，全省选育并通过审（认）定省级林木良种 18 个，其中主要有马尾松、木荷、杉木等 6 个用材树种，文旦、蜜橘、茶叶、香榧、薄壳山核桃等 6 个经济树种，樟树、枫香、瞿麦等 5 个观赏品种，以及 1 个生态树种水紫树；选育的杜鹃、枫香、槭树等 17 个新品种获得国家林业局新品种保护办公室授权。新增国家级种质资源库 7 处，分别是诸暨香榧、临安山核桃、安吉无患子、亚林所木兰山茶 4 处国家林木种质资源库和杭州园林桂花、金华永根杜鹃、杭州植物石蒜 3 处国家花卉种质资源库。截至目前，浙江省共有国家林木种质资源库 10 处、国家花卉种质资源库 3 处，省级林木种质资源库（圃）25 处，省级以上种质资源库（圃）建设总面积 300 余公顷。

3. 畜牧业种质资源

2016 年全省主要有猪、鸡、鸭、鹅、特禽、黄牛、水牛、奶牛、绵羊、山羊、兔、蜂12个物种，共计59个畜禽品种和类群；其中原产浙江省的地方畜禽遗传资源33个（占56%）、培育品种14个（占24%）和引进品种12个（占20%）。浙江省金华猪、嵊县花猪、嘉兴黑猪、白耳黄鸡、仙居鸡、绍兴鸭、缙云麻鸭、太湖鹅、浙东白鹅、温州水牛、温岭高峰牛、湖羊和长江三角洲白山羊（笔料毛型）、中蜂共14个畜禽地方品种列入《国家级畜禽遗传资源保护名录》，较2015年增加1个。

4. 渔业种质资源

浙江渔场海洋生物以鱼类为主，有37目152科523种，其中软骨鱼类55种、硬骨鱼类468种；有游泳虾类12科34属78种及海蜇等大型水母。浙江省沿海潮间带生物丰富，有底栖海藻类85属180种，贝类5纲310种，还有种类繁多的虾蟹类、鱼类、多毛类等动物。

全省淡水渔业资源计有鱼类235种和亚种，隶属14目49科，其中鲤科鱼类93种，占39.57%；纯淡水鱼164种（包括引进的11种）；龟鳖类约30多种；淡水贝类107种，其中腹足纲55种、瓣鳃纲52种。

（二）保护和利用情况

1. 农作物种质资源保护取得新成效

2016年，全省批准申请利用种质资源实物30份，新增种质资源鉴定评价9份；筹划建设省级大型茶树种质资源圃1个；安排现代种业发展工程项目资金4 318万元，继续对优良品种引繁推、区试审定展示示范、种子生产基地基础设施建设等进行补助；在省（萧山）现代农业创新园筛选种植了国内外各类瓜菜新品种1 500多个，并在宁波、湖州、绍兴、衢州、台州设立5个展示分中心，示范展示种博会推介品种和近年浙江省审定品种；举办精品瓜菜品鉴会、“浙江农业之最”甜瓜擂台赛、推介品种发布、浙江种业成果展等活动，有力促进了瓜菜新品种的示范展示和科研成果转化。

2. 林业种质资源保护利用深入推进

2016年，全省继续推进林木种质资源保育，建有省级以上重点林木良种基地22处、总面积2 236公顷，其中种质资源收集区340.1公顷。截至2016年底，全省共保存各类林木种质资源20 000余份，其中用材林9 000余份、经济林5 300余份、生态观赏植物4 000余份、竹类植物700余份。全省已建有“林木种质资源保育与利用公共基础条件平台”和国家油茶科学中心、马尾松、香榧、山核桃工程中心等研发平台，形成资源保存、遗传评价与生产利用协同联动的种质资源异地保存与利用体系，多个树种的种质资源保存和研发水平居全国前列。

3. 畜禽遗传资源保护有了新突破

2016年，全省有13个场被认定为国家级畜禽遗传资源保种场（保护区、基因库），位列全国前列；其中有国家级的地方鸡种基因库 1 个、湖羊资源保护区 1 个和保种场 11 个。实施畜禽遗传资源协议保护制度，将列入 33 个省级保护名录中的 26 个品种分别纳入保种范围，落实了相应的保种经费。2016 年，浙江赛诺生态农业有限公司被农业部认定为国家级湖羊核心育种场。

4. 渔业种质资源保护利用继续推进

2016 年，全省继续推进水产种业园区、省级水产原良种场和繁育基地建设，共建有 12 个水产种质资源保护区、面积共 73 106.71 千米^3，其中国家级水产种质资源保护区 6 个、省级水产种质资源保护区 6 个；浙江省自主选育的中华鳖“浙新花鳖”，以及与其他省份合作选育的香鱼“浙闽一号”杂交鲟“鲟龙 1 号”，通过国家新品种审定并发布。同时，继续开展放流各类水生生物苗种活动，2016 年全省水域共投入增殖放流资金 1.4 亿元，放流各类水生生物资源 68 种，其中海洋苗种 38 种、淡水苗种 30 种，放流数量达到 50.97 亿单位，有效保护了渔业资源。

（三）存在问题

1. 种质资源保护力度有待加大

由于各级地方政府和农业部门对种质资源保护重视程度不够，缺乏保护利用的专项规划，加之多种因素的共同影响，全省地方品种和野生种流失严重。特别是第二次全国农作物种质资源普查与征集行动已过去 30 年，第三次相关普查工作才于 2015 年启动，相关工作开展较为滞后，种质资源家底不清，使种质资源的保护缺乏基本依据和重要基础。另外，种质资源保护工作的机构及相应技术人员队伍不完善，也严重影响了种质资源的保护和利用。

2. 种质资源保护体系有待完善

种质资源仍以科研育种单位的育种家个人保存为主，省级单位缺乏稳定、可靠、能够中长期保存的专用种质库；同时，多数科研单位又以课题组为单位保存，保存条件有限，难以长期有效保存。目前，全省仅建成水生蔬菜、西湖莼菜、马铃薯、薯芋类省级种质圃 4 个，相关原产地保护和监测设施更是奇缺。另外，财政资金主要用于支持种质圃与保护基地的基本建设，缺乏日常运行维护经费，限制了种质资源保护工作的深入开展。

3. 种质资源保护开发利用不充分

由于缺乏专业保护机构，发掘利用相对滞后，全省尚未建立专业的省级种质库和研究机构，种质资源研究力量相对薄弱；种质研究人员以兼业为主，种质资源鉴定和评价工作相对滞后，且深度鉴定少，难以满足品种选育对优异新种质和新基因的需求。同时，由于法律法规不完善，种质资源共享惠益机制不明确，育种人的权益难以得到有效保护，制约了对优异种质资源的有效交流和共享开发。

(四) 保护和开发利用建议

1. 加强规划设计，加大政策投入

围绕现代种业、生态农业发展的重大需求，以安全保护和高效利用为核心，做好顶层设计，突出重点，开展分类保护。建设省级农作物种质资源保护中期库、省种质资源保护利用中心以及若干个集种质资源保护、研究、繁育、展示、培训、休闲于一体的综合性种质资源圃。研究制定种质资源库（圃）认定标准，对已建种质资源库（圃）进行认定并授牌。建立完善长期、稳定的财政资金投入保障机制，按照分级保障原则，做好省、市、县三级统筹，将种质资源保护和研究等基础性、公益性工作经费列入财政预算。通过实施种子工程等项目，支持种质资源保护、鉴定评价和共享利用体系建设；鼓励企业、科研单位、公益性组织参与种质资源保护。

2. 创新体制机制，拓展利用领域

以中期库（中心）为依托，构建浙江省种质资源保护利用研究技术体系，深入开展种质资源收集、保存、鉴定评价、创新研究及开发利用。加大种质资源引进力度，重点引进作物起源中心和多样性中心的优异种质资源，制订共享惠益方案，促进资源交换。探索有偿征集与获取使用机制，鼓励将优异种质和中间材料等遗传资源送交省种质库入库保存，政府按资源质量和数量予以奖励。注重资源共享与知识产权保护，对农作物野生近缘种、地方特色品种及有重要经济价值的野生资源集中分布区进行重点保护，发掘创制优异种质资源和基因资源。以浙江省特色种质资源产业化开发利用为导向，拓展利用功能，提升保护方式，延长产业链，探索发展种质资源保护区与休闲观光相结合的新模式。

3. 启动资源普查，开展收集保护

按照国家部委的总体安排，全面启动第三次全国农作物种质资源普查与收集行动，由省有关部门牵头，负责对全省 63 个农业县（市、区）的农作物种质资源进行全面普查，基本查清各类作物的种植历史、栽培制度、品种更替等信息，征集古老、珍稀、特有、名优的作物地方品种和野生近缘植物种质资源 1 200～1 800 份；省农业科研部门组织专业技术人员，对 5 个种质资源丰富市、县（区）进行系统调查，抢救性收集种质资源 400～500 份，并对这些种质资源扩繁和鉴定。

六、农业气候资源

（一）现状

1. 主要气候特征

2016年全省气温异常偏高，降水明显偏多，日照显著偏少；气候年景中等偏差，气象灾害时空分布不均，冬季强寒潮、春季持续性强降水、夏季高温干旱、秋季台风异常偏多偏强、秋冬雾霾频发。

（1）气温。2016年全省年平均气温18.3℃，较常年偏高1.0℃，为历史第二高（最高为2007年，18.4℃），比2015年偏高0.6℃，已连续20年偏暖；各地气温为16.9℃～19.6℃，与常年相比，大部地方偏高0.6～1.6℃。其中，湖州、建德等23县（市、区）平均气温破历史同期最高记录。

年高温（日最高气温≥35℃）日数全省平均29天，比常年偏多8天。各地年高温分布在0～55天，大部地区偏多1～23天。

年低温（日最低气温≤0℃）日数全省平均15天，比常年偏少6天，比2015年偏多5天。各地最低温分布在3～37天，大部地区偏少1～16天。

（2）降水。2016年全省年平均降水量为1 826.0毫米，比常年偏多20%；降水日数全省平均178天，较常年偏多22天。2016年降水主要出现在冬春秋季，分别增多60%、30%和90%。2016年梅雨期只有20天，比常年减少10天；梅雨量为240毫米，减少20%。全省各地年降水量为1 245.4～2 746.3毫米，与常年相比，大部地方年降水量增加10%～80%。

（3）日照。2016年全省平均日照时数1 566.0小时，比常年减少193.3小时；各地平均日照时数为1 288.4～1 788.8小时，与常年相比，大部地区减少2.4～487.1小时。其中，平湖年日照时数破历史同期最低记录。

2. 农业气象条件分析

2016年全省热量充足，降水充沛，光照略有不足；年内气象条件冬春秋偏差，夏季偏好，1月极寒、春季连阴雨和秋季台风等农业气象灾害影响严重。全年农业受灾面积约为34.43万公顷，平均酸雨率为69.9%，比2015年下降3.3%。总的来说，农业气候条件属于正常略偏差年景。

（1）对主要农作物生长的影响。2016年油菜生长期气象条件属于略偏差年景，单产较2015年减少5.06%。早稻生育期间气象条件较好，与2015年相比，早稻单产增加10.1%，总产增加9.00%。晚稻生育期内多过程性天气，气象条件属于正常略偏好年景，与2015年相比，单产增加2.71%，总产增加2.08%。

（2）对特色经济作物生长的影响。2016年浙江茶叶产量较2015年下降4.7%，3月中旬的“倒春寒”影响了茶树生长，出现新芽萌发扭曲变形、成茶“焦边”等现象，使得春茶全面开采推后 10 天以上，单产明显下降；4 月至 5 月上旬，阴雨天气较多，造成采摘时间大幅减少；7 月持续晴热高温天气，造成主产区茶园的高温灼伤，茶叶减产。杨梅主要生育期气象条件较好，产量较 2015 年增加 8.7%；这主要是因为 2016 年杨梅处于大年，杨梅的花期、幼果期气候较为适宜，杨梅的坐果率较高，挂果良好，成熟期断断续续的“非典型性”梅雨季，利于优质高产。

（3）对林业生产的影响。2016 年浙江省雨量雨日偏多，气候条件对森林防火较为有利。全省林火灾发生率为 1.37 起/10 万公顷，受害率为 0.05‰，均保持在历史低位水平。全省林业有害生物发生及危害程度都较 2015 年严重。全省主要林业有害生物实际发生 210.04 万亩，同比上升 21.49%。

（4）对水产养殖的影响。2016 年浙江省出现了 2 次台风风暴潮过程，赤潮灾害 27 次，其中有害赤潮 2 次；低温冻害 1 次。各类海洋灾害共造成直接经济损失 4.02 亿元，与近 10 年相比，海洋灾害直接经济损失偏低。

（二）保护和利用情况

1. 设施农业气象服务直通大户

随着现代农业的快速发展、农业结构调整力度的不断加大，设施农业成为浙江省农业农村经济发展新的增长点。为此，气象部门通过积极联系相关的专业合作社、种养大户、家庭农场等经营主体，建立设施农业服务名单数据库，开展直通式设施农业气象服务。通过设施作物田间观测试验，获取设施草莓和西瓜等作物的生育期、产量、品质等第一手信息，以及设施番茄新旧膜覆盖等一系列观测试验，构建了设施作物的农业气象指标库，研发了设施农业气象服务业务平台，在设施作物生长关键期开展冬春季保温覆膜防冻等气象服务。服务产品通过电视、手机短信、微信、网站、微博等多种途径直达农户手中，科学指导设施作物防灾减灾，成效明显。

2. 作物模型应用农业气象服务

2016 年，作物模型开始应用于浙江农业气象业务服务，通过田间试验，选择一季稻为服务对象，布设分期播种试验，获取作物生物量、叶面积指数、产量结构等观测数据，以及气象数据、土壤信息、栽培信息等参数，对 ORYZA 2000 模型参数进行本地化，较好地描述了作物从播种到成熟的基本生理过程，探索开展了浙江省一季稻生长气象条件定量评价和产量动态预报等专题气象服务。

3. 现代农业气象服务平台全省共享

围绕现代农业气象业务平台建设及农业气象指标体系研究，构建现代农业气象指标库，补充和完善了特色经济作物、设施蔬菜、海水养殖等农业气象服务指标；制定了浙江省特色农产品气候品质认证技术规范和评价技术指南；研发了省市县共享的现代农业气象业务平台，服务产品细化到网格点，实现了现代农业气象服务的精细化、智能化、定量化和网络化。

（三）存在问题

1. 农业气象服务科技创新能力尚显不足

浙江省地形地貌多样，名特优农产品种类众多，复杂的地形条件和多样的作物种类，加上作物模型复杂的机理需求参数众多，需要在大量田间试验基础上进行本地化、区域化调试，一定程度上限制了GIS、遥感等现代技术在农业气象服务方面的推广应用。因此，如何增加农业气象服务的科技创新与支撑能力，提高农业气象服务的定量化、精细化和智能化水平，成为未来农业气象服务的关键和突破口。

2. 农业气象灾害监测预警有待加强

近年来，随着全球气候变化，极端天气气候事件增多，高温热害、低温冰冻、暴雨洪涝等自然灾害频发重发，对农业生产和人类经济生活构成了严重的威胁，这就对农业气象灾害的监测以及气象灾害的预警提出了更高的要求。但限于目前天气预报准确率以及预警信息精准不足，农业气象灾害预警指导作用还不能得到很好的发挥，尤其是及时滚动精细化、定量化的农业气象灾害预警技术能力亟待加强。

3. 基层农业气象服务能力有待加强

尽管通过技术培训、技术指导、增加投入等多种途径，全省基层农业气象服务能力有了明显增强，但跟新时期基层服务"三农"和推进现代农业建设要求相比还有不小的差距，主要表现在技术服务针对性不强、服务种类单一、功能弱化、覆盖率低、人才短缺，特别是新技术、新设施应用能力等方面还需进一步完善提高。

（四）保护和开发利用建议

1. 发展智慧农业气象服务

围绕农业气象技术创新，以发展智慧农业气象服务为方向，推进"互联网＋"智慧农业气象服务为抓手，服务新型农业经营主体为对象，通过研制智慧农业气象服务大数据、智慧农业气象服务平台、智慧农业气象手机APP等多种方式，探索属地化、精准化、自动化气象为农服务，实现"互联网＋气象＋农业"高度融合，进一步发展智慧农业气象服务，提高面向新型农业经营主体的直通式、个性化服务水平。

2. 强化气象植保有机融合

重点针对浙江省农业生产主要农作物病虫害的发生和危害，进一步加强气象与植保部门的联合。通过开展联合会商、科研合作、部门监测预报信息共享等，建立水稻稻曲病、稻飞虱等主要病虫害发生气象等级和趋势预测等模型，在病虫危害或防治关键期，通过广播电视等联合提示，及时发布病虫发生气象等级预报等信息，强化气象植保的有机融合。

3. 推进农业气象服务网格化

按照提高气象预报准确率和精细化水平的要求，以无缝隙、精准化、智慧型发展为方向，在打造全国预报和服务统一数据源"一张网"的基础上，积极推进智能网格气象预报业务在时空尺度和针对用户需求两个维度上的精细化和无缝隙发展，实现现代农业气象的智能网格预报和服务。充分利用全国5公里分辨率的智能网格预报服务"一张网"，结合浙江省农情和实际情况，积极开展具有浙江特色的现代农业气象1千米×1千米格点化气象服务。

第三章　2017 年浙江省农业自然资源综合利用研究

一、土地资源

（一）现状

据 2017 年土地变更调查统计，浙江省各类土地面积为 1 055.85 万公顷，其中农用地 858.89 万公顷，占 81.35%；建设用地 131.83 万公顷，占 12.48%；未利用地 65.13 万公顷，占 6.17%。

在农用地中，耕地占全省农用地面积的 23.04%，垦殖指数为 18.72%，比 2016 年略微提升；园地占全省农用地面积的 6.69%；林地占全省农用地面积的 65.61%，其他占全省农用地面积的 4.66%。

在建设用地面积中，居民点及独立工矿用地 102.41 万公顷，占全省建设用地面积的 77.68%；交通运输用地（扣除农村道路）15.17 万公顷，占全省建设用地面积的 11.51%；水利设施用地 14.25 万公顷，占全省建设用地面积的 10.81%。

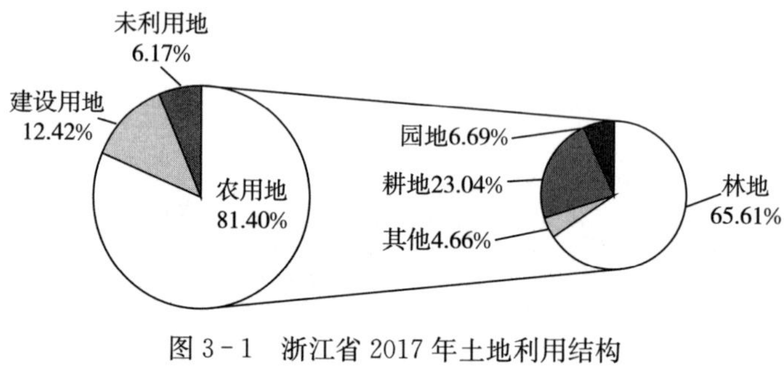

图 3-1　浙江省 2017 年土地利用结构

（二）保护和利用情况

1. 耕地保护力度持续加大

2017 年，全省上下多措并举，不断加强耕地保护力度，严守耕地红线和粮食安全，共划定永久基本农田 159.87 万公顷，其中示范区 66.88 万公顷。建立完善重大建设项目占用永久基本农田踏勘论证制度，全年对 37 个重大建设项目开展实地踏勘论证，减少用地266.67公顷；持续推进“611”耕地保护工程，垦造耕地项目立项2 550个，实际完成造地1.07万公顷（其中垦造水田0.77万公顷）、同比增加21.8%，旱地改水田0.71万公顷；批准农村土地综合整治项目258个、面积1 386.67公顷，复垦新增耕地1 333.33公顷；落实耕地保护补偿资金20.08亿元，其中省财政下达6.36亿元；持续深入开展“坡地村镇”试点，进一步节约用地指标，有效减少对平原优质耕地资源的占用，减轻了耕地占补平衡压力。

2. 耕地质量提升工程加快推进

2017年，围绕国家和省级示范县建设，继续加大高标准基本农田建设，累计建成标准农田76.08万公顷，其中一等田比重达到58.35%，比2016年提高4.64个百分点；创建专业化统防统治与绿色防控融合示范县11个、示范镇28个、面积5.6万公顷，绿色防控示范区924个、面积6.33万公顷，带动实施农作物病虫害专业化统防统治49.95万公顷、绿色防控技术46.27万公顷；应用农药减量技术110万公顷，推广高产高效、优质生态的新型农作制度模式面积21.9万公顷，全省化肥、农药使用量分别较2016年减少3.47%、12.36%，主要农区土壤环境质量良好。

3. 作物种植面积基本保持稳定

2017年全省农作物播种面积229.09万公顷，比2016年减少7.13%；土地生产率为14 865元/公顷。其中粮食播种面积128.21万公顷，比2016年增加2.13%；蔬菜瓜果播种面积74.62万公顷，比2016年增长1.51%；茶叶面积19.85万公顷，比2016年增长0.76%；果园面积32.57万公顷，比2016年减少0.61%；中药材面积为4.86万公顷，比2016年增长13.02%；花卉播种面积2.13万公顷，比2016年增长8.14%。

4. 农业“两区”建设取得新成效

2017年，创新发展思路，全面深化农业“两区”建设，积极实施“一区一镇一园一链”创建战略举措，正式启动创建一二三产深度融合的现代农业园区24个、特色农业强镇50个、农业可持续发展示范园24个、10亿以上示范性农业全产业链55条，持续推进“两区”集聚发展、融合发展、创新发展、共享发展，打好“三农”转型发展组合拳，推动农业绿化、农村美化、农民转化，引领浙江现代农业发展再上新台阶，提升乡村振兴建设水平。

（三）存在问题

1. 资源保障与发展需求尚不匹配

目前，浙江省城镇低效用地、闲置土地、批而未供土地总量依然较高，土地要素规模投放对经济增长的边际拉动作用正处于递减阶段；加之，国家对城市开发边界的从严控制，建设用地将呈减量化趋势，土地要素的精准高效配置已成为刚性约束。同时，土地资源保障和高质量发展需求仍不匹配，亟须在优结构、挖潜力、促保障方面下功夫。

2. 耕地占优补优压力日益加大

近年来，浙江省通过农用地整理、低丘缓坡土地开发、滩涂围垦造地等措施补充耕地，已消耗了大量耕地后备资源，使得耕地后备资源持续减少、分布不平衡且补充耕地路径狭窄；尤其是建设占用主要为优质耕地，而部分项目补充耕地质量和管护不到位，“占优补优”压力较大。

3. 永久基本农田保护形势不容乐观

2017年全省各类交通、水利项目占用永久基本农田506.67公顷，农村道路、住宅建设占用永久基本农田400余公顷；加上土地“非农化”趋势未得到有效遏制，农田基础设施屡遭破坏，导致农业综合生产能力下降。特别是随着社会经济的快速发展，全省将陆续立项和开工一批重大建设项目，不可避免占用部分永久基本农田，永久基本农田保护形势较为严峻。

（四）保护和开发利用建议

1. 推动绿色发展，构建生态国土空间新格局

牢固树立“绿水青山就是金山银山”理念，坚持节约资源和保护环境的基本国策，贯彻节约优先、保护优先、自然恢复为主的方针，统筹山水林田湖草系统治理，严格落实生态保护红线、永久基本农田、城镇开发边界“三条控制线”，促进生产、生活、生态国土空间合理布局。探索自然生态空间分类管理、区域准入和用途许可转用制度，建成覆盖自然生态空间的用途管制制度。

2. 助推乡村振兴，建立全域土地整治机制

围绕全省乡村振兴行动计划，大力推进全域土地综合整治，积极推进乡村生态农业建设空间全域优化布局，重点开展“田水路林村”全要素综合整治和高标准农田连片提质建设，继续集中盘活挂钩存量建设用地，精准保障新农村和产业融合发展用地，统一治理修复乡村人居环境等。同时，加快农村土地利用规划编制实施工作，探索开展永久基本农田动态调优，实现建设用地增减挂钩节余指标全省调剂；通过开展全域土地整治，推进碎片化各类用地转变为集中连片管理，为推动生态效益释放、促进乡村振兴奠定坚实基础。

3. 提高用地水平，深化供给侧结构性改革

持续深化土地供给侧结构性改革，处理好存量与增量、城市和农村的关系，加快建立城乡统一的建设用地市场，实现土地利用效率的全面提升和城乡土地要素的交换融合。持续巩固完善“增量撬动存量”的激励机制，全面推进城镇低效用地再开发和城乡建设用地增减挂钩，通过土地一级市场和二级市场的有机联动和高效流通，促进存量建设用地的高效利用；继续坚持“按项目、按占补、按空间”精准安排年度建设用地计划，改进和优化建设用地审批制度，推动差异化、多元化的产业用地政策创新，推进土地集约利用。

4. 强化耕地保护，确保农业综合生产能力

坚守耕地红线，继续实施“152”耕地生态建设保护工程（包括千万亩高标准农田建设工程、垦造和补充耕地工程、农村建设用地复垦工程），全面构建数量、质量、生态“三位一体”的耕地保护新机制。提高耕地保护补偿标准，进一步拓宽耕地补充渠道，将新增优质耕地统筹用于补充耕地。健全耕地地力和土壤环境监测网络，有序开展耕地质量等级评价和土壤污染分类管控，完善县域耕地资源信息管理系统、耕地质量调查监测数据管理系统和永久基本农田（标准农田）质量管理信息系统，建立数据资源共享、信息发布及时和政府决策应用的耕地质量信息化监管平台，为全省耕地质量建设与管理提供信息化服务。

二、水资源

（一）现状

1. 水资源总量和供用水量

（1）水资源总量。2017 年，全省水资源总量 895.35 亿米^3，较 2016 年减少 32.4%，较多年平均减少 6.3%，产水模数为 86.3 万米^3/千米^2，人均水资源量 1 582.7 米^3。流域分区水资源统计总量如图 3-2 所示。

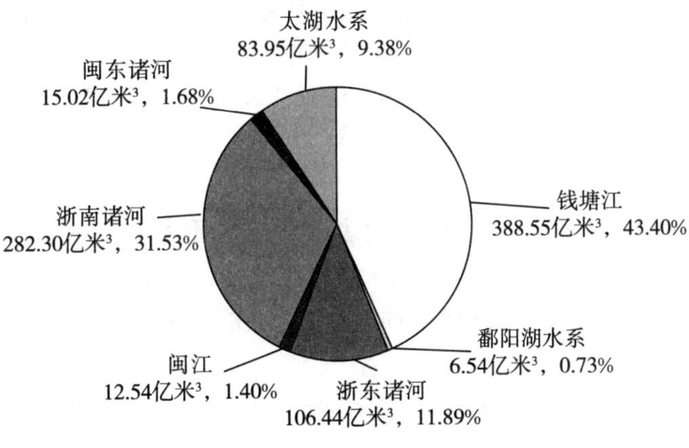

图 3-2　浙江省 2017 年水资源流域分布

全省地表水资源量为 881.95 亿米^3，较 2016 年减少 32.5%，较多年平均值减少 6.6%。地表径流的时空分布与降水量基本一致。全省地下水资源量 204.34 亿米^3，地下水与地表水资源不重复计算量 13.40 亿米^3。

（2）供用水量。2017年，全省年总供水量179.50亿米^3，较2016年减少1.65亿米^3。其中地表水源供水量为176.24亿米^3，占98.2%；地下水源供水量1.31亿米^3，占0.7%；其他水源供水量1.95亿米^3，占1.1%。

2017年，全省年总用水量为179.50亿米^3（不含环境配水量）、较2016年减少1.65亿米^3。全省农业用水量占总用水量的比重较2016年略有回升，城镇公共用水量和生态环境用水量继续呈逐年上升态势（表3-1）。

表3-1　2016—2017年浙江省用水量组成与结构变化

<table>
<tr><th colspan="2" rowspan="2">项目</th><th colspan="2">农业用水量</th><th rowspan="2">工业</th><th rowspan="2">城镇
公共</th><th rowspan="2">居民
生活</th><th rowspan="2">生态
环境</th><th rowspan="2">总计</th></tr>
<tr><th>农田灌溉</th><th>林牧渔畜</th></tr>
<tr><td colspan="2" rowspan="2">2017年用水量
（亿米^3）</td><td colspan="2">80.87</td><td rowspan="2">46.08</td><td rowspan="2">18.54</td><td rowspan="2">28.47</td><td rowspan="2">5.55</td><td rowspan="2">179.50</td></tr>
<tr><td>71.31</td><td>9.56</td></tr>
<tr><td rowspan="6">各类用
水所
占比
重及
变化
（%）</td><td rowspan="2">2017年</td><td colspan="2">45.00</td><td rowspan="2">25.70</td><td rowspan="2">10.30</td><td rowspan="2">15.90</td><td rowspan="2">3.10</td><td rowspan="2">100</td></tr>
<tr><td>39.70</td><td>5.30</td></tr>
<tr><td rowspan="2">2016年</td><td colspan="2">44.71</td><td rowspan="2">26.70</td><td rowspan="2">9.94</td><td rowspan="2">15.62</td><td rowspan="2">3.03</td><td rowspan="2">100</td></tr>
<tr><td>39.16</td><td>5.55</td></tr>
<tr><td rowspan="2">增减数</td><td colspan="2">0.29</td><td rowspan="2">−1.00</td><td rowspan="2">0.36</td><td rowspan="2">0.28</td><td rowspan="2">0.07</td><td rowspan="2">100</td></tr>
<tr><td>0.54</td><td>−0.25</td></tr>
</table>

（3）水资源利用概况。2017年，全省人均综合用水量317.3米^3，人均生活年用水量50.3米^3（城镇公共用水和农村牲畜用水不计入生活用水量中），其中城镇和农村居民人均生活年用水量分别为53.3米^{3}和44.0米^3。农田灌溉亩均年用水量为351米^3，其中水田亩均灌溉年用水量411米^3，农田灌溉水有效利用系数为0.592。万元地区生产总值（当年价）用水量34.7米^3。全省平均水资源利用率为20.0%。

2. 地表水环境

（1）总体水质。2017年，全省地表水总体水质为良。在221个省控断面中，Ⅰ～Ⅲ类水质断面占82.4%，Ⅳ类水质断面占13.1%，Ⅴ类水质断面占4.5%；满足水环境功能区目标水质要求断面占86.0%，主要污染指标为总磷、氨氮和五日生化需氧量。

与2016年相比，Ⅰ～Ⅲ类水质断面比例上升5个百分点，无劣Ⅴ类水质断面；总体水质继续保持良（图3-3）。

（2）八大水系和京杭运河水质。全省八大水系和京杭运河中按Ⅰ～Ⅲ类水质断面比例从高到低排列依次为：钱塘江/曹娥江/椒江/瓯江/飞云江/苕溪（均为100%）、甬江、鳌江、京杭运河。与2016年相比，京杭运河水质明显好转，甬江水质有所好转，其余各水系水质基本保持稳定（图3-4）。

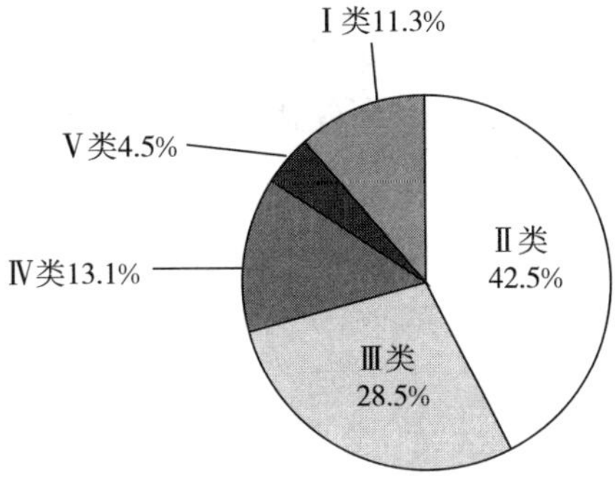

图 3－3　2017 年浙江省总体水质类别组成比例

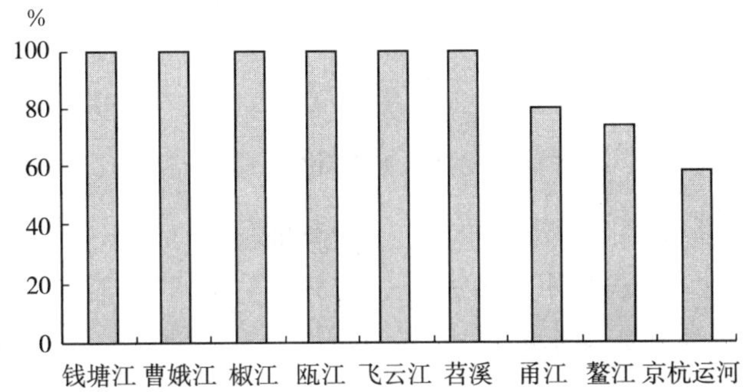

图 3－4　2017 年浙江省八大水系和京杭运河Ⅰ～Ⅲ类水质断面比例

甬江、鳌江和京杭运河等水系中部分河流（段）水质相对较差，部分指标浓度超过Ⅲ类标准（表 3－2）。

表 3－2　2017 年浙江省八大水系和京杭运河主要污染河流（段）及污染指标

水系	主要污染河流（段）	主要污染指标
甬江	奉化江	五日生化需氧量
	县江	石油类
鳌江	干流下游	（溶解氧）
京杭运河	杭州段	（溶解氧）
	嘉兴段下游	石油类、化学需氧量、总磷

（3）主要湖库水质和营养状况。湖库水质状况：在 4 个省控湖泊中，西湖和东钱湖水质为Ⅲ类；鉴湖和南湖水质分别为Ⅳ类和Ⅴ类，主要污染指标均为总磷。12 个省控水库水质为Ⅰ～Ⅱ类。与 2016 年相比，东钱湖水质由Ⅳ类好转为Ⅲ类，其余各湖库总体水质无明显变化。

湖库营养状况：在省控湖库中，鉴湖为轻度富营养，南湖为中度富营养，湖南镇水库、白溪水库和千岛湖为贫营养，其余为中营养。与 2016 年相比，长潭水库由贫营养转为中营养，其余各湖库营养状态级别无变化（图 3－5）。

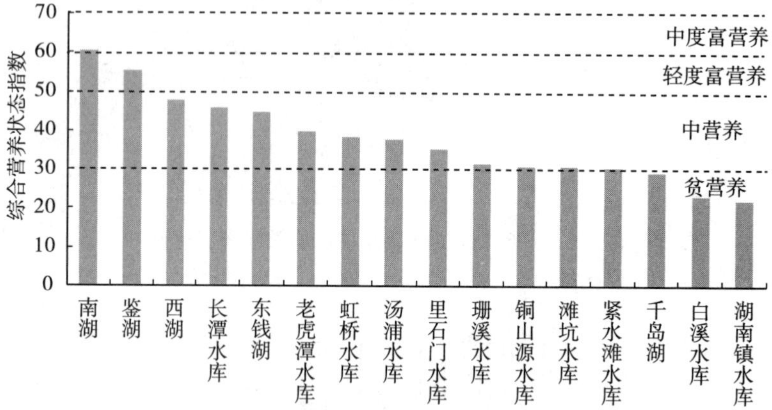

图 3－5　2017 年浙江省主要湖库富营养化状况比较

（4）平原河网水质。平原河网 42 个省控断面水质为Ⅲ～Ⅴ类，其中Ⅲ类水质断面占 38.1%，Ⅳ类水质断面占 42.9%，Ⅴ类水质断面占 19.0%；满足水环境功能区目标水质要求断面占 47.6%，主要污染指标为氨氮、总磷和五日生化需氧量。与 2016 年相比，Ⅲ类水质断面增加 3 个，Ⅳ类增加 2 个，Ⅴ类增加 1 个，劣Ⅴ类减少 6 个，总体水质明显好转。高锰酸盐指数、氨氮和总磷年均浓度较 2016 年分别下降 2.2%、24.1%和 14.1%（图 3－6）。

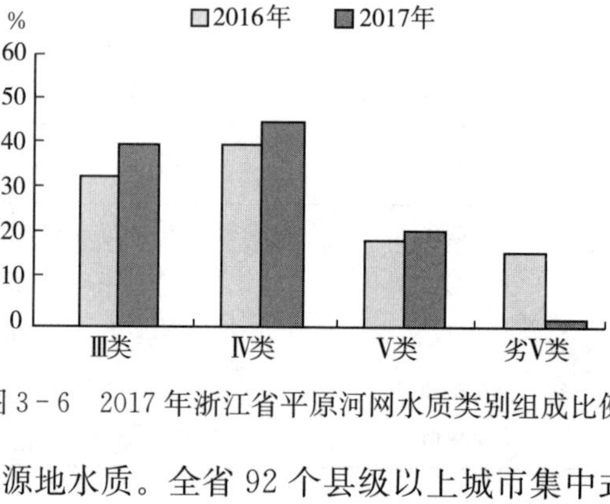

图 3－6　2017 年浙江省平原河网水质类别组成比例

（5）饮用水水源地水质。全省 92 个县级以上城市集中式饮用水水源个数达标率为 93.4%，较 2016 年上升 2.3 个百分点；水量达标率为 96.4%，较 2016 年上升 3.4 个百分点。11 个设区城市主要集中式饮用水水源个数达标率为 90.5%，与 2016 年持平；水量达标率为 97.4%，较 2016 年上升 1.2 个百分点。设区城市主要集中式饮用水水源生物监测结果表明，水源地藻类群落组成随季节变化而不同；有 1 处水源地检出微囊藻毒素-LR，但未超出《地表水环境质量标准》（GB 3838—2002）标准限值 1 微克/升的要求。与 2016 年相比，藻类群落结构健康程度变化不明显。

（6）地表水交接水体水质。2017 年，在全省 145 个跨行政区域河流交接断面中，Ⅰ～Ⅲ类水质断面占 90.3%，Ⅳ类水质断面占 6.2%，Ⅴ类水质断面占 2.8%，劣Ⅴ类水质断面占 0.7%；满足水环境功能区目标水质要求断面占 90.3%。与 2016 年相比，Ⅰ～Ⅲ类水质断面比例上升 3.4 个百分点，劣Ⅴ类水质断面比例下降 0.7 个百分点；满足水环境功能区目标水质要求断面比例上升 2.8 个百分点。高锰酸盐指数、氨氮和总磷单项指标达标率分别为 99.3%、95.9%和 93.1%，氨氮、总磷达标率较 2016 年分别上升了 0.7 个、2.8 个百分点，高锰酸盐指数达标率持平（图 3-7）。

（7）重点流域水质。2017 年，钱塘江流域 32 个交接断面（市界 10 个、县界 21 个、入杭州湾 1 个）中，Ⅰ～Ⅲ类水质断面占 100%，满足水环境功能区目标水质要求断面占 100%，均与 2016 年持平。高锰酸盐指数、氨氮和总磷单项指标达标率均为 100%，与 2016 年持平。

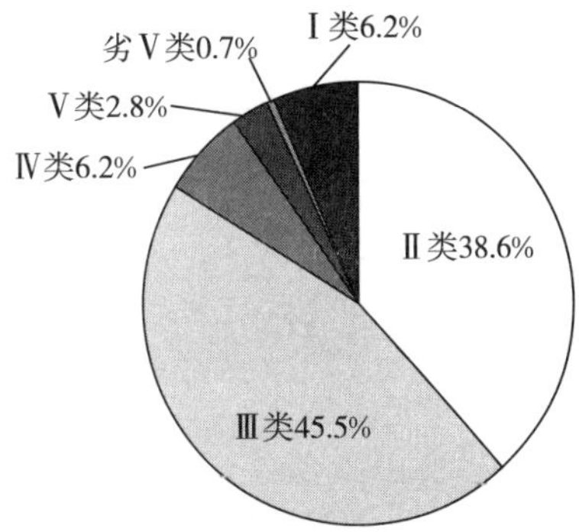

图 3-7　2017 年浙江省交接断面水质类别组成比例示意

2017 年，太湖流域 44 个地表水监测断面水质为Ⅱ～Ⅴ类，其中Ⅱ类和Ⅲ类水质断面 30 个，占 68.2%（Ⅱ类 20.5%，Ⅲ类 47.7%）；Ⅳ类 13 个，占 29.5%；Ⅴ类 1 个，占 2.3%；满足功能要求断面占 70.5%。与 2016 年相比，达到或优于Ⅲ类水质断面比例上升 20.5 个百分点，劣Ⅴ类水质断面下降 4.5 个百分点；满足功能要求断面比例上升 18.2 个百分点，总体水质明显好转。

3. 海洋水环境

（1）近岸海域水质。2017 年，全省近岸海域水质状况总体保持稳定。夏、秋季海水水质状况优于春、冬季，符合Ⅰ、Ⅱ类海水水质标准的面积占比分别为 26%和 28%。劣Ⅳ类海水主要分布在主要海湾、河口海域以及沿岸局部区域。海水中主要超标指标为无机氮和活性磷酸盐。多年夏季监测结果显示，2017 年符合劣Ⅳ、Ⅳ类海水水质标准的海域面积占比以及符合Ⅰ、Ⅱ类海水水质标准的海域面积占比基本保持在多年均值水平。

2017 年全省近岸海域水体总体呈中度富营养化状态。其中嘉兴近岸海域和杭州湾水体处于严重富营养化状态，象山港、乐清湾、三门湾为中度富营养化状态。与2016年相比，海域水体富营养化指数下降30.8%，其中乐清湾、三门湾由重度转为中度。

（2）海水增养殖区环境状况。2017年，全省继续对7个重点海水养殖区和3个海水增殖区实施环境质量监测。结果表明，全省7个重点海水养殖区综合环境质量为优良或较好，基本满足养殖区功能要求；全省3个海水增殖区环境质量均为优良，满足增殖区功能要求；无机氮和活性磷酸盐均为影响海水增养殖区环境质量的主要因子。

（二）保护和利用情况

1. 水利设施建设成效明显

2017年，全年完成病险水库除险加固116座、河湖库塘清淤11 467万米^3、河道综合整治2 920公里、海塘河堤加固完工144公里、水土流失治理500.48千米^2；综合整治圩区2.33万公顷、山塘606座；新增高效节水灌溉面积1.87万公顷、完成农村水电站增效扩容和生态修复75座、滩涂圈围3 691公顷。

2. 水环境保护治理全面加强

2017年，全省实施劣Ⅴ类水剿灭行动，河道综合整治6 963公里，劣Ⅴ类水质断面全部消除，劣Ⅴ类小微水体基本消除，提前三年完成国家“水十条”下达的消劣任务，水质提升再上一个新台阶。继续加大水岸共治力度，建立跨市上下游水环境共保协调机制，推进城镇截污纳管、农村污水处理“两覆盖”，所有城镇污水处理厂均完成一级A提标改造工程，农村生活污水治理提标改造村1 777个、受益农户40.8万余户，全省基本实现农村生活污水治理行政村全覆盖。进一步加大统筹陆海治理力度，扎实推进省级重点流域水污染防治，加强温台平原河网污染治理，严控陆源排海污染，加强近岸海域污染整治，全面清理整治303个非法或设置不合理的入海排污口。

3. 农业水价综合改革稳步推进

2017年，进一步扩大农业水价综合改革试点范围，选取南浔区等12个县（市、区）为第二批试点，积极探索平原、山区、海岛等不同类型地区的改革模式。以开展农田水利设施产权制度改革和创新运行管护机制国家试点为契机，结合省情、水情、农情、民情，点面结合，边试边推，初步探索建立以“三自一权”（自愿申报、自主建设、自我管理、明晰工程产权）和“两证一书”（所有权证、使用权证、管护责任书）制度为核心的农田水利建管新机制，鼓励探索涉水事务“民间自治”，提高基层水利组织化程度，让农民成为农田水利建管的主体。

（三）存在问题

1. 农田水利建设与管理仍需加强

总体上，全省大中型灌区骨干渠系工程配套率、完好率有待提高，低洼易涝区农田排涝工程建设标准偏低，喷微灌、地下管道灌溉等先进灌溉技术推广面积占有效灌溉面积的比例较小，农田灌溉尚有较大的节水减排潜力。同时农田灌溉用水量监控设施缺乏，农田水利设施产权不明晰，管护责任难以有效落实，存在重建轻管现象，农田水利工程管理水平仍有很大的提升空间。

2. 水资源利用效率有待提升

浙江省当前农业用水效率还有待提高，水资源刚性约束有待加强，尚未达到水资源消耗总量和强度双控行动及倒逼经济结构转型升级的要求。同时，浙江省处于重点水源和骨干引调水工程建设期，在形成更广范围的水资源配置网络后，如何落实先进有效的管理手段，合理配置与调度有限的水资源成为亟待解决的新课题。

3. 水资源管理有待强化

浙江省水资源管理还存在一些薄弱环节，水资源管理的基础支撑不够坚实，存在着水量监控体系不健全、水质监测规范化滞后、水资源和水环境承载能力家底不清、水资源管理信息化程度不高、用水定额刚性不足等问题。同时，水资源管理能力建设总体滞后，基层水资源管理队伍普遍较为薄弱，技术支撑力量少，管理人员业务水平参差不齐，依法行政意识还不够强，难以适应新的形势和发展需要。

（四）保护和开发利用建议

1. 进一步提升水环境质量

切实巩固剿劣成果，建立劣Ⅴ类水体复查机制，严防反弹回潮。强化源头控制，加强涉水行业环境管理，淘汰落后和严重过剩产能企业 1 000 家，整治涉水特色行业 200 家和“脏乱差”“低小散”问题企业（作坊）10 000 家，完成六大重点行业清洁化改造。健全水功能区监督管理制度，提高水功能区纳污能力，限制排污总量，加强新建、改建或扩建项目的入河排污口设置审核和规范化建设。

2. 继续加强农业农村污染治理

着力深化畜禽养殖污染治理，存栏 500 头以上规模养殖场全部建设封闭式集粪棚，敏感区域大型规模养殖场逐步建设臭气收集系统，建成美丽牧场 200 个；探索建设氮磷生态拦截沟渠示范点 200 个，实现化肥减量 1 万吨、农药减量 500 吨。完善农药废弃包装物回收处置机制，回收率、处置率分别达 80%

和90%以上。加强农村生活污水处理运维管理，进行出水水质监督性监测，建设农村生活污水处理设施标准化运维试点500个；出台农家乐餐饮废水处理技术规范，加大农家乐餐饮含油污水治理力度。推进水产养殖绿色发展，发布县级养殖水域滩涂规划编制80个，建设水产养殖尾水生态化治理示范场（点）500个。

3. 强化近岸海域污染防治

强化入海排污口整治，对入海排污口（入海河流、溪闸）基本信息、排污与管理状况加强动态管理，完成100个入海排污口规范化整治提升。加强港口船舶污染控制，新投入使用的沿海船舶执行新标准；加快推进港口和船舶污染物接收、转运及处置设施建设方案，内河设区的市级以上人民政府完成方案建设内容50%以上。强化船舶港口监测和监管能力建设，运行完善船舶污染物接收、转运、处置监管联单制度和联合监管制度，加强对船舶防污染设施、污染物偷排漏排行为的监督检查。

4. 切实提高防洪排涝能力

加快重大水利工程和灾后薄弱环节建设，大力推进“百项千亿防洪排涝工程”建设，基本完成重大工程前期工作。推进大中型水库防洪能力恢复提升，加快大中型水库除险加固、综合整治，完成150座水库安全鉴定和100座小型水库除险加固任务。开展沿海海塘防御能力评估，积极推进钱塘江河口高标准海塘建设，恢复和提升沿海海塘防潮能力。

5. 全面开展节水护水行动

全面实施县域节水型社会达标建设，重点完成第一批20个左右县（市、区）国家达标任务，建成一批具有地方特色的节水示范工程，形成一批具有推广价值的节水管理制度和先进经验。加快推进大中型灌区节水配套改造、高效节水灌溉“四个百万工程”，推广水肥一体化、自动化灌溉等高效节水灌溉新技术、新设备，着力解决农田灌溉“最后一公里”问题，全年新增高效节水灌溉面积1.67万公顷，农田灌溉水有效利用系数提高到0.593。全面清理饮用水源安全隐患，建立健全饮用水水源地“一源一策”管理机制；对20个省级以上重点湖库开展生态安全评估，编制实施良好湖泊生态保护方案；加强饮用水水源水质监测监控，做好钱塘江等重点河湖蓝藻防控工作。

6. 积极推进河湖生态修复

出台省级湖长制实施意见和市县湖长制实施方案，实现省、市、县、乡、村五级湖长全覆盖；构建高效便捷的河（湖）长制信息管理体系，建立河（湖）长制管理大数据中心，全面实现河（湖）长履职在线考核；逐步构建务实管用的技术标准体系，加快推进“一河（湖）一策”编制，启动河湖标准化管理试点建设。全域改善“水生态”、全力营造“水景观”、全面彰显“水文化”、全线强化“水管控”，创建美丽河湖 100 条（个），建设省级湿地公园 10 处以上。加快推进百河综治工程建设，完成中小流域综合治理 500 公里。持续开展河湖库塘清淤，探索建立清淤轮疏长效机制，完成河湖库塘清淤 7 000 万米^3。

三、森林资源

（一）现状

1. 森林资源概况

根据 2016 年浙江省森林资源年度监测结果：全省林地面积 660.00 万公顷，其中森林面积 605.91 万公顷，疏林地 1.68 万公顷，一般灌木林地 15.09 万公顷，未成林造林地 7.91 万公顷，苗圃地 5.26 万公顷，迹地 7.18 万公顷，宜林地 16.97 万公顷。

在全省森林面积中，乔木林（不含乔木经济林）占 69.07%，经济林（不含经济竹林）占 15.75%，竹林占 15.18%（图 3－8）。

全省活立木总蓄积 34 996.31 万米^3，其中森林蓄积占 90.09%，疏林蓄积占 0.08%，散生木蓄积占 6.16%，四旁树蓄积占 3.67%。活立木蓄积按组成树种分：松木类蓄积占 25.11%，杉木类蓄积占 25.91%，阔叶树类蓄积占 41.91%，经济树种类蓄积占 4.78%，灌木树种类蓄积占 2.29%（图 3－9）。

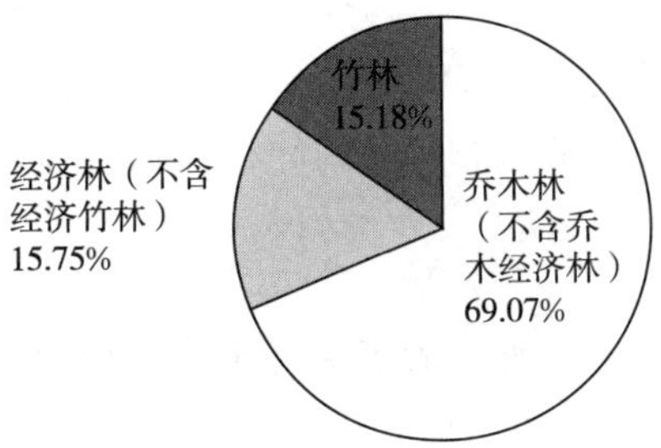

图 3－8　2017 年浙江省森林面积组成

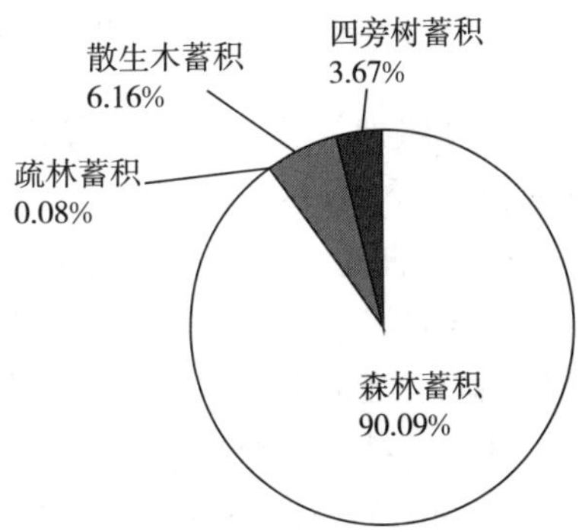

图 3－9　2017 年浙江省活立木总蓄积组成

全省毛竹总株数 297 888 万株，毛竹林每公顷立竹量 3 413 株，当年生新竹占毛竹总株数的 16.42%。

全省乔木林（含乔木经济林）单位面积蓄积量 73.49 米^3/公顷，其中天然乔木林 70.89 米^3/公顷，人工乔木林 80.64 米^3/公顷。乔木林分平均郁闭度 0.61。

按浙江省以往同比计算口径，全省森林覆盖率为61.00%，其中按现行口径计算的森林覆盖率59.52%，一般灌木林覆盖率1.48%，继续位居全国前列。

2. 森林资源结构

森林起源结构：全省天然林面积占森林面积的60.22%，蓄积占森林蓄积的70.73%；人工林面积占森林面积的39.78%，蓄积占森林蓄积的29.27%。

森林林种结构：全省防护林面积占41.28%，特用林面积占3.08%，用材林面积占39.89%，经济林面积占15.75%。

乔木林龄组结构：全省乔木林中，幼龄林、中龄林面积所占比重较大，二者合计的面积、蓄积分别占总数的68.81%和57.72%，全省乔木林仍然以幼龄林和中龄林为主体（图3-10）。

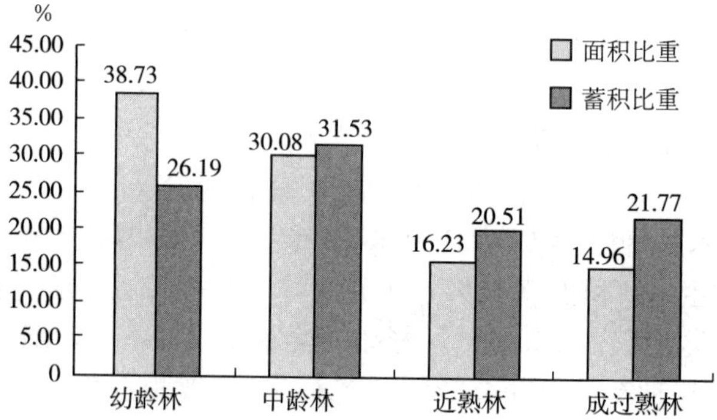

图3-10　2017年浙江省乔木林各龄组面积和蓄积比重

乔木林树种类型结构：全省针叶林面积占38.40%，蓄积占44.50%；阔叶林面积占45.03%，蓄积占39.49%；针阔混交林面积占16.57%，蓄积占16.01%。全省阔叶林、针阔混交林面积呈逐年增长态势，阔叶林面积已超过针叶林面积。

3. 森林生态状况

森林群落结构：全省乔木林的群落结构比较完整，在乔木林中，完整结构面积占61.45%；较完整结构面积占38.16%；简单结构面积占0.39%。

森林自然度：自然度为Ⅲ级及以上的森林面积占5.6%，Ⅳ级的森林面积占53.43%；Ⅴ级的森林面积占40.97%。总体而言，由于人为活动的长期影响，浙江省原始林或接近原始的次生林面积非常少，森林类型自然度等级不高。

森林健康：全省森林健康状况较好，达到健康等级的森林面积居于绝对优势地位。其中达到健康的面积比例为97.11%，健康等级为亚健康、中健康、不健康的面积比例分别为2.45%、0.40%和0.04%。

森林灾害：全省无林木受害或受害比例在10%以下的森林面积占98.34%，遭受了不同程度灾害的面积占1.66%。其中灾害等级达到轻度、中度和重度的受害面积占森林面积的比例分别为1.15%、0.39%和0.12%。从受害面积的各灾害类型看，森林病虫害占61.93%，雪压、风折（倒）等气候性灾害占33.30%，森林火灾占4.77%。

森林生态功能：全省森林生态功能指数为0.506 0，属中等水平；森林生态功能好、中、差三个等级的面积所占比例分别为1.30%、83.42%和15.28%。

森林生物量：全省森林植被总生物量49 823.28万吨。其中乔木林群落38 837.08万吨，竹林群落5 810.54万吨，灌木林群落2 071.72万吨，其他类型182.79万吨，散生木四旁树（竹）2 921.15万吨。

森林碳储量：全省森林植被总碳储量24 675.76万吨。其中乔木林群落19 262.90万吨，竹林群落2 855.23万吨，灌木林群落1 009.37万吨，其他类型91.50万吨，散生木四旁树（竹）1 456.76万吨。

森林生态服务功能价值：全省森林固定二氧化碳6 469.41万吨，释放氧气4 723.07万吨；森林生态服务功能总价值5 342.62亿元，林地平均每公顷年生态效益8.09万元。

4. 湿地资源

全省湿地总面积继续稳定保持在111.01万公顷（不含水田面积，下同），占全省国土面积的10.9%。其中近海与海岸湿地、河流湿地、湖泊湿地、沼泽湿地、人工湿地分别占全省湿地总面积的62.38%、12.72%、0.79%、0.07%和24.04%。全省拥有国际重要湿地1个、国家重要湿地4个、省重要湿地80个，面积13.3万公顷。

2017年全省已建有湿地及与湿地有关的自然保护区11个，面积15.04万公顷；建立湿地类型自然保护小区30个，面积0.62万公顷；建立国家湿地公园12个、国家城市湿地公园4个、省级湿地公园37个。其中，新增国家湿地公园1个、面积723.67公顷，省级湿地公园18个、面积9 960.78公顷。湿地保护总面积26.40万公顷，比2016年增加1.0万公顷。

5. 自然保护区

2017年全省拥有省级以上森林和野生动物类型自然保护区18个，比2016年增加1个，其中国家级自然保护区9个、省级自然保护区9个（安吉龙王山省级自然保护区升格为安吉小鲵国家级自然保护区）；新建莲都峰源省级自然保护区，总面积10.92万公顷；全省建立各种类型自然保护小区353个，面积6.77万公顷。

（二）保护和利用情况

1. 森林资源质量稳步提高

与2016年相比，森林资源质量稳步提高，主要体现在：乔木林单位面积蓄积量由69.41米^3/公顷上升到73.49米^3/公顷；乔木林单位面积蓄积量增加了4.08米^3/公顷、乔木林郁闭度增加0.01；幼中龄林与近成过熟林的比重由69.9∶30.1调整为68.8∶31.2，林龄结构朝着逐渐合理分布的可持续经营方向发展。乔木林树种类型结构中，针叶林、阔叶林、针阔混交林的面积比例由40.0∶43.4∶16.6调整为38.4∶45.0∶16.6，阔叶林比重超过针叶林，阔叶林和针阔混交林的比重超过60%，且持续上升。

2. 国土绿化美化高水平推进

2017年，全省继续以绿化造林和森林抚育为重点，全年完成造林更新面积1.8万公顷；完成平原绿化1.11万公顷，森林通道建设2 966公里、0.29万公顷，通道沿线林相改造1.17万公顷。推进千万亩珍贵彩色健康森林建设，完成森林抚育面积2.77万公顷。持续推进古树名木专项保护，强化古树名木主题公园打造，全面完成6 000多株国家一级保护及亟须救助古树名木的专项保护和近200个古树名木主题公园打造。公益林优质林分面积达到246.67万公顷，省级以上公益林补偿标准提高到每亩31元，其中大江大河源头县和省级以上自然保护区提高到每亩40元，为全国各省区最高。新创建现代国有林场9个，增强了国有林场发展活力。

3. 森林资源保护进一步加强

加大对重大基础设施、重大产业和民生项目使用林地的服务保障，规范工矿开发和经营性项目使用林地的管理，全年使用林地定额5 254公顷。森林消防工作卓有成效，全年发生森林火灾70起，受害森林面积250.6公顷，与2016年相比分别下降15.7%和20.0%，继续维持历史最好成绩，没有发生重特大森林火灾和扑火人员伤亡事故。森林病虫害防控得到加强，全年完成松材线虫病清理面积11.79万公顷，拔除宁波镇海松材线虫病疫区。古树名木保护得到进一步加强，省人民政府颁布出台了《浙江省古树名木保护办法》，为全省近30万株古树名木撑起了“保护伞”。

4. 现代林业经济快速发展

现代林业经济示范区建设扎实推进，积极开展湖州、桐庐现代林业经济示范区试点；木本油料基地稳步发展，全年新建油茶、香榧、山核桃等生产基地7 133.33公顷，常山县被授予“全国木本油料特色区域示范县”称号；森林休闲养生业方兴未艾，在永嘉等5个县开展森林休闲养生试点，全年新增森林特色小镇25个、森林人家58个，森林旅游与休闲服务产值1 661亿元，比

2016 年增长了 24.5%；林业品牌战略深入实施，全年有 13 个林产品被评为浙江名牌产品，16 个林业品牌入选浙江知名农产品品牌百强榜。

（三）存在问题

1. 森林灾害形势依然严峻

目前，浙江省森林消防和有害生物防控形势依然严峻，森林火灾的隐患和松材线虫病疫点增多的趋势还未从根本上得到遏制，森林安全保护压力仍然巨大，亟须强化防控责任和措施落实，加强防控能力建设，减轻森林灾害损失。

2. 森林质量尚有较大提升空间

当前浙江省森林质量不高、人工林质量差、天然林低质化、森林结构不合理等问题仍然存在，森林质量尚有较大提升空间，亟须加快森林质量精准提升，通过疏伐补植、人工诱导天然更新、渐进式树种置换等方法逐步提高森林资源质量，改变树种结构，增强森林生态系统健康与稳定性。

3. 林业产业发展水平有待提高

总体而言，浙江省林业产业尚未摆脱发展粗放、林地产出率和经济效益偏低状况；林业规模企业、品牌企业少，市场竞争力不强，特别是缺少全国性乃至全球性的品牌大企业；林业产业相对滞后，毛竹、珍稀干果、野生动植物驯养繁殖、森林旅游等特色优势产业的增收潜力远未发挥，林产品附加值不高；一二三产深度融合，主体协作紧密、产业链条完整、利益联结高效、竞争能力较强的现代林业经济发展模式尚未形成。

（四）保护和开发利用建议

1. 发展珍贵彩色森林，努力丰富美丽浙江底色

按照国家启动大规模国土绿化和乡村绿化美化行动的要求，围绕全省“大花园”建设，以平原绿化、迹地更新、林相改造为重点，持续推进绿化造林，继续高水平推进珍贵彩色森林建设和平原绿化。认真开展森林抚育、珍贵彩色森林建设，积极组织实施珍贵树种赠苗造林、基地建设、补植培育、四旁植树、发展示范五大行动，分解落实“新植 1 亿株珍贵树”年度建设任务。持续推进古树名木专项保护，打造古树名木主题公园，完善古树名木认养、综合保险长效机制。大力推进营造林工程化管理，建立健全工程化管理制度；探索开展目标树培育试点，提高单株木材品质价值，精准提升森林质量。

2. 加强生态资源保护，全力维护国土生态安全

充分发挥林地定额的调控作用，科学安排各级林地定额使用计划，切实保障重大项目使用林地。扎实推进“一区两园”建设，在典型生态系统和珍稀动植物分布区域积极划建自然保护区。同时，切实做好省级湿地公园晋升和国家

湿地公园建设试点工作；进一步加强森林资源管理，充分应用遥感等新技术，按照“统一处理卫片、分级现地检查、重点抽查督办”的要求开展森林资源执法检查，全面推进森林资源“一张图”动态更新。建立健全林业行政审批事中事后监管制度，扩大“双随机”抽查范围，推动省、市、县三级“双随机”检查常态化。

3. 加快三产融合发展，充分发挥兴林富民潜力

围绕林业一二三产深度融合，编制并实施新一轮主导产业发展行动计划，推动林业主导产业高质量发展。继续抓好德清现代林业经济示范区、龙游竹产业提升发展试点县、常山油茶产业示范县等试点示范，新建一批现代林业经济示范区。大力推广“一亩山万元钱”生态富民模式，建立科技人员挂钩帮扶机制，以市场为导向，加强示范样板基地建设，不断丰富模式内涵。积极发展森林休闲养生业，组织好森林特色小镇、森林人家申报和命名工作。继续举办第11届中国义乌国际森林产品博览会，办好中国（温州）森林旅游节、中国（萧山）花木节等展会节庆活动。

4. 强化森林灾害防控，切实巩固生态建设成果

严格落实森林消防工作责任制，强化野外火源管控，加快专业、半专业扑火队伍建设，充分利用直升机开展侦察、扑火、巡护等航空护林作业，提升森林消防综合防控能力。按照分类施策的原则加强松材线虫病防治，加大松林主动改造力度，加快主干道两侧、景区周围、城镇周边、疫区前沿的松林改造。切实加强对美国白蛾及其他危害经济林、珍贵树木有害生物的监测，有序推进林业有害生物防治和监测的社会化服务。加强野生动物疫源疫病监测，进一步完善监测体系，强化重点时节、重点区位和重点疫病的防控。加强平安林区建设，严厉打击毁林开垦、乱砍滥伐、破坏野生动植物等违法犯罪行为。

四、渔业资源

（一）现状

1. 海洋渔业资源

2017 年全省海水养殖总面积 7.60 万公顷，比 2016 年减少 3.52%，其中海上养殖 2.18 万公顷，比 2016 年增加 4.88%；围塘养殖 2.58 万公顷，比 2016 年减少 0.64%；滩涂养殖 2.93 万公顷，比 2016 年减少 8.64%。

2. 淡水渔业资源

2017 年，全省内陆渔业水域养殖面积 19.80 万公顷，比 2016 年减少 2.03%。其中池塘养殖 9.11 万公顷，比 2016 年增加 2.17%；湖泊养殖 0.23 万公顷，比 2016 年增长 4.35%；水库养殖 8.53 万公顷，比 2016 年减少

0.76%；河沟养殖 1.47 万公顷，比 2016 年减少 28.15%；其他养殖 0.47 万公顷，比 2016 年增长 5.89%。稻田养殖 7.30 万公顷，比 2016 年减少 5.33%。

（二）保护和利用情况

1. 渔业水域环境监测有序开展

2017 年，全省对 3 个产卵索饵场、17 个养殖（渔业用水）区、4 个增殖放流区和 3 个水产种质资源保护区四大类共 27 个区域的渔业水域环境开展监测评价工作，对 1 个典型养殖水域和 1 个典型水产种质资源保护区开展了夏季航次沉积物质量状况监测。结果表明，2017 年浙江省主要渔业水域质量总体上符合渔业环境水质功能要求。全年 27 个渔业水域监测区域水体质量总体状况为优的占 29.6%，较 2016 年下降 11.1 个百分点；为良的占 59.3%，较 2016 年上升 11.1 个百分点；为中的占 11.1%，与 2016 年持平。

2. 渔业经济总体持续向好

2017 年全省渔业经济总产出 2 043.2 亿元，比 2016 年增长 2.1%；其中渔业总产出 758.5 亿元，比 2016 年增长 4.5%。全省水产品总产量 594.5 万吨，比 2016 年增长 1.7%。其中国内海洋捕捞 309.3 万吨，比 2016 年减少 6.7%；海水养殖 116.3 万吨，比 2016 年增长 19.6%；淡水养殖 110.7 万吨，比 2016 年增长 5.3%；淡水捕捞产量 11.4 万吨，比 2016 年增长 24.3%；远洋渔业产量 46.8 万吨，比 2016 年增长 12.9%。全省水产品出口量 34.6 万吨、出口额 14.6 亿美元，比 2016 年分别减少 19.9%和 14.6%。全省规模以上水产品交易市场成交量 367.7 万吨、比 2016 年增长 5.1%，成交额 708.6 亿元、比 2016 年增长 4.8%。全省休闲渔业主体 2 408 个、从业人员 20 651 人，比 2016 年分别增加 23.6%和 14.5%；产出 24.3 亿元，比 2016 年增长 28.4%。

3. 机动渔船继续呈双降趋势

2017 年末，全省机动渔船拥有量 3.40 万艘、比 2016 年减少 14.4%，总功率 450.8 万千瓦、比 2016 年减少 3.4%。其中，海洋捕捞机动渔船 1.76 万艘，比 2016 年减少 7.4%，总功率 347.5 万千瓦，比 2016 年减少 5.4%；远洋渔船 617 艘，功率 60.1 万千瓦，分别比 2016 年增加 6.7%和 16.0%；内陆捕捞机动渔船 6 184 艘，功率 6.6 万千瓦，分别比 2016 年减少 22.4%和 18.0%；养殖机动渔船 7 613 艘，总功率 8.4 万千瓦，分别比 2016 年减少 24.1%和 18.4%。

4. 渔场修复振兴扎实推进

贯彻落实省人大常委会保护幼鱼决定和国家新海洋伏休制度，持续深化

"三战"（幼鱼保护攻坚战、伏季休渔保卫战、禁用渔具剿灭战）执法，紧紧围绕"抓伏休、治渔具、护幼鱼"，全面发动、全域管控、全力推进，打非治违取得了重大突破。全省共查获各类违法违规案件 2 198 起，查处"三无"渔船 729 艘，清缴违禁渔具 26.7 万余顶（张），没收违禁渔获物 135 万余千克，对 52 艘违规渔船扣减生产补贴，移送刑事案件 254 起、移送涉案人员 1 171 人，两项移送指标均超过了"一打三整治"行动前几年的总和，为渔场修复振兴提供有力保障。

（三）存在问题

1. 渔场修复振兴面临新难题

渔场修复振兴主要面临挂靠渔船监管难、滥捕幼鱼打击难、"三无"渔船处置难、擅自变更作业查处难、辅助船舶管理难以及流通渠道管控难的"六大难题"，亟须进一步加大治理体系和能力建设，提升监管合力，确保"三战"举措部署落实到位。

2. 养殖尾水治理任务艰巨

水产养殖业还存在诸如水产养殖主体低、小、散，传统高密度养殖模式对环境存在污染隐患，生产者缺乏有效的水产养殖污染防治观念和意识，缺乏养殖尾水排放强制性标准，以及养殖尾水治理科技水平还有待提升等一系列问题，养殖尾水治理任务艰巨。

3. 三产融合发展相对滞后

目前，全省渔业三产融合还未完全摆脱传统经营理念的束缚，存在发展方式粗放、技术手段落后、综合效益不高、易造成渔业资源破坏等问题，使得新产业新业态发展滞后，各产业间融合度不够，缺乏持续带动渔民增收致富的能力。

（四）保护和开发利用建议

1. 严格落实生态红线划定

按照《浙江省生态保护红线划定方案》的要求，进一步提高对生态保护红线划定工作重要性的认识，做到生态红线落地准确、边界清晰，处理好保护与发展、全局与局部、现状与未来、面上与重点等关系；同时进一步做好划定方案与陆海统筹、各类规划统筹以及上下左右的衔接与修改工作，完善管控措施和配套政策，做到从严管控、分类管控和有效管控。

2. 纵深推进渔场修复振兴

按照"打治并举、堵疏结合、创新机制、提升效能"要求，全面构建渔业管控长效机制，纵深推进浙江渔场修复振兴，继续开展幼鱼资源保护战、伏休成果保卫战和禁用渔具剿灭战，严管"四类船"（休闲船、渔运船、拖虾船、异地挂靠船)、严打“三种行为”(提前开捕、违规偷捕、线内拖捕)、严守三个“零容忍”(涉渔“三无”船舶、绝户网、滥捕幼鱼)。

3. 深化渔业结构战略性调整

围绕深化渔业结构战略性调整主线，大力发展绿色渔业，着力提升虾蟹、甲鱼、珍珠、贝类等传统优势主导产业，打造“产、加、销、旅”全产业链，积极推广循环水养殖、深水网箱、浅海贝藻立体养殖、稻鱼综合种养、海上一线保鲜保活等新技术新模式。加强与“一带一路”沿线国家渔业合作，扶持发展远洋渔业，加快舟山国家远洋渔业基地建设，组织举办渔业投资推荐洽谈会，推动远洋渔业从“以捕为主”转向“全面合作”。积极培育壮大品质渔业，大力发展特色（最美）渔村、休闲渔业、渔家民宿、“海洋牧场+”、渔事节庆等新产业新业态，加快推进“互联网+现代渔业”，培育渔业众筹、电商、个性化定制等新模式和水产“名品名牌”，促进渔业“生产、生活、生态”深度融合以及“品质、品牌、品位”建设协同推进。

五、种质资源

（一）现状

1. 农作物种质资源

2017年全省审定通过了42个主要农作物品种，其中水稻22个、玉米12个、大豆4个、小麦2个、蚕2个，省内自主育成品种占比87.5%，稻瘟病抗性达中抗以上品种占比47.6%，优质米（三等以上）品种占比71.4%，产量比对照平均增加10%以上，审定通过品种的绿色优质指标明显提升；公布2批共43个省外审定同一生态适宜区域主要农作物优良品种的引种，其中水稻3个、玉米34个、大豆6个；组织鉴定水稻不育系7个。

2. 林业种质资源

2017年，全省通过国家级林木品种审定1个、通过省级林木品种审（认）定14个，获得国家林业局林业植物新品种授权10个。目前，全省共有国家级林木种质资源库10处，其中国家林木种质资源库7处、国家花卉种质资源库3处；省级公共林木种质资源库14处、其他种质资源圃2处；省级以上重点林木良种基地22处（其中国家重点林木良种13处）；保存了50余个树种的种质资源2万余份。

3. 畜牧业种质资源

根据2017年公布的《浙江省畜禽遗传资源保护名录》，全省现有畜禽遗传资源主要有猪、禽、牛、羊、兔、蜂等共56个品种（类群、品系），其中地方品种（类群）33个（占58.9%）、培育品种（品系）9个（占16.1%）、引进品种 14 个（占 25.0%）。新发现的奉化水鸭、雁荡麻鸡 2 个遗传资源通过了省畜禽遗传资源委员会专家现场鉴定。

4. 渔业种质资源

浙江渔场海洋生物以鱼类为主，有 37 目 152 科 523 种，其中软骨鱼类 55 种、硬骨鱼类 468 种；有游泳虾类 12 科 34 属 78 种及海蜇等大型水母。浙江省沿海潮间带生物丰富，有底栖海藻类 85 属 180 种、贝类 5 纲 310 种，还有种类繁多的虾蟹类、鱼类、多毛类等动物。

全省淡水渔业资源计有鱼类 235 种和亚种，隶属 14 目 49 科，其中鲤科鱼类 93 种，占 39.57%；纯淡水鱼 164 种（包括引进的 11 种）；龟鳖类约 30 多种；淡水贝类 107 种，其中腹足纲 55 种、瓣鳃纲 52 种。

（二）保护和利用情况

1. 农作物种质资源普查与收集行动全面推进

2017 年启动了第三次全国农作物种质资源普查与收集行动，征集各类古老、珍稀、特色、名优作物的地方品种和野生近缘植物种质资源，对珍稀、濒危作物野生种质资源进行抢救性保护，全省有 63 个县列入普查县，共征集种质资源 1 063 份，先后发现东阳红壳粟、宁海胭脂米、苍南古桑柚、松阳弯豇豆、苍南矾山红米、天台黑壳紫红米、新仓小落苏、云和雪梨等珍稀农家老品种 110 多个，基本摸清了各类作物种植历史、栽培制度、品种更替、社会经济和环境变化等重要信息，完成填写《第三次全国农作物种质资源普查与收集行动普查表》，推动了农作物种质资源保护与利用可持续发展。

2. 林业种质资源保护取得新成效

2017 年，省林业厅出台《浙江省林木种质资源库管理办法》（浙林种〔2017〕31 号），提出了种质资源库分类管理的原则，明确了市县林业主管部门的管理职责、种质资源库的保护措施和公共种质资源库的共享义务，为全省林业种质资源保护管理提供政策保障；在此基础上，强化林业种质资源保护工作，其中马尾松、油茶、香榧、桂花、无患子等种质资源保护走在全国前列。

3. 畜禽遗传资源保护进一步增强

2017 年，全省系统开展了畜禽遗传资源普查工作，落实国家级和省级畜禽遗传资源保护专项，与 36 个畜禽遗传资源保护保种主体签订保护协议，落实保护经费 918.06 万元；开展了鹊山鸡、宫廷黄鸡等 5 个家禽遗传资源的多样性调查及遗传距离分析工作；对纳入省级财政支持的 26 个保种场（保护区）开展了监测评估。

4. 渔业种质资源开发保护成效显著

全省共育成泥蚶“乐清湾 1 号”等国家水产新品种 18 个，其中 2017 年新增自主选育新品种 2 个（太湖鲂鲌、“万里 2 号”文蛤），合作选育新品种 1 个（“申浙 1 号”缢蛏）；开发黄颡鱼、厚壳贻贝、岱衢族大黄鱼、曼氏无针乌贼、黄姑鱼、小黄鱼、银鲳、马鲛鱼、绿鳍马面鲀等一批本地特色品种，引进开发南美白对虾、缅甸罗氏沼虾原种、鲟鱼、鳕鱼、三文鱼等多个优良品种。全省累计建有省级以上水产种质资源保护区 12 个，总面积 73 106.71 千米^2，其中国家级 6 个；建成国家遗传育种中心 2 家（中华鳖和罗氏沼虾）、国家级现代渔业种业示范场 6 家、国家级原良种场 6 家、省级原良种场 36 家、规模化繁育基地 105 家和苗种场近 700 家。同时，增殖放流各类水生生物资源 56 种（其中海洋苗种 24 种），数量达 60.81 亿单位。

（三）存在问题

1. 种质资源共享机制有待建立

由于传统种质资源保护研究和育种科研机构的体制设置，全省至今尚未成立专门的种质资源保存机构，大部分种质资源被分割于各个科研单位并以“私有资源”的形式分散保存，不同部门和机构各自为政，尚未形成种质资源共享的有效机制，致使种质资源不能得到及时、方便、充分的开发利用，既造成种质资源的严重浪费，又严重影响浙江省种质资源研究利用的效率和进度。

2. 种质资源保存激励机制有待完善

由于种质资源保存绩效评价机制不科学，长效激励机制不完善，现有考核机制偏向或雷同于育种和生物技术研究人员的指标，承担种质资源保存基础性、公益性工作的人员难以稳定，骨干人才断层、流失严重，从而影响到种质资源保存工作的长期性与稳定性。

3. 种质资源开发利用有待加强

总体来说，浙江省种质资源开发利用的广度、深度仍显不足，现有库（圃）保存容量不足、覆盖面不广，分区域、分作物表型精准鉴定基地和规模化基因发掘平台缺乏，绝大部分种质资源尚未开展深度鉴定，分子标记、基因定位等一些先进的生物技术仍未得到全面应用，难以满足品种选育对优异新种质和新基因的需求。

（四）保护和开发利用建议

1. 完善种质资源共享机制

加快探索建立种质资源获取与惠益分享机制，实行差别化管理、权益化激励，对公共种质资源依法向全社会开放，对创新种质资源依规赋权交易，按规定或约定实现有效共享。同时，完善浙江省种质资源信息共享服务平台，将分散的种质资源及其信息汇总纳入平台进行统一管理，定期公布可共享、可交易的种质资源目录，构建功能齐全、开放高效的信息共享服务体系，促进种质资源的高效利用。

2. 创新种质资源绩效考评机制

针对种质资源工作特点，加快出台科学合理的种质资源绩效考核和人才评价机制，分类制定考核指标体系，重点支持对种质资源保护利用贡献突出的优秀人才和创新团队，并充分调动种质资源工作人员的积极性和创造性，稳定种质资源人才队伍。同时，选拔责任心强、能安心工作的骨干人才进行重点培养，并对具体操作人员进行业务培训，使种质资源工作更加规范、数据采集更加准确有效。

3. 强化种质资源深度发掘

集中力量攻克种质资源保护利用关键领域中的技术难题，建立高效完善的种质资源鉴定评价、基因发掘与种质创新技术体系，定期监测种质库（圃）和原生境保护点保存资源的活力与遗传完整性，规模化发掘控制产量、品质、抗逆等性状的基因以及有利等位基因，并进行功能验证，创制高产、优质、高效、广适、适合机械化等目标性状突出和有育种价值的新种质，全面提升浙江省种质资源开发与应用的深度、广度、显示度。

六、农业气候资源

（一）现状

1. 主要气候特征

2017 年全省夏季气温异常偏高，持续 146 天，位居历史第四长；冬季平均气温为 9℃，比常年同期偏高 2.2℃，为 1951 年以来最暖；梅汛期降水量较常年偏多；全年霾日连续第六年减少，但 12 月雾霾天气仍较频繁。

（1）气温。2017 年全省年平均气温 18.2℃，较常年偏高 1.0℃，仅次于 2007 年，为 1951 年来次暖年，与 2016 年持平；各地平均气温分布在 16.9～19.6℃，与常年相比，大部地区偏高 0.3～1.8℃。其中，湖州、嘉兴等 19 市（县）年平均气温破历史同期最高记录。

年高温（日最高气温≥35℃）日数全省平均 40 天，较常年偏多 18 天，比 2016 年偏多 25 天。各地年高温分布在 0～69 天，全省偏多 1～36 天。

年低温（日最低气温≤0℃）日数全省平均 12 天，较常年偏少 9 天。各地年低温分布在 0～36 天，大部地区偏少 1～21 天。

（2）降水。2017 年全省年平均降水量为 1 448.7 毫米，与常年基本持平。年降水日数全省平均 151 天，较常年偏少 5 天；大部地区偏少 1～23 天。2017 年梅雨期只有 26 天，较常年偏少 4 天；梅雨量为 390 毫米，偏多三成。

（3）日照。2017 年全省日照时数平均 1 781.4 小时，比常年偏多 22.1 小时；全省各地日照时数为 1 484.8～2 066.1 小时，与常年相比，大部地区偏多 1.4～310.4 小时。

2. 农业气象条件分析

2017 年全省热量充足，降水充沛，光照适宜。年内暴雨洪涝影响较轻；虽然出现了纳沙、海棠和泰利 3 次台风，但外围影响较轻。全年农业受灾面积约为 41.4 万公顷；酸雨污染仍较严重，但比往年有所改善，全省平均酸雨率为 62.6%、比 2016 年下降 7.3%。总体来说，农业气候条件属于正常略偏好年景。

（1）对主要农作物生长的影响。2017 年油菜生长期气象条件属于略偏好年景，单产较 2016 年增加 7.67%。早稻生育期间气象条件略偏差，与 2016 年相比，早稻单产减少 4.52%，总产减少 4.61%。晚稻生育期内多过程性天气，气象条件属于正常略偏差年景，与 2016 年相比，单产减少 0.46%，但由于单季稻的面积增加，总产增长 0.83%。

（2）对特色经济作物生长的影响。2017 年茶叶生长气象条件较往年偏好，冬季平均气温明显偏高，利于早生种茶芽的萌动和生长，使春茶提前开采；3—4 月整个采摘期光温水条件匹配良好，利于茶叶生长和优质名茶形成；与 2016 年相比，2017 年浙江茶叶产量增长 5.45%。杨梅主要生育期气象条件较好，产量较 2016 年增长约 10%；杨梅花期、幼果期气候较为适宜，坐果率较高，挂果良好，特别是丽水、台州等地采用了避雨棚设施，保证了杨梅的优质高产。

（3）对林业生产的影响。2017 年浙江省降水量与常年基本持平，但雨日偏少，气候条件对森林防火较为不利，全省林业火灾发生率为 1.16 起/10 万公顷，受害率为 0.04‰，均保持在历史低位水平。全省林业有害生物发生及危害程度较 2016 年略有下降，主要林业有害生物实际发生面积 16.70 万公顷，比 2016 年下降 16.98%。

（4）对水产养殖的影响。2017 年全省出现了 3 次台风风暴潮过程，赤潮灾害 33 次，其中有害赤潮 12 次。各类海洋灾害共造成直接经济损失 9 224 万元，明显低于近 10 年的平均值（12.71 亿元）。

（二）保护和利用情况

1. 智慧农业气象服务体系不断完善

各级气象部门围绕推进农业供给侧结构性改革，不断完善智慧农业气象服务体系，建立了浙江省智慧农业气象综合数据库；基于 CIMISS 框架，先后建立了农业气象基础信息库、农作物观测数据库、土壤墒情数据库、专题产品库、农情信息采集库、专家知识库等各类数据的存储标准与规范。研发智慧农业气象服务手机APP客户端及运维管理系统，并在省、市、县等涉农部门与粮食经营企业、新型农业经营主体推广应用。同时，进一步完善了现代农业气象业务平台，相继开展大宗农作物（水稻）智慧农业气象服务，实现日尺度、周尺度农业气象监测、评估、预报格点化产品和站点产品的自动化作业。

2. 特色农业气象服务逐步深化

重点围绕茶产业发展和生产需求，开展了相关技术研究和气象服务，构建了乌牛早、龙井43、鸠坑、“白叶一号”等茶叶主栽品种气象指标体系；制定了茶叶霜冻害和气候品质评价等级标准，建立了茶叶气象灾害精细化监测预报模型、农用天气预报模型、气候适宜度模型等，研制了茶叶气象服务业务系统，初步实现了浙江省茶叶生产全程的精细化、定量化、智能化气象服务，其中茶叶气象服务中心被中国气象局和农业部联合认证为第一批特色农业气象服务中心。

3. 新型农业主体气象服务得以加强

围绕保障国家粮食安全和重要农产品有效供给、促进农业增效农民增收、保障农业生产安全，全省各地气象部门开展了面向新型农业经营主体的直通式气象服务，为规模大户、专业化服务组织和新型农业经营主体，及时提供一周农事关注、农用天气预报、农业气象灾害监测预报、主要病虫害发生气象等级预报等专题信息服务，指导经营主体合理安排农业生产，减轻低温冰冻、高温热害、台风等重大气象灾害影响，提升生产经营效益和农业防灾减灾水平。

（三）存在问题

1. 基层气象基础设施有待加强

基层气象部门为农服务基础设施建设明显滞后，关键基础设施仍有待加强，特别是针对各地特色农产品优势区、休闲观光农业园区、田园综合体等重点发展区域的气象监测网点布设尚需完善，专业监测网站、观测手段和信息传输等也有待拓展和加强。

2. 气象大数据建设有待完善

受各种原因影响，加之气象大数据建设涉及部门较多，缺乏共建共享机制，各类特色作物的农业气象指标、种植区分布、土壤理化性质、品种结构、产量品质、农业经济等基础数据不完善，气象大数据建设滞后，难以满足新时期农业气象服务和精细化气候区划的需求。

3. 生态文明建设气象保障有待加强

各地生态文明建设气象保障服务特色不鲜明，强化生态文明建设的气象服务功能、提升气候资源开发保障服务能力和支撑能力明显不足，气象工作对生态文明建设的基础性、前瞻性和保障性作用还未得到充分显现，没有形成上下协同的服务保障品牌。

（四）保护和开发利用建议

1. 研制茶叶气象服务信息平台

围绕气象服务信息平台建设，依托中国茶叶气象服务中心，研发推出全国共享的茶叶气象服务信息平台，共享、展示茶树种植分布、生产现状、农业气候区划、气象灾害风险区划等茶产业信息和茶叶气象灾害监测预警、春茶开采期预报、农用天气预报、茶叶生长气候适宜度评价以及茶叶气候品质认证等系列化茶叶气象服务产品。

2. 强化农业气象精准帮扶

聚焦防范化解重大风险，进一步强化农业农村防灾减灾“避害”，围绕促进农民增收、深挖气象“趋利”增效功能，积极打造山区生态气象名片、特色农业气象服务名片和气候资源开发利用名片，积极推进气象灾害监测预报预警服务的精准化，实现监测精准、预报精准和风险防控精准到乡村、预警精准到农户，推动气象助力精准帮扶。

3. 开展生态文明气象保障服务系统建设

积极开展全省生态文明气象保障服务系统建设，统筹资金资源，建立融生态质量监测信息、气候和气候变化影响评估信息、气象灾害影响预警评估等多源信息数据库。研发生态气象实时监测评估系统，开展山水林田湖生态质量监测，建立地表植被生态质量、大气环境质量、重点水体质量的气候和气候变化影响评估指标体系；加强气象灾害对生态安全影响的评估预警技术研究，提升评估预警服务能力；建立地方生态文明建设绩效考核气象条件贡献率评价指标体系，开展基于气象条件贡献率的生态质量评价。

下 篇

专题研究报告

专题一　浙江省水资源可持续开发利用路径研究

水是生命之源、生产之要、生态之基。浙江因水得名、因水而富、因水而强，然而，随着全省经济社会的快速发展，开始遭遇“水既多又缺”的困惑。浙江水资源总量丰富，但人均水资源量仅为 1 693 米^3，远低于全国人均的 2 200米^3，不足世界人均的四分之一，已逼近世界缺水警戒线；同时更面临水资源区域和时空分布不平衡、水环境污染日益加重的多重困扰，“水危机”正严重威胁着全省人民的生命安全、生产安全和生态安全。基于此，省委、省政府审时度势，及时作出了以治污水、防洪水、排涝水、保供水、抓节水为重要内涵的“五水共治”战略决策。

当前中国经济社会发展开始步入新常态的重要战略机遇期，主动适应新常态、把握新机遇、应对新挑战，实现整个经济社会健康稳定与可持续发展成为当前的主要任务，尤其是“中高速、优结构、新动力、多挑战”成为经济新常态的主要特征。在这一特征背景下，浙江省正在同步推进工业化、城镇化、信息化和农业现代化，深入实施浙江海洋经济发展示范区、舟山群岛新区、义乌市国际贸易综合改革试点和温州市金融综合改革试验区“四大国家战略举措”，加快转变经济发展方式、推进产业转型升级。为此，全社会用水需求、方式和结构都将发生新的变化，与其他农业资源一样，水资源可持续利用面临着新的挑战。本专题针对浙江水资源的特点，运用水资源生态足迹模型和水资源生态承载力模型对 2005—2014 年全省的水资源可持续利用状态进行了评价。在此基础上，结合“五水共治”内涵，提出了浙江省水资源可持续利用的总体思路、路径及对策，旨在为进一步探索和推进全省水资源可持续利用提供理论与实践的支撑。

一、水资源基本概况及特点

（一）水资源基本概况

1. 水系

浙江省河流众多，集水面积在 10 千米^2 以上的河流多达 2 442 条，其中集水面积在 1 500 千米^2 以上的水系有 8 条，自北而南为苕溪、钱塘江、曹娥江、甬江、灵江、瓯江、飞云江和鳌江，除钱塘江发源于安徽省，其余河流均发源于浙江省内，其中苕溪注入太湖，属长江水系，余者均流入东海，上游坡陡流急、下游感潮是浙江河流的特点。浙江省湖泊主要分布在杭嘉湖平原和宁绍平原，有杭州西湖、绍兴东湖、嘉兴南湖、宁波东钱湖四大名湖及人工湖泊千岛湖。此外尚有京杭大运河贯穿杭嘉湖平原中部。

2. 水资源量

2014 年全省水资源总量为 1 130.69 亿米^3，较 2013 年偏多 21.5%，较多年平均偏多 18.4%，时空分布趋势与降水量基本一致。全省产水模数为 111.07 万米^3/千米^2，人均水资源量为 2 053 米^3。流域分区水资源统计量如图 1 所示。

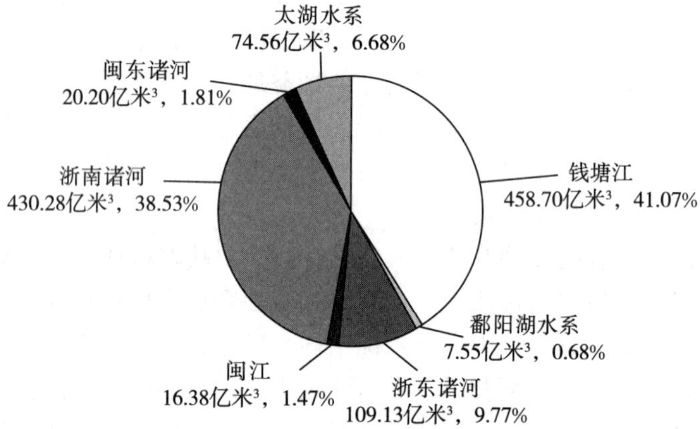

图 1　浙江省 2014 年水资源流域分布

全省地表水资源量为 1 116.79 亿米^3，较 2013 年偏多 21.8%，较多年平均值偏多 18.5%。地表径流的时空分布趋势与降水量基本一致。地下水资源量 231.75 亿米^3，地下水与地表水资源不重复计算量 13.90 亿米^3。

3. 水质状况

地表水环境：2014 年，全省地表水总体水质为轻度污染。在 221 个省控断面中，Ⅰ～Ⅲ类水质断面占 63.8%，Ⅳ类水质断面占 17.7%，Ⅴ类水质断面占 8.1%，劣Ⅴ类水质断面占 10.4%；满足水环境功能区目标水质要求的断面占 67.4%，主要污染指标为石油类、氨氮和总磷；总体水质基本保持稳定。

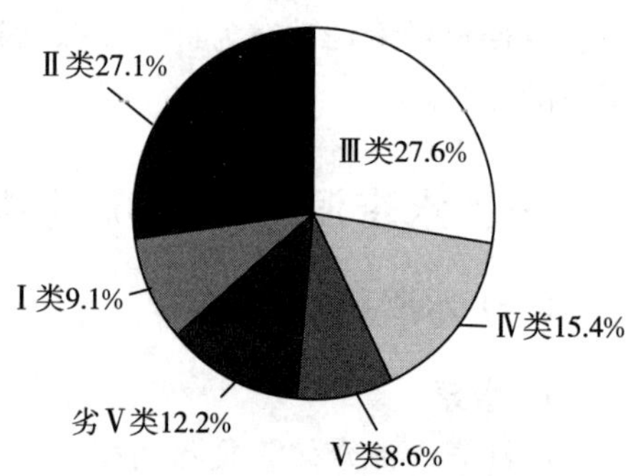

图 2　总体水质类别组成比例

2014 年全省监测海域面积为 44 400 千米^2，结果显示，全省近岸海域水环境总体状况不容乐观，夏季水质状况明显优于秋、冬季，劣四类海水主要分布在重要港湾、河口海域以及嘉兴、舟山、宁波、温台沿岸局部区域，海水中主要超标指标仍为无机氮和活性磷酸盐。此外，2014 年，浙江省对 8 个重点海水养殖区和 3 个重点海水增殖区实施环境质量监测。结果表明，全省 8 个重点海水养殖区环境质量为优良或较好，基本满足养殖区功能要求。

（二）水资源主要特点

1. 降水和河川径流的地区分布不均，水土资源组合不平衡

全省降水总趋势是自西向东、自南向北递减；海岛少、陆地多，平原、盆地少，丘陵山地多，造成水资源与土地资源分布不匹配，使得浙江省区域性缺水问题十分突出。如苕溪、杭嘉湖平原、曹娥江、甬江一带，耕地占全省耕地面积的 49.7%，水资源量却只占全省水资源量的 20.5%；而瓯江、飞云江一带，水资源量占全省水资源量的 38.3%，耕地仅占全省耕地面积的 23.8%。

2. 降水及河川径流年内分配集中，年际变化大

全省丰水年的降水量是枯水年的 1.5 倍，年际实测最大值是最小值的 2～3 倍，常导致各地旱涝的发生。降水在年内分布也很不均匀，汛期 4—9 月降水量占全年降水量的 60%～70%，全省降水高值区主要在山区，低值区主要在杭嘉湖、萧绍宁平原和舟山群岛等处。

3. 水资源与人口分布不相适应，区域性缺水矛盾突出

由于长期以来受人口变迁、社会经济与产业发展格局等因素影响，全省社会经济发展不平衡，区域性缺水矛盾比较突出，经济总量占全省 70%、人口占全省 50%的环杭州湾地区，水资源总量仅为全省的 1/4；而浙西南山区水资源丰沛，人均水资源拥有量是前者数倍。

（三）水资源开发利用中存在的主要问题

1. 水资源利用尚显粗放，用水效率有待提高

浙江省总体上水资源使用尚显粗放。工业单位产品耗水量大，规模以上工业用水重复利用率为 50%，远低于发达国家 85%的水平。城镇供水管网漏损率平均为 20%左右，而上海等城市的漏损率仅为 10%左右，差距较为明显。全省农田基础设施建设薄弱，1/3 的农灌渠道仍是土渠，防渗漏能力差，灌溉水利用系数距总体目标（0.65 以上）尚有明显差距；微喷灌、地下管道灌溉等先进灌溉技术在浙江省的应用还不广泛，农业灌溉仍有较大的节水潜力。

2. 供需矛盾日益凸显，难以满足经济社会发展需求

随着浙江省经济社会的高速发展，水资源需求也将大幅增加，已建成的饮用水源地和水资源保障百亿工程的项目总供水量仍难以满足全省经济社会发展需求，突出表现在：区域供水能力依然不足，部分地区存在饮用水供水保证率低、城市应急供水储备不足、供水体系抗风险能力低等问题，特别是省内一些水资源匮乏而经济发展较快的地区会发生供给不足问题，制约当地经济社会的发展。

3. 水污染问题仍较突出，水环境状况不容乐观

全省山区河流和水库水体水质总体较好，但平原河网和城市内河水体不同程度受到污染，局部地区较为严重，32 个省控河网监测断面主要为劣Ⅴ类水质，不满足水环境功能区目标水质要求的断面占 90.6%，已显现水质型缺水的现象。在 4 个省控湖泊中，除 1 个为中营养，其余均为富营养。全省饮用水集中供水水源地 10%呈富营养化状态，且不少饮用水源地营养水平有不断加重的趋势。

4. 水资源管理体系建设滞后，管理制度亟待完善

区域水量分配工作和水资源监控体系建设相对滞后，节水约束、激励和保障机制不健全，水污染监管不够到位，水资源精细化、信息化管理水平亟待提升，管理方式也有待创新，尤其是水资源用水总量控制、配置、保护和管理，用水效率控制以及水功能区限制、纳污控制“三条红线”制度有待进一步完善。

二、水资源可持续开发利用评价

生态足迹是衡量农业资源可持续利用的较为通行的方法，主要用于测量和评价某一地区或区域的可持续发展情况。该方法通过核算已知人口所消费的农业自然资源和消纳其产生的所有废弃物所需要的生态生产性土地面积，并与给定人口区域的生态承载力进行比较，来衡量区域的可持续发展状态。

水资源生态足迹是生态足迹理论在水资源研究领域的应用，通过将消耗的水资源量转化为相应的生态生产面积（即水资源用地面积），对其进行均衡化，最终得到可用于世界范围内不同地区相互比较的均衡值，是定量测度水资源的可持续利用水平的一种重要方法。

（一）模型构建

1. 水资源生态足迹模型

根据浙江省用水特性和水资源生态足迹的内涵，将全省的用水分为农田灌溉用水足迹、林牧渔畜用水足迹、工业用水足迹、城镇公共用水足迹、居民生活用水足迹和生态环境用水足迹六个账户。水资源生态足迹模型可以用以下公式表示：

$$EF_W = N \times ef_W = r_W \times \frac{U}{P_W} \quad （式1）$$

式中：EF_W 为水资源生态足迹（公顷）；N 为研究区域的人口总数；ef_W 为人均水资源生态足迹（公顷/人）；r_W 为水资源全球均衡因子；t 为各子类消耗的水资源量（米^3）；P_W 为水资源平均生产能力（即平均产量）（米^3/公顷）。

2. 水资源生态承载力模型

水资源生态承载力是指在维持水生态系统自身及其支持系统健康的前提下，基于一定的生态保护和承载目标，自然水生态系统所能支撑的人类活动的阈值。基于生态足迹模型，本专题用水资源利用所能承载的相应生态生产面积来衡量，其计算公式如下：

$$EC_W = N \times ec_W = 0.4 \times r_W \times \Phi \times Q/P_W \quad （式2）$$

式中：EC_W 为水资源承载力（公顷）；N 为研究区域的人口总数；ec_W 为人均水资源承载力（公顷/人）；r_W 为水资源全球均衡因子；Φ 为水资源产量因子；Q 为水资源总量（米^3）；P_W 为水资源平均生产能力（即平均产量）（米^3/公顷）；考虑到水资源承载力的60%用于维持生态环境和生物多样性，维护生态平衡，所以在计算水资源承载力时要乘以系数0.4。

3. 水资源生态盈余（或生态赤字）

区域内消耗水资源产生的水资源生态足迹与该区域内的水资源生态承载力相比较，就会产生水资源生态盈余或生态赤字，这个指标可以用来衡量一个地区水资源可持续利用的程度。其计算公式如下：

$$E_{rd} = EC_W - EF_W \quad （式3）$$

式中：E_{rd} 为水资源生态盈余或生态赤字（公顷）；EC_W 表示水资源承载力（公顷）；EF_W 为水资源生态足迹（公顷）。若 $E_{rd}>0$，表明该地区水资源的生态承载力大于水资源生态足迹，水资源生态盈余，说明该地区水资源在安全状况范围内，水资源容量足以支持当地经济社会的发展，此区域的水资源处于可持续利用状态；反之，$E_{rd}<0$，表明该地区水资源的生态承载力小于水资源生态足迹，水资源生态赤字，说明该地区水资源不安全，自然生态系统提供的水资源容量不足以支撑该区域人口的消费模式和水平，此区域的水资源处于不可持续利用状态；$E_{rd}=0$，则表明该地区的水资源安全处于临界安全状态。

4. 水资源生态压力指数

水资源生态压力指数，又称水资源的匮乏度或水资源生态压力强度，是指一个区域水资源生态足迹与水资源生态承载力的比值，该指数反映了一个省或地区水资源生态环境的承压程度，其值越大，说明该省或区域的水资源生态压力越大，水资源安全越差。其计算公式为：

$$EPI_W = EF_W/EC_W \quad （式4）$$

式中：EPI_W 为水资源生态压力指数；EF_W 为水资源生态足迹（公顷）；EC_W 表示水资源承载力（公顷）。$EPI_W>1$，说明该区域水资源供给量不能满足消费量，水资源可持续利用受到影响，EPI_W 越大，水资源安全的压力就越大，越不安全；若 $0.8\leqslant EPI_W\leqslant 1$，说明该区域水资源安全处于临界安全状态或基本安全；若 $0.5\leqslant EPI_W<0.8$，说明该区域水资源安全处于较安全状态；若 $EPI_W<0.5$，说明该区域水资源供给量大于消费量，对水资源的开发利用处于安全状态。

5. 水资源生态足迹强度

水资源生态足迹强度也称万元 GDP 水资源生态足迹，是指区域内水资源生态足迹与区域内万元 GDP 的比值，可以用来衡量水资源利用效率的高低。其计算公式为：

$$EFI_W = EF_W/GDP \tag{式 5}$$

式中：EFI_W 数值越大，表明单位万元 GDP 所消耗的水资源生态足迹数量越多，水资源的利用效率越低；反之，数值越小，表明水资源利用效率越高。

（二）主要计算参数确定

本专题所涉及的水资源生态足迹模型和水资源承载力模型的计算参数主要包括水资源的全球均衡因子 r_W、水资源的全球平均生产能力 P_W、区域水资源的产量因子 Φ。参照黄林楠（2008）的研究结果，本专题取全球水资源均衡因子 r_W 为 5.19、全球水资源平均生产能力 P_W 为 3 140 米^3/公顷、浙江水资源产量因子 Φ 为 2.81。

考虑到浙江省的实际情况，每年的降水主要集中在梅雨和台风两季，雨季来临时易形成洪水，而浙江每年 60%的水以洪水的形式流入大海；另外，浙江的入海河段有一部分受到咸潮的影响，所以浙江的水资源总量中属于可利用水的量仅有 1/3，因此在浙江省的水资源生态承载力模型中水资源总量取值为各年总水资源量的 1/3。

（三）结果及分析

1. 水资源生态足迹

（1）研究表明，目前浙江省人均水资源生态足迹保持在 0.750 公顷/人左右，变化幅度较小，但总体仍呈递增趋势。这说明随着时间的变迁，浙江经济和社会的发展进程中对于水资源的开发利用程度越来越高。

（2）农田灌溉用水账户呈现逐年递减的趋势。由 2005 年的 0.339 公顷/人下降到 2014 年的 0.250 公顷/人，这主要得益于千万亩十亿方节水工程、大中型灌区续建配套与节水改造、百万亩喷微灌工程的实施，使得农业灌溉用水效率明显提高。虽然农田灌溉用水账户在总水资源生态足迹中所占比例由2005年的44.92%下降到2014年的33.20%，但其在所有用水项目中所占比例依旧最高，说明农田灌溉用水效率的提高对于降低水资源生态足迹具有非常重要的意义。

（3）工业用水账户的生态足迹较为平稳，稳定在0.200公顷/人左右。工业用水的生态足迹并没有随着工业产值的增长而增长，说明工业技术水平的进步显著提高了浙江省工业用水效率，但浙江工业废水区域性、行业性、结构性污染问题仍突出，工业用水重复利用率较低，工业用水效率仍有进一步提高的潜力。

（4）生态环境用水账户的生态足迹大幅度增加，2014年是2005年的2.25倍，但在总水资源生态足迹中仍仅占据较小比重。随着宜业、宜居、宜游"美丽浙江"的建设和"五水共治"的推进，需要不断修复水环境和改善水质，生态环境用水账户将会继续增加。

（5）居民生活用水账户的生态足迹呈现缓慢上升的趋势。由2005年的0.075公顷/人上升到2014年的0.095公顷/人，这主要由居民生活水平的不断提高导致；但与此同时，城市供水管网老化、节水器具普及率不高、水资源浪费仍较为严重。

表1　浙江省人均水资源生态足迹计算结果

单位：公顷/人

	2005年	2006年	2007年	2008年	2009年	2010年	2011年	2012年	2013年	2014年
生态足迹	0.754	0.744	0.748	0.764	0.761	0.766	0.768	0.766	0.770	0.754
农田灌溉用水	0.339	0.320	0.310	0.298	0.292	0.281	0.268	0.261	0.260	0.250
林牧渔畜用水	0.053	0.047	0.052	0.058	0.055	0.055	0.057	0.053	0.055	0.052
工业用水	0.209	0.224	0.228	0.215	0.194	0.208	0.214	0.209	0.201	0.191
城镇公共用水	0.030	0.031	0.033	0.037	0.038	0.040	0.040	0.048	0.050	0.055
居民生活用水	0.075	0.080	0.081	0.084	0.088	0.091	0.092	0.095	0.096	0.095
生态环境用水	0.049	0.042	0.045	0.072	0.094	0.092	0.098	0.099	0.108	0.111
生态承载力	1.365	1.209	1.186	1.130	1.223	1.823	0.964	1.864	1.194	1.271
生态盈余	0.611	0.465	0.437	0.366	0.462	1.057	0.196	1.099	0.425	0.517
生态压力指数	0.552	0.615	0.631	0.676	0.622	0.420	0.797	0.411	0.644	0.593
生态足迹强度	0.259	0.219	0.186	0.167	0.156	0.131	0.114	0.106	0.099	0.093

资料来源：《浙江省水资源公报》《浙江统计年鉴》。

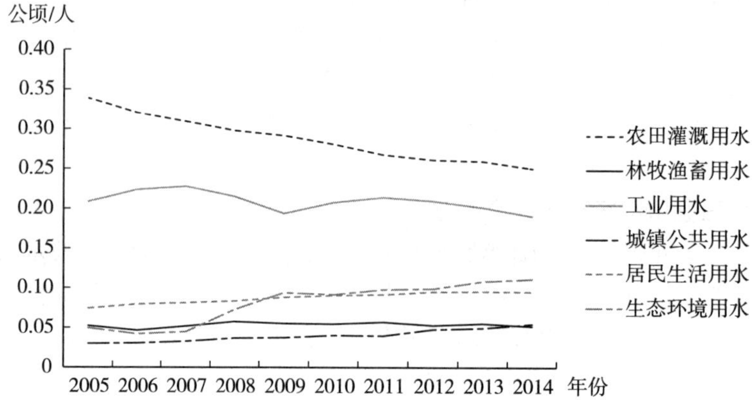

图 3　2005—2014 年浙江省人均水资源生态足迹构成及动态变化

2. 水资源生态承载力

浙江省水资源生态承载力年均变化较大，最高的 2012 年达到 1.864 公顷/人，最低的 2011 年为 0.964 公顷/人，前者是后者的 1.93 倍。对水资源的生态承载力与降水量进行相关性分析，结果显示相关系数达到 0.998，具有显著的正相关性，所以当降水量明显低于平均水平时，浙江的水资源承载能力就受到了严峻考验，近乎出现生态赤字，因此要采取多渠道开源的形式增加水资源供给，确保年际水资源总量的稳定。

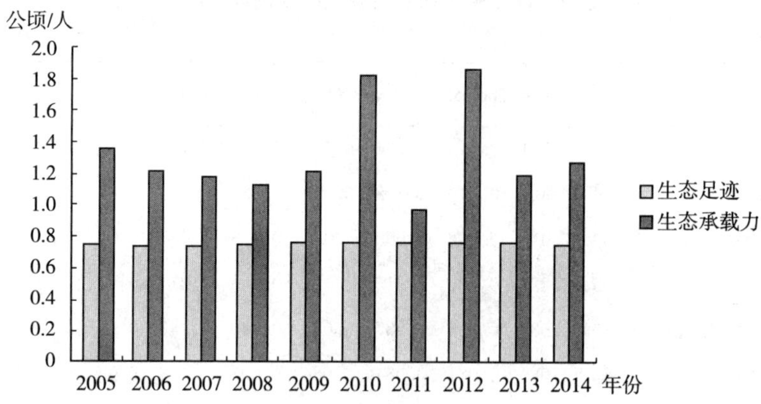

图 4　2005—2014 年浙江省人均生态足迹与生态承载力动态变化

3. 水资源生态盈余

从图 5 可以看出，浙江省 2005—2014 年水资源总体呈现生态盈余，但盈余水平不高，且盈余量大小和水资源生态承载力相对应，呈现波动的特征，这主要是由降水量年际变化较大引起的，2012 年最大，2011 年最小，相差 0.903 公顷/人，2012 年是 2011 年的 5.62 倍。这表明浙江省水资源生态承载力足以支持其生态足迹，其水资源利用与发展模式具有相对可持续性。但在经济发展迅速、用水严重紧张的情况下，如何保证粮食安全生产和农业可持续发展，实现以水资源的可持续利用支撑经济社会的可持续发展是摆在浙江省发展道路上的一个难题。

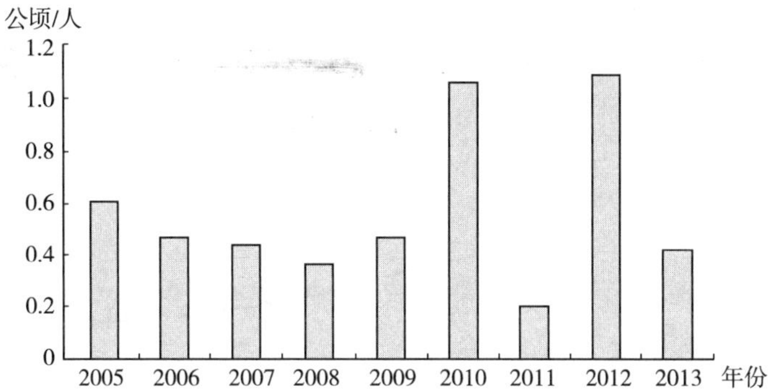

图 5　2005—2014 年浙江省人均水资源生态盈余动态变化

4. 水资源生态压力指数

2005—2014 年浙江省水资源生态压力指数 EPI_W 平均值为 0.60，绝大部分年份 $0.5 \leqslant EPI_W < 8$，说明浙江省水资源安全仍处于较安全状态。

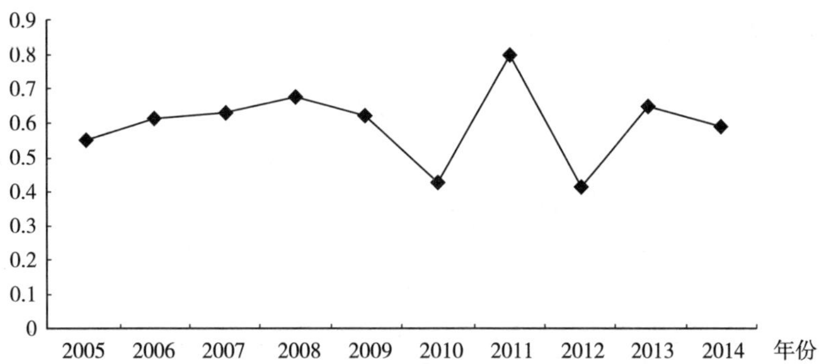

图 6　2005—2014 年浙江省水资源生态压力指数动态变化

但由于工业发展迅猛，部分行业和企业环保意识薄弱，污染物排放总量呈逐年增加态势，全省平原地区各河流水体不同程度受到污染，局部地区非常严重，已显现水质型缺水的现象。同时，由于地表水和浅层地下水的污染，不少平原地区过度开采和不合理使用地下水，已造成区域性地下水位下降、地下水资源衰竭和地面沉降等一系列环境问题，加之河道淤积严重，导致河网水体的流动性和自净能力减弱，加剧了水体的污染趋势。说明浙江当前亟须转变生产、生活消费方式，建立节约型水资源消费体系，有效减少对水资源的消耗；

在此基础上，进一步加强水污染控制，注重生态保护和恢复，提高水资源生态承载力，以实现全省水资源的可持续利用。

5. 水资源生态足迹强度

从图 7 可以看出，浙江省水资源生态足迹强度逐年下降，2014 年的万元 GDP 水资源生态足迹是 2005 年的 35.78%，年均降幅为 13.74%，这主要得益于全省产业用水结构的不断调整和用水效率的持续提高。

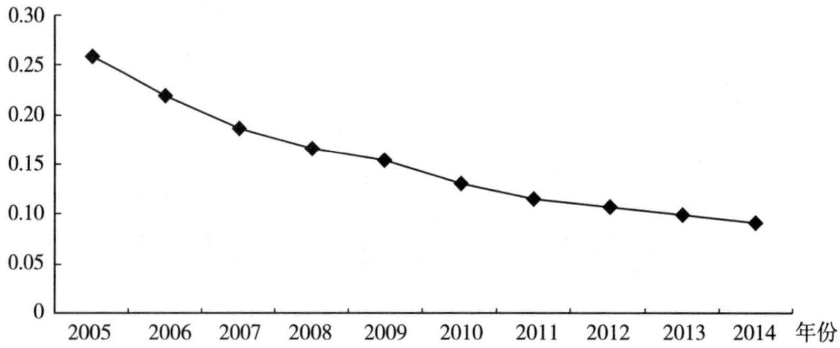

图 7　2005—2014 年浙江省水资源生态足迹强度动态变化

三、水资源可持续开发利用总体思路与路径研究

（一）总体思路

以科学发展观为指导，全面贯彻党的十八大和十八届三中、四中全会精

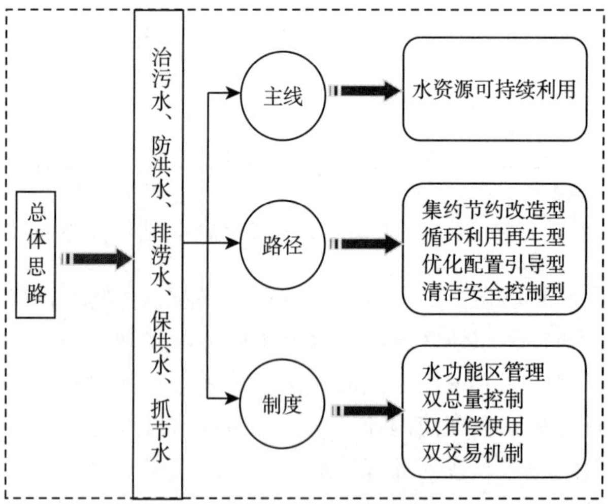

图 8　总体思路

神，以治污水、防洪水、排涝水、保供水、抓节水“五水共治”为突破口，继续围绕“水资源可持续利用”主线，坚持走集约节约改造型、循环利用再生型、优化配置引导型、清洁安全控制型的“四型”路径，积极构建“水功能区管理、双总量控制（取水总量、排污权总量控制）、双有偿使用（水权、排污权有偿使用）、双交易机制（水权、排污权交易）”制度，建立健全“保护有效、安全可靠、配置优化、开发合理、利用高效”的水资源保护与开发利用体系，不断增强全省水资源保障能力，促进水生态环境改善，为建设“两富”“两美”现代化浙江提供有力的水资源要素支撑和保障。

（二）发展路径

1. 走水资源集约节约改造型道路

水资源集约节约改造型道路是指以构建节水型社会为宗旨，进一步转变水资源利用理念，通过政策角度、技术支撑、经济杠杆等各种措施，积极推广分质供水、优水优用和中水利用，采用节水新技术、新材料、新产品、新工艺，大力发展节水型工业、节水型农业、节水型城市，达到调整用水结构、改进用水方式、控制用水总量、提高用水效率的目的，缓解全省水资源短缺和社会需求不断增长的矛盾。具体地说，在农业领域，不断创新农作制度，合理布局农业产业空间，优化农作物种植结构和种植模式，积极实施渠道防渗工程和管道化灌溉工程，大力推广薄露灌溉、喷灌、滴灌等节水灌溉方式。在工业领域，加大以节水为重点的产业结构调整和技术改造力度，加快淘汰落后高用水工艺、设备和产品，积极应用高效人工制冷及低温冷却技术、高效洗涤工艺等节水新技术。在生活领域，加快改造自来水管网，降低供水管网漏损率；推广普及生活节水器具，加强城市公共建筑和住宅节水设施建设；加快推进“一户一表”工程建设，实现用水实时监控和计量。

典型案例

诸暨市委、市政府始终把水资源的节约与保护作为关系人民群众生活、社会稳定和城市可持续发展的核心要素来抓，2012 年全面启动国家节水型城市创建，2013 年成功创建浙江省节水型城市，2014 年被国家住建部、发展改革委正式命名为国家节水型城市，成为省内首个获此荣誉的县级城市。目前，市区万元地区生产总值用水量下降到 21.83 米^3，万元工业增加值用水量下降到 14.1 米^3，城市居民每天生活用水量下降到 114.27 升/人，工业用水重复利用率达 87.8%，市区成功创建节水型企业（单位）42 家，节水型居民小区 13 个，节水能力不断提升，用水效率不断提高。

近年来，诸暨市委、市政府从政策制度、管理体系、经济杠杆、技术支撑等各方面相互联动，持续深入推进水资源集约节约利用。

（1）增强保障，规范节水管理制度。诸暨市政府先后制定、出台了《城市节水中长期规划》《城市节约用水管理办法》《供水管理办法》《城市排水管理办法》《地下水资源管理办法》《城市节约用水“三同时”管理办法》等规范性文件和制度，为建立诸暨市节约用水体系、转变传统水资源开发利用方式发挥了积极的推动作用。

（2）借力平台，深入开展节水宣传。诸暨在节水宣传中注重日常宣传和集中宣传结合，充分开辟公交候车亭、墙绘、大型广告牌、出租车等宣传阵地，扩大节水宣传的覆盖面，着力利用每年的“世界水日”“全国城市节约用水宣传周”，集中宣传有关节水法律法规和节水创建的重大意义，增强全民的节水意识。

（3）加大投入，开展节水示范项目建设。通过实施陈蔡水库引水工程、诸北供水工程、居民小区“一户一表”改造工程、城北水厂建设等一系列供水工程，基本实现了城乡供水一体化。同时，实施老管网改造，开展管网检漏工作，降低供水管网漏损率，城市供水管网漏损率从2012年的12.06%降低到2013年的11.37%。做好节水器具普及推广工作，对建成区范围内的非节水型水龙头、坐便器全部进行更换改造，把市区所有学校的沟槽式大、小便池改造成节水型红外线感应式冲洗，城市建成区范围内节水器具普及率已达100%。大力推进科技节水和挖潜技改，重点扶持印染、纺织业的科技节水项目。

（4）科学管理，着力完善经济调控机制。率先在全国开展农业节水资金收取工作，出台了《陈石灌区城镇供水补偿农业节水资金使用和管理规定》，明确规定从收取的原水费和自来水费中提取节水补偿资金，用于灌区的节水灌溉工程建设与管护。积极推进水价改革，实行非居民用水户计划用水与用水定额管理相结合，大力促进产业发展从“以用水需求定供水能力的需水型”向“以节水约束产业结构的适水型”转变。

2. 走水资源循环利用再生型道路

水资源循环利用再生型道路主要是运用生态循环理念，以水资源的循环利用为核心，以减量化、再利用、资源化为原则，以低投入、高产出、少排污、可循环为特征，按照水再使用、水再生利用、水再循环的要求，通过清洁生产和现代排水系统的建立，实现用水的减量化；通过水资源的梯级利用和中水回用实现用水的资源化。重点是在农业用水、工业用水、城市杂用水、生态景观用水间建立水循环利用网络，鼓励中水回用，采用先进的水处理工艺，将城市污水处理厂的二级出水经深度处理后再回用于农业灌溉、工业生产、城市景观、市政绿化、建筑施工用水、冲洗汽车、街道厕所用水和补充地表水等方面，共同推进水资源的再利用与再循环。积极推进工业园区、企业水资源循环利用和工业废水处理回用，建立工业用水“零”排放和中水回用示范项目，构建单个企业内部“补充新鲜水—工业用水—污水处理—替代新鲜水”的水循环利用模式，从而减少水资源的消耗量和排放量，提高水资源的利用率和循环使用率。

典型案例

义乌市属典型的水质型和资源型缺水城市，人均拥有水资源量451 米^3，仅为全国人均水平的五分之一，且时空分布很不均匀。走减量化、无害化、资源化的水资源循环利用型道路，提高水资源的重复利用率，对解决义乌市水资源短缺问题具有重要作用。为此，义乌市专门出台了《义乌市分质供水和中水回用规划》，将非常规水资源利用纳入循环经济专项资金补助范畴，提高企业建设中水回用、雨水收集利用项目的积极性，重点扶持印染、纺织业的中水回用和冷却水循环利用等科技节水项目，累计投资 1 亿多元对数十家重点企业进行中水回用设施改造，不断提高水资源重复利用率，目前，义乌市 80%的企业已实现水循环使用，每年可节约原水 500 多万米^3，相当于 1/5 个义乌八都水库的正常库容，有效缓解了义乌市优质水资源紧缺的矛盾。

浙江剑利美针织服饰有限公司作为义乌市一家集研发、生产、销售与服务为一体的企业，光是染色车间正常开工，一天就需要约 200 吨用水量，耗水量很大。2004 年开始，公司建立了中水回用系统，染色污水在依次通过多介质过滤器、袋式过滤器、超滤系统等程序后，60%以上的车间用水可以循环使用，中水回用系统成本投入为 3 元/吨，仅为工业用水价格的一半，这不仅为企业节省了成本，还促进了水资源的循环再利用。除了建立中水回用系统，公司还建立了雨水收集系统、员工宿舍雨污分流等，将雨水、生活废水进行收集，经处理后用于绿化浇灌。

义乌市双童日用品有限公司在厂区的屋顶、路面、绿化带中，建有 232 个雨水收集点，这些收集点通过地下管道相连，最后汇集到总容量达 1 200 米^3 的雨水收集池，经过过滤、沉淀等处理后，这些雨水作为厂区的消防用水、车间磨具冷却用水、厂区绿化浇灌用水。之后，厂区的工业废水和生活污水又通过专用管道汇集到废水池，经过活性炭、沙子过滤处理及氧化沉淀后，流入蓄水量达 1 500 米^3 的中水收集池，中水收集池里不仅种植了大片荷花、养殖了不少鱼类，池水还能再次用于员工宿舍的马桶冲水及厂区绿化浇灌。目前，公司的中水回用、工业循环用水、雨水收集等节水系统一年可节水25 万米^3，按义乌市自来水价格5.3 元/米^3 计算，每年可节约水费 130 多万元，实现了水资源循环利用和经济效益双赢。

3. 走水资源优化配置引导型道路

水资源优化配置引导型道路是指遵循有效、公平和可持续的原则，充分考虑社会、经济、生态、环境等因素，合理利用水资源系统的时空变异特征，对有限的、不同形式的水资源，通过工程与非工程措施在区域之间、流域之间以及上下游、左右岸、生活、生产与生态等之间的科学合理配置，从而引导产业结构的调整和生产力布局的优化，保证社会经济、资源、生态环境的协调发展。在水资源优化配置过程中，关键是加快推进水源工程和引调水工程的建设，优先保证城乡居民生活用水、粮食生产用水和重要产业用水，提高水资源的调控能力，改善水资源分布不均、区域性水资源紧缺的状况；在水资源丰沛和紧缺地区打造不同的产业结构，缺水地区严格限制新上高耗水、高污染项目，鼓励发展用水效率高的产业，水资源丰沛地区高用水行业的企业布局和生产规模要注重产业宏观调控与引导，与当地水资源量、水环境条件相协调。

典型案例

舟山地处海岛，与大陆分隔，且岛屿分散，径流短促，水资源时空地域分布不均，水资源总量为 5.67 亿米^3，人均水资源 578 米^3，仅为全省平均水平的 27.5%、全国平均的 24%，属典型的水资源紧缺地区。随着浙江舟山群岛新区的建设和发展，及其所带来的产业和人口的快速集聚，用水需求将大幅度增加，水资源短缺问题越来越突出，淡水资源的缺乏已成为制约全市国民经济和社会发展的瓶颈。多年来，舟山市坚持从海岛实际出发，积极采取引水、蓄水、联水、造水等联动措施，初步形成了以本地水资源、大陆引水和海水淡化组成的水资源配置系统，促进海岛地区水资源的可持续利用。

(1) 引水工程。舟山市积极实施大陆引水、岛际引水来开发利用、优化配置水资源，目前已建成了引水规模 1 米^3/秒、年均引水能力 2 160 万米^3 的大陆引水一期工程；年均引水能力 6 633 万米^3 的大陆引水二期工程管网线通水成功；引水规模 1.2 米^3/秒，多年平均引水量 3 200 万米^3 的大陆引水三期工程也已获得批准。同时，为解决部分水资源开发利用条件较差岛屿的缺水问题，全市已建成舟山本岛—长白岛、舟山本岛—册子岛、舟山本岛—岱山岛、舟山本岛—鲁家峙—登步—蚂蚁岛、舟山本岛—普陀山岛、岱山岛—长涂岛6条境内跨海岛际引水工程，引水总规模约1米^3/秒。舟山市跨区域的引供水格局和网络不断完善，调蓄能力不断增强，很大程度上缓解了舟山本岛及周边附近岛屿的水资源紧缺矛盾。

（2）蓄水工程。通过新建水库、病险水库除险加固、河道整治、修建拦蓄引水入库渠道等途径，充分开发利用本地水资源，增加蓄水能力。在偏远渔农村修建小水池、小水窖等小型雨水集蓄利用工程，作为区域供水、集中供水的补充。目前，已建成中小型水库210座，可蓄水量达到1.57亿米^3，本地水资源开发利用率达18%。其中，中型水库1座，为位于本岛定海区的虹桥水库，总库容1 235万米^3；小Ⅰ型水库32座；小Ⅱ型水库177座；山塘和池塘（库容10万米^{3}以下）1 841座。

（3）联水工程。因地制宜，积极创造条件，实施了100余处水库与水库之间、水库与河道之间、河道与河道之间、城乡水厂之间的联网，实现从单一水源保障转向多元水源保障，从点状供水保障转向网状供水保障，全面实现岛岛联网、库库联网、库河联网，从而进一步提高水资源的利用率和调蓄能力。

（4）造水工程。充分利用丰富的海水资源积极实施海水淡化工程，至今共建成六横岛海水淡化一期工程、岱山岛海水淡化工程、衢山岛海水淡化工程、秀山岛海水淡化工程等海水淡化工程15处，海水淡化总能力达到5.34万吨/日，基本解决了边远岛屿的生活和生产用水问题。

4. 走水资源清洁安全控制型道路

水资源清洁安全控制型道路是指从生态—经济大系统的整体优化视角出发，将资源有效利用战略和综合性预防的环境战略持续地应用于生产过程及产品和服务中，通过不断采取改进设计、采用先进的工艺技术与设备、水资源综合利用和改善管理水平等措施，大力发展清洁工业、清洁农业、清洁渔业，最大限度地提高水资源利用效率，从源头控制水污染，以减轻或者消除对水环境的影响，不仅改变了过去被动、滞后的污染控制手段，还有效避免了末端治理的弊端，促进了经济发展、资源利用和环境保护相协调，是实现水资源可持续利用的重要手段和主要路径。走水资源清洁安全控制型道路既着眼于减轻水污染、保护水环境，又重视节约水资源、发展经济；它实施生产全过程控制，从产品设计、原料选择、生产工艺到产品使用及废水处置等一系列环节都实行了严格控制，力求做到水资源的高效利用和水污染的最小化。在国家级、省级工业园区或循环经济示范园区以及具备一定规模（规模以上企业数量达 20 户及以上）的工业集聚区，要创建一批水资源清洁安全控制型示范园区，以点带面，推动工业园区整体走水资源清洁安全控制型道路，并加快向农业、服务业等领域拓展，开创全面推进清洁生产的新格局。

典型案例

随着秀洲区经济的快速发展，高能耗、排污难问题也日益突出，尤其是印染、喷水织机废水污染成为困扰多年的老大难问题。为此，秀洲区通过政策引导和扶持，大力发展低能耗、无污染的产业，关、停、并、转、改能耗高、效益差、环境污染大产业，并通过推广应用节能减排新技术、加大耗能设备技术改造，充分调动企业走节能减排、清洁生产之路的积极性，努力减少水资源消耗和污染物排放，从源头上控制水污染。秀洲区着重对纺织、印染、热电等重点污染行业开展清洁生产培训、外出考察学习、节能专家现场“问诊”等多种形式的宣传活动，积极引导企业实施清洁生产，大力推广以“节能、降耗、减污、增效”为目标的清洁生产审核，使众多工业企业率先步入“清洁生产”时代，从而实现企业节能降耗从末端治理向源头预防的转变。截至目前，秀洲区共有 84 家企业通过了清洁生产审核，拥有清洁生产企业家数列嘉兴市前列。

近年来，秀洲区以行业整治为抓手，重点推进印染行业的整治，印染行业产业结构、区域布局已经明显优化，工艺装备、清洁生产和污染防治水平得到全面提升，主要污染物排放量有效降低，行业呈现健康、规范和可持续发展态势。2013 年秀洲区印染企业生产总值为 31.5 亿元，废水排放量 2 420 万吨，COD 排放量 2 324.4 吨，氨氮排放量 433.8 吨。与 2010 年相比，印染企业生产总值增加 19.3%，废水、COD 和氨氮排放量分别削减 5.2%、6.1%、9.2%，废水、COD 和氨氮单位生产总值排放分别削减 20.5%、21.3%、23.9%。

嘉兴新大众印染有限公司是秀洲区首家实施清洁生产的试点企业，2004 年该公司投资 2 600 多万元，通过设计改造高温冷却水的回用、高温高压卷染机安装自动控制系统、在车间安装相应的计量设备等清洁生产处理设施，在确保企业经济效益的基础上增效节支 400 多万元，实现废水回用率 65%，减少污水排放量 99 万吨。

四、促进水资源可持续开发利用的对策建议

（一）领导组织保障

加强领导，推进部门协作。按流域管理与区域管理相结合原则，着力推进水资源管理体制改革，逐步建立分级管理、职责明确、运转协调、行为规范的水资源统一管理体制，加强跨行政区、跨部门间的积极联动、协同合作，构建起完善的区域联动机制，解决条块分割、城乡分割、部门分割等问题，减少不同部门利益驱动对水资源统一管理的行政干预和掣肘，全面实现对水资源的统一规划、统一配置、统一调度、统一管理，为水资源的长效保护、科学利用、合理开发创造条件。

科学规划，落实目标管理。按照水资源供需协调、综合平衡、保护生态、履行节约、合理开源的原则，运用现代化的科学手段、技术方法和规划思路，制定水资源开发、利用、治理、配置、节约、保护的方案和措施，形成全省协调、流域协调、区域协调的水资源配置规划，并不断总结水资源利用与需求出现的新情况、新问题，对水资源配置规划实行动态管理，适时进行科学的修订完善，以充分发挥规划的龙头地位，为水资源统一管理和可持续利用提供规划基础。

注重宣传，提高可持续利用意识。加大省情、水情宣传力度，把水资源可持续利用纳入公益宣传范围，纳入国民素质教育体系以及各类教育培训内容，提高全民水患意识、节水意识、水资源保护意识和灾害防御自救意识，在全社会形成节约用水、合理用水的良好氛围。通过节水书籍、小册子、电视、广播、报纸等对典型经验进行宣传。积极完善公众参与机制，通过听证、公开征求意见等多种形式，鼓励群众参与决策，为公众行使知情权、参与权、监督权创造条件。

（二）健全制度保障

完善市场调节机制。建立水权交易市场，完善水资源市场调节机制，注重运用价格、财税、金融等手段，实现水资源的合理配置。合理确定区域之间的初始水权，进而在区域内部将水权界定到用水户，奠定水权交易的基础；建立水权交易市场，深入探索水权流转的实现形式，鼓励水权合理有效流转，实现跨流域、跨区域用水，优化水资源配置；稳步推进水价改革，建立合理的水价和水资源费形成机制，形成“超用加价、节约奖励”的机制。

建立节水减排治污激励机制。严格执行用水总量控制和定额管理相结合制度，完善水资源有偿使用制度、生态环境补偿机制、排污权交易制度，探索水资源巡查保护制度、节水器具补贴制度。建立和完善排污浓度控制与总量控制

相结合的制度，根据排污总量控制指标分配排污权；对入河排污口进行管理，现场检查排污行为，限期治理污染等，开展污染事件责任追究。全面推进工业污水和城镇生活污水截污纳管和达标排放，加大农村污水治理，全面实行“四级河长制”，消灭“垃圾河、黑河、臭河”。

健全水资源安全预警和应急机制。健全省、市、县水资源监测网络，将全省水资源的水量、水质和量质调控，整合为一个测得准、管得住，高效运转、有效监控的“在线”管理信息系统。完善重要水功能区、饮用水源地、重要引调水沿线、江河控制断面的水质水量在线监测网络建设，加快地下水动态监测网络建设和跨行政区域交接断面的水质水量监测能力建设。完善与水资源开发利用控制红线、用水效率控制红线、水功能区限制纳污红线管理相适应的监控体系。研究制定突发性水污染事件的应急处理机制及方案，对突发性水质污染事件做到及时预警、科学调度、快速处置，确保供水安全。

（三）构建投入保障

加大财政投入，完善政府投入保障机制。充分落实好中央加大水利投入的一揽子政策，进一步提高财政性资金对水利投入的总量和增幅。各级政府建立“五水共治”及相关专项资金，并积极探索财政贷款贴息、投资参股、以物代资等扶持方式，加大对战略性、基础性、公益性项目的支持力度，特别是继续加大对河道整治工程、污染减排工程、防洪大堤工程、城市排涝工程、饮用水引水工程、城乡节水工程、非常规水资源利用工程以及水生态修复、水环境保护、水污染防治等的扶持力度。

引导民间资本，拓展社会投入融资机制。充分发挥各级财政投入的主导作用和市场机制的基础性作用，通过制定一系列优惠政策引导信贷资金、工商企业和民间资本、外资资本投向“五水共治”，积极发展 BOT、TOT、BT 等新型融资模式，逐步形成以财政资金引导、政策性金融支持、社会资本广泛参与的多元化投融资渠道。

创新金融产品，强化信贷投入服务机制。加大金融产品和服务模式创新，合理调配金融资源，优化信贷结构，通过保函、类信贷业务协助发债、污水供水企业收费权质押等多样化金融产品，引导更多信贷资源支持“五水共治”。支持金融机构通过银团贷款分散大型水利项目风险，鼓励金融机构联合融资租赁公司增强支持力度，发展大型水利基础设施设备和中小农田水利灌溉系统融资租赁服务，满足水资源可持续利用融资需求。

（四）加强科技保障

加强技术研发创新，提供科技支撑。整合浙江大学、省环境科学院、省水利河口院、省农业科学院等有关科研力量，建立协同创新机制，组建技术联盟，围绕水环境综合治理、节水减排、饮用水源保护、防洪减灾、海水淡化、水利信息化等“五水共治”中的关键共性技术进行联合攻关研究；注重引进、吸收发达国家有关先进技术，尤其要重视水资源的循环再生利用和水污染防治技术；组织开发有普遍推广意义的节水技术、非常规水资源利用技术、农业面源污染防治技术、工业污染处理技术等。

加快技术示范推广，促进技术应用。围绕“源头减排、过程控制、资源利用、末端治理”的思路，通过发布目录、组织现场会、举办推介会、技术交流、科技示范基地等多种形式，加快先进成熟技术成果的转化和推广，重点推广废污水“零”排放、农业节水灌溉、中水回用和非传统水源利用、水污染生态化治理技术，提高科技对水资源可持续利用的现实支撑力。积极探索“产学研”合作的新模式，理顺“产学研”合作的机制和体制，大力开展水资源可持续利用相关技术、路径的试验、示范和集成应用。

健全推广服务体系，加速技术转化。依托浙江省水利科技推广与发展中心、浙江水利科技服务网和市、县、乡三级水利科技推广机构，逐步建立队伍多元化、运行市场化、形式多样化、服务网络化的水资源可持续利用技术推广服务体系。加大人才资源集聚与培养力度，加快对外合作与交流，积极组织开展有关水资源可持续利用的技术交流、技术推广、技术服务和信息发布等活动，培育具有新理念、掌握新技能的水利科技推广员，强化广大群众的水资源和水环境保护意识。

（五）强化供给保障

加快水源和引调水工程建设。围绕全省经济社会发展和重大战略布局，重点推进开源、引调、提升三类保供水工程建设，统筹解决区域性水资源紧缺的矛盾。加快推进新昌钦寸、台州朱溪、三门东屏、松阳黄南、龙游高坪桥、杭州闲林水库等水源水库建设；着力推进杭州千岛湖配水、舟山大陆引水三期、嘉兴域外引水等引调水工程建设；推进城乡一体化供水和农村供水的标准化、规范化，启动“农村饮水安全提升工程”，继续改善农村人口饮水条件；加强对重要生态保护区、江河源头区、水源涵养区、流域重要河道和湿地的水生态保护和修复。

加大海水资源利用。浙江是海洋大省，在海水淡化、海水直接利用、海水淡化技术设备、海水资源综合利用等优势领域重点投入，大力实施沿海大型电厂海水利用工程、主要海岛海水淡化工程、亚海水淡化工程、大规模海水淡化示范工程、可再生能源海水淡化工程、大生活海水利用示范工程六大海水利用工程，不断提高海水利用在整个水资源利用中的比重，解决沿海地区及海岛水资源短缺问题。

实施虚拟水战略。虚拟水是指生产商品和服务所需要的水资源数量。虚拟水战略的实施，不仅可为省内水资源供给提供一条新途径，还可为省内农业种植结构优化、产业结构调整、水资源分配方案确定、水资源战略及贸易体制的制定提供重要的依据。浙江省应大力鼓励进口虚拟水多的产品（如粮食）、出口虚拟水少的产品，并限制出口虚拟水多的产品，使水资源从高耗水、低效益的传统生产领域转向低耗水、高效益的生产领域，实现区域水资源的可持续利用。

专题二　浙江省林业资源综合开发利用路径研究

一、林权制度改革与林业发展回顾

（一）集体林权制度改革背景

我国现有林地 45.60 亿亩，其中集体林地 27.37 亿亩，占全部林地的 60%；我国山区占国土面积的 69%，而山区又占有 90%的森林资源；山区人口占全国总人口 56%，而山区又是贫困人口集中的地方，全国有 592 个贫困县，其中山区县占 496 个（张建龙，2012）。可见，集体林地是稳定我国森林资源保有量、加强生态环境保护、促进山区农民脱贫致富的重要载体，对于保障我国经济社会健康持续发展、加快建成全面小康社会，具有十分突出的重要意义。

改革是我国林业最突出的发展主题，当前我国集体林权制度改革可分为主体改革和配套改革（深化改革）。2003 年中共中央、国务院出台了《关于加快林业发展的决定》，以福建、江西等为国家林业局确定的最主要主体改革试点省份，以“明晰产权、放活经营权、落实处置权、保障收益权”为核心，正式拉开了新一轮林改的序幕。其根本措施就是分山到户，即将林地承包经营权、使用权和林木所有权落实到农户，通过一系列的产权制度安排，实现“均山、均权、均利”和“耕者有其山”的基本改革目标。在总结试点经验的基础上，2008 年国务院制定出台了《关于全面推进集体林权制度改革的意见》，明确指出“依法明晰产权、放活经营、规范流转、减轻税费，进一步解放和发展林业生产力，促进传统林业向现代林业转变”。这标志着集体林权制度改革的进一步深化和全面推广实施，开始直接涉及全国千千万万农户的利益，也被誉为林业领域的“家庭联产承包经营制度”式的改革。

改革开放以来，林业制度的历次改革，尤其是本轮集体林权制度主体改革和配套改革的不断推进，加快了林地资源权属多元化、市场化进程。改革确立了农民作为林地承包经营权人的主体地位，将林地的承包期延长到 70 年，让农民依法享有林木的所有权、处置权、收益权，真正实现“山有其主、主有其权、权有其责、责有其利”；积极鼓励发展非公有制林业，允许使用权和经营权转让，通过林权流转、抵押、拍卖等途径，有效地促进了人才、资金、科技、管理等各种优质生产要素向林业聚集，非公有制林业异军突起。全国已确权集体林地 27 亿亩，占集体林地总面积的 97.7%；发证面积 26 亿亩，占确权林地的 96.4%，1 亿农户拿到林权证。近 5 亿农民拥有了真正意义上的财产权，户均获得森林资产约 10 万元，使广大农民成为林木资产的法人，为他们订立契约、积累资本创造了条件。本轮林改的深化奠定并完善了现代林业经营基本制度的总体框架，激发了林农的生产积极性，有效地盘活了林地林木资源，大大提高了林业的管理水平，已在全国范围内产生了广泛的正面效应。

我国经济发展已进入新常态，资源环境与经济、社会之间的发展关系发生深刻变化，生态文明建设的地位和重要性日益凸显，为新时期林业经济改革和发展带来了难得的历史机遇。在此背景下，中央连续提出了“绿水青山就是金山银山”“林业建设是事关经济社会可持续发展的根本性问题”“林业要为建设美丽中国、实现中国梦创造更好生态条件”等一系列十分深刻而又精辟的重要论述。党的十八大报告将生态文明建设与经济建设、政治建设、社会建设、文化建设相并列，作为现代化建设“五位一体”的重要组成部分，要求通过大力推进生态文明建设，建设美丽中国，实现中华民族永续发展。党的十八届三中全会进一步提出，要“……完善集体林权制度改革”，把集体林权制度改革作为新时期全面深化农村改革的重点，为解放发展林业经济的绿色生产力、释放更大红利创造了新的广阔空间。

（二）林权制度创新与资源利用关系辨析

新制度经济学认为，经济发展的本质是更有效利用资源的制度变迁过程。实际上，制度变迁和技术进步是长期经济增长的两个最为重要的变量，经济发展的本质是技术进步与制度变迁的统一过程。马克思的生产力与生产关系理论认为，技术进步属于生产力范畴，而制度变迁则属于生产关系范畴，技术进步决定制度变迁，而制度变迁反作用于技术进步。在更多情况下，技术进步的速度往往快于制度变迁的速度，导致了技术进步对经济增长的贡献更容易被人们感受到，而制度变迁对经济增长的贡献可能需要长期观察才能发现。

总体上来看，我国林业经济发展落后于其他产业，甚至落后于农业经济，原因在于林业具有鲜明的经济、社会、生态等多元化功能，且非经济功能相对突出，在林业资源开发与保护方面始终存在内在制约，导致林业经济部门平均利润低下，难以有效凝聚优质资源要素，形成发展合力。林业经济发展落后主要体现在资源利用方式和发展方式转变滞后，结合新制度经济学的理论分析，林业经济的落后实质上是生产力与生产关系互促发展机制创新的落后，是林权制度变迁和科技应用的滞后，也是未能科学开发和充分利用林业资源的表现，使得林业经济长期处于低水平徘徊的发展状态，不能很好地发挥其对于国民经济的特殊重要作用。我国正是从这一点出发，启动并全面深入推进集体林权制度改革进程。

在林权制度改革推进背景下，如何提高林业资源的利用效率，取决于林业主体对林业资源的利用方式、能力和水平。我国林业资源的开发与利用经历了原始利用阶段、重视加工业阶段和多效益综合利用阶段，不同阶段呈现了不同的利用特点和利用方式。改革开放前，我国林业处于以木材生产经营为主体的传统林业阶段，人们对森林资源的利用主要是针对木材资源的利用，并且木材利用类型单一，仅限于原始的燃料和建筑用材，这种单一、直接的利用方式对森林资源造成了极大的破坏。改革开放后，我国进入了工业化发展阶段，建筑、采矿和铁路等基础产业用材量猛增，人造板、纸浆和纸制品行业规模开始扩大，木材利用率及使用规模得到进一步提高。随着原有资源的消耗，我国进入培育与利用并重阶段，开始大规模培育用材林、工业原料林，进入了积极保护性开发阶段。这一阶段的林业资源利用方式是以木材的粗加工利用为主体。进入 21 世纪后，随着技术的进步以及资源供求矛盾的突出，人们也由粗放、直接的林业利用方式开始向集约、生态的方式转变，逐步实现利用方式多样化、多效益综合利用的模式。对于木材的利用已由初加工利用转向精加工利用阶段，将木材用作林木质能源，用于加工燃料、生物柴油以及林木质燃烧发电，还用于制作木质纤维复合材料、制作木质碳化物。除了木材、竹材的利用，人们更加注重非木质林产品的利用，如多种森林食品、水果、油料、树胶、野生动植物以及大量相关产品的深度开发利用，森林生态旅游作为森林资源的一种最佳而有效的利用途径正逐步成为正在兴起的新兴产业。

当前，林业资源的利用方式和利用水平不断提升，林业资源的利用效率和永续利用水平也得到迅速增强，这充分展示了林业资源，尤其是非木质林产品资源、景观资源综合利用的巨大潜力。随着社会的发展、科技的进步，林业资源的综合开发利用前景将会更加广阔、利用方式也会更加合理化、多样化（邢美华，2009）。

（三）浙江林业资源开发利用成效

“七山一水二分田”，据《2013 浙江省农业自然资源年度报告》，浙江现有林地面积 9 919.05 万亩，活立木总蓄积 2.82 亿米^3，森林覆盖率 60.82%，林业在经济社会发展中具有特殊的重要地位。20 世纪 80 年代初，浙江省全面开展“稳定山权林权、划定自留山和确定林业生产责任制”的林业“三定”工作，启动了林权改革的序幕。全省 8 680 万亩山地、林地确定了山林权，300 多万农户分到了自留山和植树地段，加上责任山，72%的集体山林实现了到户经营。分林到户，实现了“山定界、林定权、人定心”，调动了千家万户的生产积极性。

浙江省面对新一轮林权改革的重大机遇，积极探索林改的新模式和新举措，取得了明显成效。一是确权发证，完成主体改革。为稳定山权林权，浙江省积极推进林权证换（发）工作。目前，已完成换（发）林权证面积 8 654.5 万亩，占应换（发）证面积的 96.8%；换（发）林权证 425.9 万本，占应换（发）林权证的 99.0%；签订责任山承包合同 143.9 万份，占应签订责任山承包合同的 97.5%，率先完成了集体林权制度的主体改革。同时，推进林权信息化建设，将林权证属性以空间数据方式全部录入系统，实现了林权数字化管理。二是推进集体林权流转。为保证林权流转工作的有序进行，浙江省相继出台了《浙江省森林、林木和林地流转管理办法》《浙江省森林资源资产抵押管理暂行办法》等政策性文件来引导林权流转工作。同时，成立了华东林业产权交易所，在 75 个县（市、区）建立了林权管理机构，65 个县（市、区）成立了林权交易中心，使全省的林权流转迅速展开。全省年均林权流转面积近 100 万亩，累计流转面积已达 1 366 万亩，流转金额达到 214 亿元。三是创新林业金融服务。通过“先试点、后推广”的方式，在全省半数以上的县开展了林权抵押贷款业务，满足林农资金需求，吸引社会力量参与、投入林业发展，解决林业发展融资问题；设立森林火灾险种，积极开展林业火灾保险工作，取得约 4 396 万亩林木火灾险有效保单面积，占全省森林总面积的 46%，有效地增强了林业风险防范能力。四是促进产业化经营，积极建立林业专业合作社。鼓励引导农民建立专业合作经济组织，形成“基地+合作社+农户”“市场+合作社+农户”等运作模式，加快了林业产业化发展进程。

通过集体林权制度改革，稳定了林业承包关系，使林业效益充分发挥；森林生态状况持续得到改善；林业产业转型升级步伐加快；完善了市场发展机制，为建设现代林业打下坚实基础；增强了森林的风险防范能力，促进林业可持续发展。浙江“还山于民，还利于民”，被束缚的绿色生产力释放出来了，林业进入了快速发展时期，林业经济的综合功能和绿色发展效益逐步显现，使浙江从一个林地资源小省变成了木业、竹业、花木、森林旅游业大省。据统计，2013 年全省农村居民人均林业纯收入 2 937 元，比 2012 年增加 371 元，增长 14.5%，人均林业纯收入占农村居民人均纯收入的 17%，林业对农民增收的贡献率为 22.2%。在 2013 年全省农村居民人均林业总收入中，工资性收入 902 元，家庭经营性收入 2 113 元，从事森林旅游经营收入和务工收入 216 元，资源流转收入 15 元，转移性收入 34 元，其他收入 103 元。据《浙江省森林资源及其生态功能价值公告》（2015），2013 年，浙江省森林生态服务功能总价值为 4 291.63 亿元，平均每公顷林地生态效益 6.50 万元。

(四) 面临的问题与挑战

1. 林业资源质量较低，林分结构不尽合理

虽然浙江省森林覆盖率较高，但由于林分质量不高、单位蓄积量低，森林资源总量不足。据统计，浙江省人均森林面积不足 1.65 亩，低于全国人均森林面积（1.92 亩），只占世界人均森林面积的 17%；人均占有森林蓄积 4.58 米^3，约为全国平均水平的一半。全省乔木林每公顷蓄积 60.61 米^3，仅为全国平均水平的 77.6%。大量的人工杉木林亟待抚育，在大力发展杉木用材林的 20 世纪 90 年代，农民为了获得间伐材，杉木种植密度普遍很高，而今，间伐材价格抵不上人工费，农民也不再进行抚育间伐，原先密植的杉木林大多细弱不成材，急需经营抚育。许多地方“远看一片绿，近看是柴火”，改善生态任重道远，森林抚育亟待加强。

2. 产权界定仍不明晰，影响主体经营预期

长期以来，林业产权制度变迁都有突出的强制性和冒进性，不管是在土地改革时期，将大部分山林划给农民所有，还是在本轮林改进程中，将林业以集体林形式承包给农民，林权的界定仍然不够明晰，主体之间的产权纠纷不断。由于缺乏明晰而稳定的林业产权结构，林农还未真正成为产权意义上的经营主体，集体林区“大资源、小产业、低效益”的现象比较普遍。同时，林业经营主体难以形成良好的收益预期，产权配置效率较低，无法有效实现其经济激励作用，很多经营者的积极性变差，各种短视性经营行为时有发生，严重影响到林业经济的可持续健康发展，林业资源数量和质量的提高均面临挑战。

3. 非经济性功能突出，补偿机制仍不到位

当前，浙江省山区县的生态保障功能突出，产业发展和经济建设受到严重的体制约束，同时，由于生态补偿制度存在法律法规不健全、经济手段缺失等诸多问题，未能形成良好的跨区域协调和资源补偿互促发展机制，影响了部分山区经济发展热情和能力，不利于林业资源的保护、开发，也不利于全省经济健康可持续发展。

4. 产业深度开发不足，产业化水平不高

当前林业资源产业化开发仍然处在较低的层次，在主体培育，尤其家庭农场、合作社的扶持壮大以及产业化机制创新等方面还面临诸多问题。林农增加财产性收入的渴望尚未得到满足，林权流转面临的多重障碍尚未得到解决，产业化发展的资源整合、产业集聚方面的工作还很多，距离培育全产业链发展模式还存在非常大的差距。

二、林权制度创新视角下林业资源综合开发利用实证研究

（一）典型案例

1. 丽水龙泉：林权改革把宝藏唤醒

（1）概况与成效。丽水市素有“浙南林海”之称，全市拥有 2 100 万亩郁郁葱葱的山林，是浙江省最大的林区市、全国南方集体重点林区市，被誉为“中国生态第一市”，正在积极打造成为生态保护与生态经济“双示范区”。“靠山吃山”，林业资源一直是当地农民赖以生存的最大资产，龙泉又是丽水林业的第一县。长期以来，这片“绿色资产”一直在沉睡着，没有被唤醒过。龙泉的青山、林海、清新的空气，这些让城里人羡慕的家乡“珍宝”，却被当地农民当作司空见惯的无用之物，丝毫不会想到有一天它们会与价值、财富联系在一起。到山上砍树、挖竹笋、种坚果，基本上是以往当地村民利用山林资源的主要方式。甚至由于人工成本企高，外出打工收入不菲，山林资源渐渐变成鸡肋，许多山林多年无人管护。

在历经全省统一的林业“三定”、完善林业生产责任制、山林延包之后，近年来，一场从龙泉兴起、在丽水市全面推进的集体林权制度配套改革，破解了盘活森林资源资产、以林权作为抵押物贷款和经营权发证的三大难题和制度约束，也创新了山区金融发展方式，为林业资源深度开发利用，培育新型林业经营主体，加快林业规模化、产业化转型发展，奠定了重要体制基础。目前，龙泉市累计林地流转 98.4 万亩，流转率 25%，占丽水市的 76%，占全省的 7%，林地流转面积和流转率均为全省第一。林业制度改革的深入推进和规模经营快速发展，激发了林农发展效益林业的积极性，现已形成家庭林场型、托管林保姆型、股份合作型、租赁经营型、专业合作型等多种新型林业经营主体 408 家，参与农户总数达 17 540 户，占龙泉农户总数的 29%。用当地人的话说，是“林改唤醒了大山里沉睡的宝藏”，让“活树变活钱”“生态变资产”“青山变金山”，林业资源的综合开发利用真正活了起来。

（2）主要做法。林权改革把林业资源确权作为核心任务，从根本上解决了林业发展的体制性、基础性障碍，为深化创新提供了先决条件。具体举措包括：一是成立了县级林权管理中心、林权交易中心、森林资源评估中心、林权抵押贷款服务中心，破除了资金约束瓶颈。林业“三定”工作确定了林业资源的权属，林权评估机制和交易平台又让林权真正流动起来，充分实现了林业资源的市场价值。二是创新服务平台和机制，让金融服务更加便捷高效。龙泉全面推广“林权 IC 卡”，全面推进林业资源信息化管理和服务，凭卡办理贷款时间也从一周缩短到半天。同时，龙泉探索抵押创新机制，让农户通过参与合作

社担保，到信用联社领取贷款，避免了以往以人为担保的诸多不便。三是探索林权流转新机制。在保障农民的权益基础上，引导农民探索林权流转、规模经营新模式，采取转让、分成、租赁、托管、入股、互换等方式进行林权流转，形成了“林保姆”、股份制企业、租赁经营企业等多种规模经营主体。综上，以林业确权为基础，多种机制体制创新为补充的改革措施，加快了林业资源盘活、整合和综合开发利用的步伐，全面激发了龙泉市林业经营主体的创造热情，林业经济转型升级和健康可持续发展取得了突出成效。

2. 湖州安吉：全产业链托起集群大产业

（1）概况与成效。安吉是竹子的王国。明甘元鼎曾写道：“川原五十里，修竹半其间”，描绘了竹波万里的美丽竹乡。安吉全县拥有百万亩竹林，毛竹蓄积量达 1.7 亿株，年产商品竹 2 800 万支，居全国之首。这里有世界上散生、混生竹种最为齐全的安吉竹子博览园（又称“竹类大观园”），园内的中国竹子博物馆收录了人类五六千年的竹文化史。除了 4A 级景区中国竹子博览园，安吉还拥有具有绿色梦幻之境的奥斯卡获奖影片《卧虎藏龙》的外景拍摄地——大竹海。

竹子是安吉最宝贵的特色财富。竹子是一种速生植物，是森林资源匮乏的最佳替代品，是经济、生态和社会三个效益的统一体，因而又是极佳的绿色、环保型资源。2001 年，安吉县委、县政府颁布《关于“生态立县—生态经济强县”的实施意见》，作出了从工业立县到生态立县的战略抉择，成为了安吉竹产业转型发展的起点。“既要金山银山，也要绿水青山”，安吉把经济建设与生态文明建的目标紧密结合，以百万亩竹林资源利用为基础，逐步构建起由产竹、原竹加工、半成品加工、压布、竹加工成品行业组成的完整产业链，并围绕产业链的技术与战略需求，出现了印染助剂、技术服务、咨询服务等辅助性行业，形成了较为完整、分工协作的产业体系。随着竹产业链的延伸，以竹类景观为主的森林休闲旅游、农家乐、民居民宿、养老度假等服务业也迅速崛起。到中国生态第一县享受竹海风情、氧吧，已成为长三角都市人的时髦选择；产自安吉的绿色、无公害、有机农副产品，成为长三角市民热捧的佳品。生态竹业发展与美丽乡村建设紧密结合，相得益彰。

安吉竹业的全产业链体系日趋完善，功能更加强大。总的来说，从竹根到竹梢的产品链、从一产到三产的产业链、从物理到化学的生产链，从固态到液态的循环链，长在山上成为景，藏在土里笋变金，砍下山来成为宝，竹叶作饮料，竹竿作地板，竹根作根雕，一支竹子可变成能吃、能喝、能居、能穿、能游的时尚用品，形成了八大系列 5 000 多个品种。凡是木头可以制成的东西，安吉人都能用竹子做到，“世界竹子看中国，中国竹子看安吉”成为共识。通过深度开发、高效利用和多年发展，竹产业成为安吉县区域经济发展的重要基础产业，成为驱动经济又好又快发展的重要引擎。全县现有竹制品各类企业2 300余家，全行业实现产值170亿元，其中规模以上企业70家，实现销售收入50.7亿元，出口交货值达到2.15亿元，产业从业人员4万人。

(2) 主要做法。一是重视科技支撑，巩固产业龙头地位。安吉县打造了全国竹产业发展的“四大中心”，即竹制品加工、集散、研发和培训中心，以市场需求为导向，以科技创新为动力，开展竹资源开发技术研发并取得了重要突破，不断优化竹产品结构，紧抓市场的脉搏。该县的竹产品不断升级换代，始终占据竹产业发展的主导权和控制权，竹产品在创新、质量和品牌等方面均得到了持续的提升。二是加快产业转型升级，提升集群发展优势。当地在竹产业链的完善和功能拓展上花足了功夫，围绕生产、加工与营销等产业链的关键环节，聚集了大量的供应商、制造商和经销商，并逐年加大科研政策扶持力度，对竹子进行循环、低碳的全方位开发，形成了完整的产业链体系和集群竞争优势，同时将生产、初加工等环节向外部转移，保留收益较大的高端环节，成为具有强大凝聚力和辐射效应的竹产业“经济总部”。三是大力推动生态文明和乡村旅游。积极创建“中国美丽乡村”，重点发展生态工业、生态农业、生态旅游，让琳琅满目的竹产品走出去的同时，以其优美生态环境吸引着四方游客亲身感受竹产业为载体的生态文明，实现了经济、社会和生态效益的综合提升。

3. 淳安石林：“一竹二鸡三笋”林下经济更生态高效

(1) 概况与成效。淳安县千岛湖畔的石林镇岭足村有一个“山谷蓝天原生态农场”，该农场坐落在一片深山竹林之中，这里交通不便，只有一条乡村公路从农场脚下绕过，人迹罕至，生态良好、环境优美。该农场的负责人叶伟平是当地人，也是淳安七涧湾土鸡专业合作社负责人，曾经是一位职业经理人。在得知政府大力倡导自主创业的消息后，他毅然辞去了高薪，从大都市返乡承包山场竹林200余亩，投资500余万元，注册了七涧湾土鸡专业合作社，搞起了土鸡生态特色养殖。叶伟平介绍，他首创了“一竹二鸡三笋”经营模式，通过在竹林下套养土鸡，便可获得一竹（竹材）、二鸡（一年出栏两茬）和三笋（冬笋、春笋、边笋）的多元产品，经济效益非常突出。在这种经营模式下，在林边建造鸡舍、产房，竹林空间可为土鸡提供活动场地与觅食来源，鸡粪为竹生长提供有机肥料，春冬季节又可遍采各种竹笋，可谓既充分利用了林下空间，又提高了资源循环和生态发展水平，创造了新的经济效益。

该农场产品中笋竹的效益不是特别突出，但土鸡和土鸡蛋却有一个响当当的品牌“七涧湾”，“山谷蓝天”的网店通过电子商务平台，也早已是美名远播。目前，农场散放土鸡的养殖密度为每亩50只，远低于一般养殖工厂，每两个月出栏销售一批，土鸡龄最长为 32 个月，饲养时间足够长，保证了土鸡和土鸡蛋的顶级品质。该农场的土鸡蛋为 5 元/只，土鸡 25～30 元/千克，180～500元/只，每月出售土鸡 1 000 只左右，该农场的土鸡与土鸡蛋均是淘宝网上同类产品中价格最高的，经济效益非常突出。叶伟平讲，针对当前市场供不应求的状况和将来发展趋势的判断，他计划再扩大一倍经营面积，让每月土鸡出栏量再翻一倍。

（2）主要做法。一是创新经营机制，深挖资源潜力。“一竹二鸡三笋”的经营模式，超越了普通的林下养鸡模式，而且实地观察到竹林与茶园共生，茶、竹、鸡之间不存在空间争夺关系，却可以相互弥补和促进，是资源充分利用和生态循环发展的典范模式。二是重视产品创新，打造品质品牌。农场收集 30 年来农家纯正原生态孵化系列而来的土鸡蛋作为种源，基因纯正且无外来商品鸡杂交。而且，从收集鸡蛋、孵化到饲养、出栏、流通，所有过程全部由农场控制，自己配料进行科学饲养，形成了全封闭式的质量控制体系，保证了品质与安全，满足消费者找回当年感觉的新需求。三是依托现代物流，完善产品服务。农场对土鸡进行宰杀、冷冻、包装，根据网上订单的时间要求，把顺丰作为唯一的物流合作对象，并对客户开展贴心服务，争取良好口碑和印象，鼓励客户之间互相推荐，扩大影响力和知名度。

（二）主要结论与启示

通过以上案例分析，浙江省林业资源综合开发和产业化发展已经站在全面改革和重点创新的起点上，在体制改革创新、全产业链打造、林下经济等方面取得了初步的成效，但仍然有很多需要进一步加强和深入探索之处。通过对现有案例和其他实地调研总结，认为林业资源开发要始终把林农长期享有林改红利作为林改工作的出发点和落脚点，始终把林权信息化作为基础性工作，始终把林权抵押贷款作为中心环节，始终把工商资本流转林权作为强劲动力，始终把强化管理和服务作为有力保障。

要深化浙江省林权制度改革和创新，提高林业资源综合开发利用水平，要坚持生态循环、空间挖潜、主体培育和全产业链开发的思路。对龙泉、淳安、安吉等的地先进经验不能硬搬，应因地制宜进行精心设计、探索，再加以推广，分类推进，同时要以制度改革为主要突破口，重点抓好林权信息化和林权纠纷调解等基础性工作，并着力破解三项紧迫性难题：一是以林业股份合作社为突破口，推进新型合作组织建设；二是以鼓励和规范林权流转为着力点，促进更多工商资本进入林业，破解工商资本进入林业的背景下注意保护好林农的合法权益；三是按要求做好林业金融、森林保险、林木采伐、林下经济等其他工作。

三、推进林业资源综合开发利用的基本路径

（一）战略思路

全面贯彻落实科学发展观，紧紧围绕“两富”“两美”浙江的战略目标，牢固树立“绿水青山就是金山银山”的发展理念，坚持生态发展、绿色富民的主线，以林业制度改革为突破口和新抓手，以新型主体培育、产业转型升级和发展路径创新为着力点，努力突破林业经济发展和资源综合开发利用的瓶颈，进一步优化林业资源利用结构，创新林业资源利用模式和经济发展方式，增强林业经济发展动力，大幅提高林业资源综合开发利用水平。

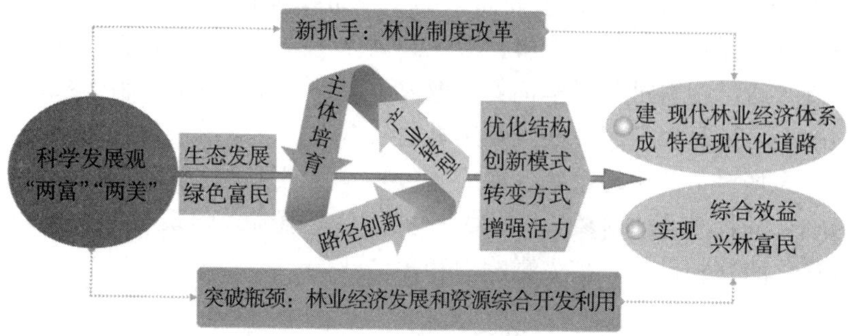

图1　战略思路

今后一段时期，要积极构建和完善浙江现代林业经济体系，探索具有各林区资源特色的林业现代化发展道路，确保实现浙江省林业资源开发的经济、生态、文化和社会等综合效益，并稳步达到“生态循环”“绿色文明”“兴林富民”的战略目标。

（二）重点任务

今后林业资源综合开发工作有三方面紧密相关的任务：一是完善林权制度为基础，激励和规范林业资源综合利用的主体行为；二是构建产业经营体系为保障，提高经营主体生产经营的效率；三是建立以市场需求为主的多元导向机制，改善经济、社会和生态综合效益。

1. 完善林权制度体系，激发林业发展活力

林权制度改革是转变林业经济发展方式、提高林业资源开发水平的先决条件和重要因素，也是今后工作的一大难点。要以改革的总思路引领现代林业经济发展，继续深化集体林权改革，重点加快机制创新、科技创新和路径创新，通过创新驱动，进一步理顺林业产业化发展体制机制，优化林业资源配置和利

益分配格局，激发林业经营主体创业热情，增强现代林业经济发展活力。

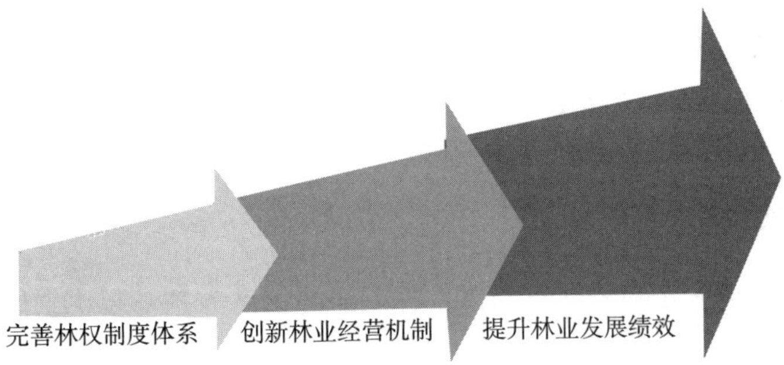

图 2　重点任务

林权制度改革是解放和发展林业生产力，满足新时期林业生产关系必须适应生产力要求的重要举措。林权制度的创新和完善，将明确林业资源物权界限，为探索林地和林木等资源的流转和抵押等奠定制度基础，并进一步调整和优化林业资源的配置和利益的分享机制，降低林业资源开发和经济发展的交易成本，促使经营主体采取从事森林修复、保育和合理利用林业资源的具体行为。

2. 创新林业经营机制，发展适度规模经营

林业产业化发展和规模化经营，是破解林业经营分散、效益低下、劳动力匮乏等诸多问题的有效手段，有利于加快林业现代化进程，应作为今后的重点任务之一。要强化创新驱动、转型发展的新理念，探索林业产业化经营的新机制与新模式，加快培育新型林业经营主体，推动发展林业适度规模经营，提高林业经济规模化、集约化和市场化水平。

林业经营机制的创新，要在明晰产权、林农自愿和明确利益分配的基础上，科学引导林农以委托经营、合作经营、股份经营和转包经营等方式流转林地；同时，要创新林业金融服务，大力吸引社会资本和林业企业参与，破解农村贷款瓶颈；要培育和发展现代家庭农场为主的新型林业经营主体，建立专业合作社和专业协会，与林农结成共同体，带动发展适度规模经营，使林业由农户分散经营向适度规模经营转变，由自然人经营向法人经营转变，大幅推升林业经济产业化发展水平，实现经济效益提升和利益分配公平的双目标。

3. 提升林业发展绩效，建设现代林业经济

现代林业发展必须以市场需求为导向，以提高林业资源开发的经济效益为主，兼顾社会效益和生态效益，提高林业发展绩效。要通过建立比较完备的森林生态体系和比较发达的林业产业体系，积极开展林业资源的多样化绿色开发，加快林业产业链拓展和功能创新，同时贯通价值链、产品链和生态链等，全面提高产业附加值。

要强化林业资源管护和生态文明建设，弘扬森林生态文化，以创意林业为引领，大力发展林下经济、林业产品深加工和休闲旅游产业，充分利用林业资源的开发潜力，改变林业经济发展方式，发展绿色富民产业，提高林业资源综合开发利用的可持续能力，实现“林兴民富”的目标。

（三）基本路径

坚持走“以全产业链开发为体，林下经济挖潜为基，新型主体培育为本，生态高效为魂”的科学路径。

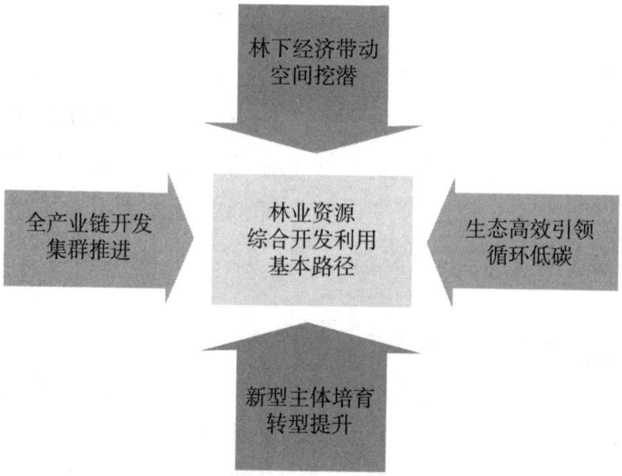

图 3　基本路径

1. 走全产业链开发、集群推进的发展道路

全产业链是构建现代林业经济发展体系、深化产业分工协作的基础，也是提高林业资源综合开发水平、培育林业经济核心竞争力的重要路径。以全产业链构建入手，综合开发林业资源，必须坚持一二三产融合、纵向一体化的发展方向，以资源整合、机制创新和主体培育为突破口，着力强化林业的横向联合和纵向拓展，全面推进文化创意、生产加工、流通营销和体验消费等环节的拓展和融合，重点加强林产品深加工业和休闲观光业，充分发挥其拉动传统林业改造、增强林业可持续发展活力的功能。同时，要依托现代林业园区等平台，从林业资源禀赋出发，大力推进林业资源信息化、产业结构合理化、产业形式多样化建设，增强林业发展的区域凝聚力和辐射带动力，按照重点突破、整体推进的思路，打造具有全产业链支撑的集群发展的林业特色块状经济体。通过全产业链的打造，实现传统林业产业脱壳出茧、获得新生，支柱产业不断加强、巩固发展，新兴产业加快培育、跨越发展的良好态势。

2. 走林下经济带动、空间挖潜的发展道路

大力发展林下经济，开展农林复合经营，是通过空间和时间潜力挖掘，提高林业资源综合开发利用水平的又一重要路径。发展农林复合经营的林下经济，其优点从单纯利用林木资源转变为综合利用林地资源、生态资源、景观资源，提高林地利用率和产出率，可持续利用土地资源，实现生态和经济协调发展。因此，林下经济具有突出的经济、社会和生态综合效益，对周边地区和林农的示范带动作用也较明显。要充分利用浙江省林业资源丰富的有利条件，积极发展林下种植业、养殖业、采集业等，因地制宜地推广以“林禽、林畜、林草、林菜、林菌、林药、林油、林粮”等“一亩山万元钱”的多种高效生产模式，打造“一村一品，一村一业”发展格局，并针对各类具体模式，在林地选择、土壤培育、肥药应用、水分管理等关键技术方面，做好技术对接和培训服务。林下经济的兴起，既充分利用了作物生长的时间和空间，节约了资源，提高了有限资源的利用率，又提高了森林生态系统的服务功能，促进了农民增收，有效地增强了林业经济可持续发展能力。

3. 走新型主体培育、转型提升的发展道路

新型主体队伍是现代林业经营体系的基础内容，是提升现代林业发展水平、加快林业转型升级的必经之路。要以林业家庭农场、企业和专业合作社为重点，结合林业特色主导产业和新兴产业发展，加大宏观调控力度，通过政府引导、政策鼓励、典型示范、规范管理，培育壮大和稳定一支高素质的新型林业主体队伍，加快林业从“自然人林业”向“法人林业”迈进，进一步增强林业发展活力，促进林业增收增效。同时，大力推进现代林业园区建设，从量的扩张向质的提高转变；大力推广先进适用技术，加大低产低效基地的改造，充分挖掘林地生产潜力，千方百计提高林地的产出率；抓好以木本油料为主的特色基地建设，推进林业专业合作组织建设，提高林业经营的组织化水平、抗风险能力和市场竞争力；积极推进林业政策性保险工作，提高抗风险能力。通过培育新型主体，完善经营体系，推动林业产业转型升级。

4. 走生态高效引领、循环低碳的发展道路

浙江是全国唯一的现代生态循环农业试点省，始终将“生态高效、循环低碳”作为常态化任务和有效路径。“生态建设产业化，产业发展生态化”。发展林业经济必须从改变山区当前资源粗放利用和低水平开发的状况入手，走生态绿色、低耗循环、集约高效和功能创新的新型道路，突出资源节约和环境友好，推动产业化与生态化的有机结合和协同发展。同时，要加强基础设施建设，广泛采用先进适用生产技术和设施防灾防病，积极开展林作制度创新和循环林业模式创新，增强林业抗风险能力和产品的市场竞争力，着力培育休闲养生新兴产业和花卉苗木朝阳产业，大幅提高现代林业发展品质和层次，实现林业产业健康可持续发展。

四、加快林业资源综合开发利用的对策建议

（一）加强宣传教育，提高主体素质

加强宣传教育，把经营主体素质培养放在首要位置。要进一步提高对集体林权制度改革重大意义的认识，提高对林业资源保护和利用的认识，尤其要抓好生态修复和森林防火防灾工作，严守生态保护的红线。政府部门要组织专题学习，加深理解，领会相关文件精神，明确指导思想，坚持基本原则，制订部门工作计划和考核目标。树立发展典型，大力示范推广，稳步开展工作。要向广大林农进行广泛、深入宣传，采用多种形式、多种媒体，定期与不定期培训讲解相结合，把中央政策精神传达给各类经营主体，详解林权制度改革、主体经营行为和资源综合开发利用三者的紧密联系，从内心调动林农等主体参与、支持和推进林改工作的积极性，激发各类经营主体发展林业生产的热情，培养自觉保护、科学开发林业资源的行为习惯，为山区农民脱贫致富创造条件。

（二）加大政策扶持，创造良好环境

加大林权改革财政扶持，增加各级政府财政预算额度（尤其省一级财政），并向纯山区落后区县重点倾斜，为改革工作配套足够经费，保障工作顺利开展。要开发林业发展金融产品，创新林业资源投融资机制，重点强化林权抵押贷款、森林保险等服务功能，鼓励保险公司开辟专用业务通道，为林农提供便利，提高林农发展生产、抵御自然灾害的能力。要建立规范的政府财政支农资金管理制度，合理调整财政支农资金的使用方向，有效整合各项财政支农资金，采取集中资金向重点项目、重点区域、特色优势产业连续投入的方法，确保重点工程有力、有序、有效推进。要充分发挥政府投融资的引导功能，在财政税收、金融信贷、土地利用等方面出台优惠办法，吸引社会资本和龙头企业投资现代林业发展，形成多元、持续、稳定的资本运作体系。

（三）强化科技保障，提供有力支撑

根据林业转型提升的科技需求，加强林业部门、科技部门和各类林业经营主体、示范基地的紧密对接和联合，推进林业科技创新和应用转化能力建设，尤其要进一步推进珍稀干果、林下经济、种苗花卉等林业科技成果的转化应用，为林业产业化发展提供支撑。要加快培育和引进优质、速生、抗逆性强的林木新品种，优先研发生态建设、天然林保育、防沙尘、森林灾害防治、商品林培育、木材高效综合利用等领域的关键技术。要建成一批一定规模的林业科

技示范基地和科技示范园，稳定基层林业技术推广队伍，加强基层推广人员的技术培训和行业监管，建立健全林业科技推广网络，加强林业技术监督体系建设，为林业工程建设提供技术和质量保障。

（四）加快制度创新，优化发展机制

要加快林业服务平台创新。以企业创新为主体，整合林业相关的大专院校、科研机构力量，依托院地合作项目，积极打造面向林农的创新服务平台和服务载体，建立省、市、县、乡四级科技服务体系，组建“科技服务之家”，完善重点项目首席专家负责制，为林企和林农提供家庭式的科技服务。要推进碳汇林业机制创新。借鉴国内外先进经验，研究林业碳汇资源管理政策及相关规则，培育森林生态服务交易市场，建立和完善森林碳汇计量、监测及评估体系，加快碳汇基金体系建设，促进碳汇林业科学有序发展。要森林食品安全品牌创新。通过森林食品基地认证、产品认证和标准化生产，整合森林食品品牌，并完善森林食品安全监管机制，实施森林食品质量安全追溯制度，打响森林食品安全品牌，促进精深加工业发展。要大力推进林业下一代互联网、林区无线网络、林业物联网建设，完善林业视频监控系统及应急地理信息平台，推进智慧林业创新。

专题三　浙江省农业废弃物资源化利用路径研究

农业废弃物资源化利用是实现农业资源高效集约利用的重要形式和途径，也是建设生态文明背景下发展农业循环经济和保护生态环境的现实要求。中国是一个农业大国，也是世界上农业废弃物产出量最多的国家，其中农作物秸秆年产出量约达 5 亿吨（干质量），可供青贮的茎叶等鲜料约 10 亿吨，锯末、刨花等林业废弃物 1.6 亿吨，畜禽粪便排放量 134 亿吨。随着工农业生产的迅速发展和人口的不断增加，这类废弃物以年均 5%～10%的速度逐年递增。与此同时，伴随着农业生产水平和农民生活水平的不断提高，对原来用作肥料和燃料的农业废弃物的利用却越来越少，使得大部分废弃物被当作垃圾丢弃或排放到环境中，造成了可利用资源的浪费和日益严重的环境污染，如秸秆焚烧产生大量浓烟和灰尘引起的空气污染，重金属、农药和兽药残留引起的土壤污染，农业“白色污染”，畜禽粪便随意排放等造成的水环境和空气污染，以及农业废弃物引起细菌和病毒的传播，等等。因此，如何高效利用农业废弃物资源，真正实现农业废弃物变“废”为“宝”、化“害”为“利”，对于缓解我国农村能源压力，减轻对各类农业资源的破坏，切实改善水、土地、大气环境质量，有效保护农业生态环境，推进农业资源循环利用，实现农业可持续发展具有重大意义。

农业废弃物资源化利用是当今世界各国普遍需要解决的重大课题。特别是随着自然资源日趋短缺和废弃物数量剧增，农业废弃物资源化利用越来越受到人们的重视。针对农业废弃物的特性，世界各国非常注重应用先进工程技术，使相关技术向机械化、无害化、资源化、高效化、综合化发展，产品向廉价化、商品化、高质化、多样化和多功能化靠拢，以达到物尽其用、变废为宝、消除污染、改善农村生态环境、促进农业可持续发展的目标。我国农业废弃物再利用有着悠久的历史，尤其是堆肥和沼气技术在传统的生态理念指引下被广泛应用，已形成诸多以农业废弃物循环利用技术为联结纽带的高效生产模式。近年来，我国先后对禽畜粪便厌氧消化、沼气发电、农作物秸秆热解气化等技术进行了攻关和研发，并取得了一定成绩，有效提高了农业废弃物的资源化利用水平。浙江省也高度重视农业废弃物的资源化利用，并取得了显著成效，涌现出了一批先进典型。据省农业厅初步统计，2013 年底全省规模化养殖场排泄物综合利用率约为97%，农作物秸秆综合利用率约为77%。

浙江农业资源禀赋不足，人均耕地仅为全国平均水平的1/3强，人均可用水资源低于全国平均水平，且时空分布很不均衡，森林资源和生态环境容纳能力也不充足。随着全省社会经济的快速发展、人口的持续增长以及城镇化、工业化进程的不断推进，农业受到的资源和环境制约日益突出，在此背景下，加强农业废弃物资源化利用和生态环境保护，对于加快推进"五水共治"，实现农业资源集约、高效、持续利用，促进农业可持续发展也就显得尤为重要和迫切。

一、农业废弃物资源化利用现状

（一）农业废弃物的概念、分类和特点

1. 农业废弃物概念

广义上来说，农业废弃物就是农业生产和再生产链环中资源投入与产出在物质和能量上的差额，是资源利用过程中产生的物质能量流失份额。狭义的农业废弃物是指在农业生产的过程中被丢弃的有机类物质，具体包括：农业和林业生产中，作物和林木生产所不需要、多余的植物残体及农膜等田间废弃物；畜牧业和渔业生产中所产生的动物排泄物或残余体；农产品简单加工以及深加工过程中所产生的加工类废弃物等。

2. 农业废弃物分类

按照农业废弃物概念，本专题将农业废弃物大致分为三类：第一类指农田、果园和菇棚残留物，如作物的秸秆、果树的枝条、落叶、果实外壳、菇渣（菌糠）、农膜等，这是农业废弃物中最重要的部分。除了农膜，这类农业废弃物中都含有丰富的有机质、纤维素、半纤维素、木质素、粗蛋白、粗脂肪和氮、磷、钾、钙、镁、硫等各种营养成分，可广泛用于饲料、肥料、基质、燃料、造纸、轻工食品、养殖、建材、编织等各个领域。

第二类指猪、牛、羊、家禽、兔等畜禽类粪便、栏圈垫物和病死动物。这类农业废弃物含有丰富的有机质以及较高的氮、磷、钾及微量元素，是很好的制肥原料，有机质在积肥、施肥过程中经过微生物的分解及重新合成，最后形成腐殖质贮存在土壤中，起到改良土壤、培肥地力的作用，能延长和增进肥效，促进水分迅速进入植物体内，并有催芽、促进根系发育和保温等作用。

第三类指农副产品加工后的剩余物。按来源分，包括：作物残体，即作物中不可食用的，如蔬菜整理后的废弃物、菜籽饼、糟渣、甘蔗渣等，一般以纤维素、半纤维素和木质素为主，另含有可溶性物质、糖类、蛋白质等；林产品加工废弃物，如竹（木）屑、竹（木）根、山核桃壳、山茶籽壳和饼粕等；水

产品加工废弃物，如淡水鱼一般头大、内脏多，采肉量仅为预提质量的30%，鱼鳞、鱼刺、鱼皮、内脏等下脚料往往被白白丢弃等；畜禽产品的屠宰下脚料。

3. 农业废弃物特点

——元素组成：除C、H、O三元素的含量高达65%～90%，还含有丰富的N、P、K、Ca、Mg、S等多种营养元素。

——化学组成：一类是天然高分子聚合物及混合物，如纤维素、淀粉、蛋白质、天然橡胶、果胶和木质素等，另一类是天然小分子化合物，如生物碱、氨基酸、单糖、抗生素、脂肪、脂肪酸、激素、黄酮素、酮类、甾体化合物和各种碳氢化合物。尽管天然小分子化合物在植物体内含量甚微，但大多具有生理活性，因而具有重要经济价值。

植物类废弃物干燥后对热、电的绝缘性和声音的吸收能力较好，且具有较好可燃性，并能产生一定热量，热值一般在12～16兆焦耳/千克，虽比煤的热值低，但含硫量极少，燃烧清洁，且燃烧后产生的灰分有较大用途。

（二）主要农业废弃物估算

国内诸多学者曾从不同角度对农业废弃物资源化展开了较为深入的研究，主要集中在废弃物资源存量、转化方式以及资源化的路径、技术与效率等方面，但对于农业废弃物排放量的统计和研究还较少，尤其缺乏系统性和连续性。本专题采用以往学术界较为成熟的研究方法或生产经验，主要对浙江省农作物秸秆资源量、畜禽粪便排放量、食用菌废弃菇渣量等进行了初步的估算。

1. 农作物秸秆资源量估算

一般而言，农作物秸秆资源量根据不同作物的产量进行估算。由作物产量和该种作物的草谷比（秸秆与果实量之比）计算出作物的残余物产量，然后根据不同的能值转换系数换算为标准煤数量，以便直观分析秸秆对现有能源的替代程度。用公式可表示为：

$$Q_i = P_i \times R_i Qt_i = Q_i \times t_i \quad \text{（式 1）}$$

式中：Q_i 为农作物的废弃物估计量；P_i 为农作物 i 的产量；R_i 为农作物 i 的草谷比；Qt_i 为农作物可转换的标准煤数量；t_i 为能值转换系数（表1）。

表1　2012年浙江省主要农作物秸秆资源量估算

作物名称	产量（万吨）	草谷比	秸秆产量（万吨）	占秸秆资源总量的比重（%）	能值转换系数
水稻	1 241.34	1.06∶1	1 315.82	71.04	0.429
大、小麦	36.99	1.20∶1	44.39	2.40	0.500
玉米	29.13	1.34∶1	39.03	2.11	0.529

（续）

作物名称	产量（万吨）	草谷比	秸秆产量（万吨）	占秸秆资源总量的比重（%）	能值转换系数
油菜籽	32.1	1.60∶1	51.36	2.77	0.529
薯类	55.20	1.00∶1	55.20	2.98	0.486
豆类	40.94	1.70∶1	69.60	3.76	0.543
花生	5.3	1.50∶1	7.95	0.43	0.529
蔬菜瓜类	2 111	0.12∶1	253.32	13.67	0.471
棉花	3.0	1.70∶1	5.1	0.27	0.543
甘蔗	70.1	0.15∶1	10.52	0.57	0.441
合计			**1 852.29**	**100**	

经估算，2012 年全省农作物秸秆资源量为 1 852.29 万吨，转换可得标煤 830.05 万吨。在农作物秸秆资源量中，水稻秸秆产量最多，占秸秆资源总量的 71.04%；其次是蔬菜瓜类，占秸秆资源总量的 13.67%。

2. 畜禽排泄物估算

畜禽排泄物即在畜禽养殖中所产生的尿、粪等有机物质，由于不同畜禽排泄物成分、产量不同，估算时依据该种畜禽存栏数量和畜禽年排泄量可得该种畜禽年排泄总量，由于考虑到排泄物回收过程中会有一定损耗，经可回收系数调整可得该种畜禽年可回收排泄物总量，考虑到不同排泄物含水量不同，经干物质比例调整可得该种畜禽年排泄物干物质总量，最后通过能值转换系数转化为等值的标准煤。

用公式可表示为：

$$Qa_i = N_i \times E_i \times A_i \times Qd_i = Qa_i \times D_i \times Qt_i = Qd_i \times t_i$$

（式 2）

式中：Qa_i 为畜禽 i 年可回收排泄物总量；N_i 为畜禽 i 存栏数量；E_i 为畜禽 i 年排泄量；A_i 为畜禽 i 排泄物可回收系数；Qd_i 为畜禽 i 年排泄干物质总量；D_i 为畜禽 i 排泄物干物质比例；Qt_i 为畜禽 i 年排泄干物质总量可转换的标准煤数量；t_i 为能值转换系数（表 2、表 3、表 4、表 5）。

表 2　畜禽养殖排污系数

单位：千克/［年·头（只、羽）］

动物名称	粪产生量	尿产生量	污水产生量
猪	390	870	4 000
牛	7 200	1 750	10 000
羊	450	225	—
家禽	52.5	—	630
兔	45	25	—

表 3　2012 年浙江省畜禽养殖排污总量

动物名称	年末存栏量（万头、万只）	粪年排放量（万吨）	尿年排放量（万吨）	污水年排放量（万吨）
猪	1 338.30	521.94	1 164.32	5 353.20
牛	17.70	127.44	30.98	177.00
羊	107.18	48.23	101.25	—
家禽	11 446.1	600.92	—	7 211.04
兔	373.5	16.81	9.34	—
合计		**1 315.34**	**1 305.88**	**12 741.24**

表 4　2012 年浙江省畜禽养殖排污总量

动物名称	粪年排放量（万吨）	可回收系数	干物质比例（%）	能值转换系数	标煤量（万吨）
猪	521.94	1.0	20	0.429	44.78
牛	127.44	0.6	18	0.471	6.48
羊	48.23	0.6	40	0.529	6.12
家禽	600.92	0.6	80	0.643	185.47
兔	16.81	0.6	40	0.529	2.13
合计	**1 315.34**				**244.98**

表 5　畜禽粪尿中污染物的平均含量

单位：千克/吨（鲜粪尿）

项目		COD_{Cr}	BOD_5	NH_3-N	TP	TN
猪	粪	52.00	57.03	3.08	3.41	5.88
	尿	9.00	5.00	1.43	0.52	3.30
牛	粪	31.00	24.53	1.71	1.18	4.37
	尿	6.00	4.00	3.47	0.40	8.00
羊、兔	粪	4.63	4.10	0.80	2.60	7.50
	尿	4.63	4.10	0.80	1.96	14.00
家禽	粪	45.5	38.94	2.79	5.79	10.42

表 6　畜禽粪尿污染物排放总量

单位：万吨

项目		COD_{Cr}	BOD_5	NH_3-N	TP	TN
猪	粪	27.14	29.77	1.61	1.78	3.07
	尿	10.48	5.82	1.66	0.61	3.84

（续）

项目		COD_{Cr}	BOD_5	NH_3-N	TP	TN
牛	粪	3.95	3.13	0.22	0.15	0.56
	尿	0.19	0.12	0.11	0.01	0.25
羊、兔	粪	0.30	0.27	0.05	0.17	0.49
	尿	0.51	0.45	0.09	0.22	1.55
家禽	粪	27.34	23.40	1.68	3.48	6.26
合计		**69.91**	**62.96**	**5.42**	**6.41**	**16.01**

按上述方法估算可得，2012年浙江省主要畜禽粪的排放量为1 315.34万吨、可折算成244.98万吨标煤，尿排放量为1 305.88万吨，污水排放量为12 741.24万吨（表3、表4）。

与此同时，畜禽养殖场排放的粪便、污水和恶臭气体对当地的大气、水体、土壤、动物与人体健康及生态系统都产生直接或间接影响，如果不对其加以合理处置，将会对全省农村生态环境造成严重影响。从表5、表6可以看出，2012年浙江省畜禽粪尿污染物共产生COD_{Cr} 69.91万吨，BOD_5 62.96万吨，NH_3-N 5.42万吨，总磷（TP）6.41万吨，总氮（TN）16.01万吨。一般畜禽粪便污染物流失率为30%～40%，按畜禽粪便污染物流失率30%计算，2012年全省畜禽粪便污染物年流失COD_{Cr} 20.97万吨，BOD_5 18.89万吨，NH_3-N 1.62万吨，总磷（TP）1.92万吨，总氮（TN）4.80万吨。

3. 食用菌废渣量估算

2012年，全省鲜蘑菇生产规模5 340万尺^2、产量19 178吨，鲜平菇9 241万袋、产量44 215吨，鲜香菇47 459万棒、产量404 866吨，鲜黑木耳30 235万棒、产量318 890吨，鲜金针菇44 270万袋、产量204 321吨，鲜秀珍菇6 705万袋、产量22 248吨，其他食用菌76 903吨。根据生产经验数据，香菇等袋栽菌种食用菌废渣量按每袋0.35千克、蘑菇废渣量按每平方尺①2.5千克估算，可得2012年全省食用菌废渣量共65.21万吨。

此外，随着全省设施农业的快速发展，农业生产过程中广泛使用农膜，一度产生了大量废弃农膜。近年来，由于各级政府高度重视废弃农膜的回收利用，采取了多种措施鼓励农民回收，有效减轻了白色污染。据统计，2013年浙江省农膜使用量为6.23万吨，废弃农膜回收利用率达90%以上，回收后交由农膜生产厂家进行再利用。

① 尺为非法定计量单位，3尺=1米。下同。——编者注

（三）存在的主要问题

随着浙江省农业集约化、规模化和产业化发展，农业综合生产能力的提高以及农产品数量的不断增加，农业废弃物排放量也呈现出日益增长态势。虽然近年来全省农业废弃物的资源化利用水平有所提高，但对其中存在的一些突出问题仍然不够重视。主要表现在以下几个方面：

1. 农业废弃物面广量大，收集成本过高

目前，全省农业废弃物分布面广、数量很大，回收、运输成本很高。以畜禽养殖排泄物回收为例，由于大多数规模养猪场基础设施不完备，道路运输和收集猪粪非常不便，需要投入大量资金在养猪场外建设集粪房等收集基础设施，造成收集成本较高，加上运输费用较高，影响了经营主体收集利用废弃物的积极性。

2. 农业废弃资源化利用资金投入不足

农业废弃物资源化利用缺乏稳定的投入渠道，财政支撑和吸纳社会资金的能力不足，尤其缺乏政府的引导性、补助性投入，使得许多开展农业资源化利用的龙头企业由于资金缺乏，技术装备落后，经营效益不佳，不能充分发挥其应有的示范带动作用。如龙游一家沼气发电站由于投资巨大，加上运行中猪粪收集成本高、数量不足，发电量仅占了装机容量的一半左右，虽有世界银行赠款和各级财政补助，还是难以填补资金缺口。

3. 技术创新研发不足

总体来说，由于研发投入不足，浙江省农业废弃物资源化利用技术水平较为落后，尤其缺乏高效、低成本的创新性成熟技术，产品开发主攻方向不明，高效生产及其配套利用设备、工艺等在技术上未能有大的突破，致使农业废弃物资源化利用转化产品少，缺乏市场竞争力，资源综合利用效率低下。目前，浙江省秸秆资源的利用大多采用直接燃烧供热或者还田的方式，用于农村新能源开发利用的数量有限；畜禽粪便的饲料化利用多采用烘干后直接饲喂的方式，没有形成创新型的饲料产品；绝大多数菌糠仍以废弃或就地燃烧为主，有些甚至直接倾倒在河中，严重破坏了当地生态环境，造成了巨大经济损失。

4. 缺乏相关政策法规和社会化服务体系

政府重视程度不够，缺乏明确目标的政策、中长期规划和保障机制，相关政策的支持力度也不够，但主要是治理性、限制性政策，缺少实质性、可操作性的优惠政策和激励机制，使得大多数经营主体缺乏应有的积极性。现有的管理体制和政策标准不全面、不统一，缺乏系统的统计分析体系，部门间多头管理，造成有关政策法规的矛盾和冲突，农业废弃物的现状数据不准、家底不清，更谈不上系统的监测、监管、预测和预警体系。同时，目前有利于农业废弃物利用的社会化服务体系尚未形成，如信息服务体系、技术服务体系、加工生产体系、市场服务体系、企业与农户的对接与组织模式等，这在一定程度上制约了新技术的推广应用和农业废弃物资源化利用的产业化、规模化。

二、农业废弃物资源化利用经验总结和借鉴

根据全省农业废弃物分类特点和利用成效，本专题通过大量实地调查研究和资料收集、整理，分别选取畜禽粪便、农作物秸秆、山核桃壳、菌糠、竹废料等农业废弃物资源化利用的 7 个典型案例，分析总结其主要特点和基本经验，以供借鉴参考。

（一）典型案例

1. 萧山天元猪粪—蛆—饲料、肥料循环利用模式

（1）基本概况。杭州天元农业开发有限公司（杭州天元生物科技有限公司）是杭州灯塔养殖总场下属单位，也是浙江省农业科学院院地合作单位。公司位于杭州萧山围垦十七工段农业开发区，设有办公生活区、生产区、饲料厂、污水处理系统，各区之间分布有大面积的鱼塘，是浙江省蝇蛆养殖重点示范基地。

自成立以来，公司曾尝试了零排放处理、水泡粪处理等多种畜禽粪便处理方式，都没有达到最佳效果。为了能使牧场有一个整洁的环境，在浙江省农业科学院的技术支撑和杭州市农技推广基金会农技推广项目的支持下，公司在灯塔养殖总场下属德清北景养殖有限公司小试成功的基础上，经过多年的反复试验与实践，克服许多困难之后，终于摸索出了一套可以一年四季都适用的蝇蛆规模化养殖技术，合理地利用了本猪场的猪粪，较好地解决了猪场的环境污染问题，得到了上级领导的高度重视和支持。公司按照养蛆处理猪粪的工艺要求，配套建设种蝇培育室、孵化车间、蝇蛆培养大棚、蝇蛆烘干车间、蝇蛆产品包装车间；经蝇蛆处理猪粪—阳光大棚内堆积发酵—产品分装打包—销售。目前，“蝇蛆工厂”总投资逾 2 000 万元，养殖蝇蛆用地 3 万多米^2，其中成蝇繁育车间 2 000 多米^2、蝇蛆养殖阳光大棚 16 000 多米^2，有机肥料车间 14 000 多米^2，以及 1 条有机肥烘干线和 2 条蝇蛆微波烘干线，全年可处理猪粪 5 万吨，生产高品质有机肥 1.5 万吨，蝇蛆干 400 吨。

此外，公司对生猪养殖过程中产生的臭气全部通过管道吸纳进行处理，产生的污水全部经过厌氧发酵、曝气、水生植物净化等环节，一部分变成了沼气作燃料，沼渣进入堆肥车间生产有机肥，部分沼液作液体有机肥，多余沼液经曝气后再进入水生植物净化区进行深度处理，部分作为冲洗水中水回用，其余

排入鱼塘养殖水产，实现了源头控制减量化、生产过程清洁化、废物循环资源化、产品开发高值化，社会效益、经济效益、生态效益得到同步提升。

（2）主要成效。有关研究表明，苍蝇体内有多种抗生素、抗菌肽等抗菌物质，可以抵抗甚至消灭细菌；而蝇蛆是一种高蛋白、高脂肪，氨基酸含量较全面的昆虫资源，蝇蛆干蛋白质含量为56%～60%，脂肪含量12%，糖类含量3.1%，氨基酸总量为43.85%，具有很好的饲用、药用和食用价值，被誉为“动物的营养宝库”，可以做家禽、水产等动物的蛋白饲料，受到广大养殖户们的青睐。规模化猪场每天出栏的新鲜猪粪，含水率一般在75%～80%，经过蝇蛆5～7天的生物转化消耗后，含水率可降至60%～65%，大大缩短了猪粪脱水和堆肥发酵周期。因采用蝇蛆脱水技术处理猪粪，无需添加干辅料调节水分，有效降低了有机肥的生产成本。

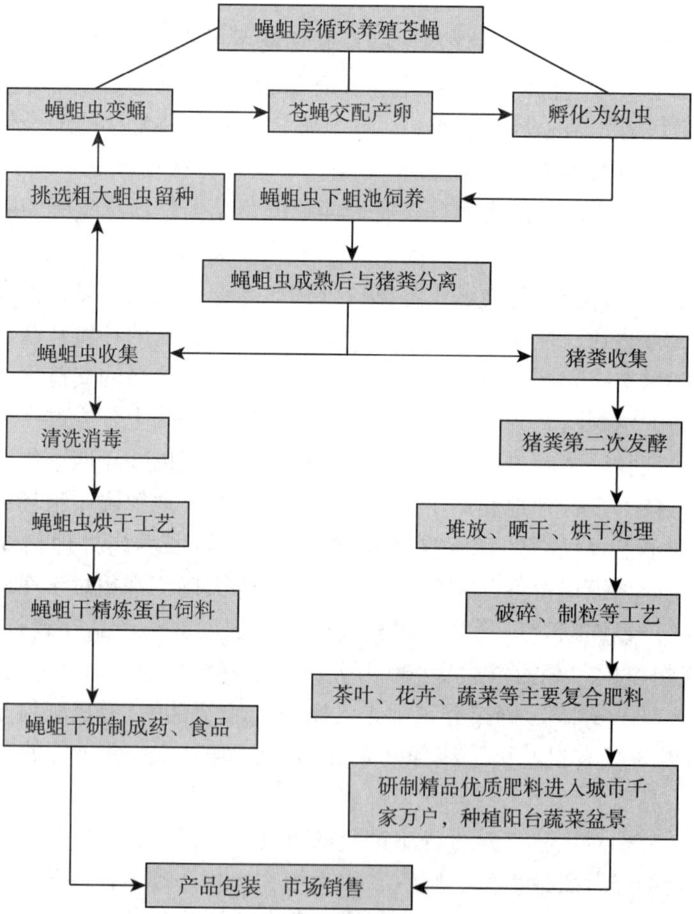

图1　蝇蛆脱水技术处理猪粪工艺流程示意图

杭州天元农业开发有限公司利用“规模化蝇蛆养殖”和“猪粪制作燃料棒”两项技术，将猪粪通过蝇蛆处理后，产出高蛋白饲料、高品质有机肥和高热值燃料棒。生产出的蝇蛆作为优质新型蛋白饲料主要供给家禽和高档水产等养殖户。利用纯猪粪蝇蛆处理后生产的有机肥氮、磷、钾总养分高达9%～10%，比市场销售普通有机肥的氮、磷、钾总养分高出30%～50%，而且这种方式生产的有机肥含有大量小分子物质，更有利于促进作物生长，有机肥料完全符合国家相关标准，是有机农业和绿色食品生产用肥的首选。经过烘干、压缩制成猪粪燃料棒，为猪场提供新型能源，实现化害为宝，成为浙江省乃至整个行业农业废弃物资源循环利用、养殖生产可持续发展的示范样板。为此，公司先后被评为浙江省先进农业龙头企业、浙江省无公害农产品基地。

规模化利用蝇蛆处理猪粪的节能减排循环利用模式，在浙江省内是首创，在全国也是独一无二的，真正实现了全程清洁、废物利用。据测算，蝇蛆工厂每年新增产值1 500万元左右，除去设备折旧和人工等成本，还能为公司新增效益100多万元，相当于每头猪又增收15元左右，具有广泛的推广意义。更重要的是，彻底化解了猪场每年5万多吨猪粪的危害。

2. 平湖稻—菇—笋一体化循环利用模式

（1）基本概况。2005年，平湖新埭果蔬专业合作社开始利用蘑菇废料作芦笋栽培地的改良基质技术实验，随后在2006—2008年省农技推广基金会项目的支助下，重点开展了蘑菇废料使用技术的尝试研究和示范，成功探索了“水稻秸秆育蘑菇、蘑菇废料种芦笋”资源循环利用技术链，不仅使稻草达到了资源利用的最大化，而且产出的蘑菇废料全部进行了有效利用，起到了稳固传统产业（水稻）、提升特色产业（蘑菇）、培育新兴产业（芦笋）的重要作用。该模式的“千亩精品芦笋”示范基地，是目前平湖市连片种植规模最大的精品芦笋生产基地，产品直销日本、韩国。由于实行了循环模式栽培，加上微滴灌水肥一体化灌溉技术的应用示范，有效减轻了劳动强度，降低了生产成本，促进了芦笋新兴产业的提质增效。该基地千亩芦笋2012年在遭受严重台风影响的情况下，还实现了亩产量1 150千克、亩产值10 500元的好收益。

同时，合作社所在的新埭镇把农作制度创新作为转变农业发展方式的突破口，作为实现粮食增产、农业增效、农民增收的关键举措和推进“两区”建设的重要内容。成立了创新农作制度和发展循环农业领导小组，形成主要领导亲自抓、分管领导直接抓、责任科室具体抓的工作格局，并积极争取有关部门支持、配合，形成工作合力，为深化农作制度创新提供组织保障。在此基础上，不断创新农作制度和农业生产经营方式，以多向多环的链式化循环产业模式发展农业，成功探索了以“稻—菇—笋”为代表的农业废弃物多级利用循环经济模式，2012年该镇被列入浙江省18个创新农作制度的重点示范乡镇之一。

（2）主要成效。稻—菇—笋一体化模式（即“水稻秸秆育蘑菇，蘑菇废料种芦笋”模式），利用本地丰富的稻草资源，积极发展蘑菇等草腐型食用菌生产，并针对蘑菇菌渣营养及疏松的特点，还田用于土壤改良和栽培基质，发展芦笋等高效经济作物，形成了水稻—蘑菇—芦笋的循环生态种植模式，既推动了蘑菇、芦笋等特色产业的发展，又实现了农业资源的循环利用，走出了一条生态农业发展之路。主要成效表现在三个方面：一是蘑菇每平方尺可增效 0.2 元以上、芦笋亩节本增效 850 元以上、水稻秸秆资源利用后亩增收 55 元以上；二是实现农业生物质的资源化利用，减少了化肥农药使用，新埭果蔬专业合作社蘑菇栽培面积 122.6 万平方尺、蘑菇栽培废料用于 1 950 亩芦笋的土壤改良和栽培基质、年转化 1.5 万亩水稻秸秆；三是该模式在全市得到推广，使全市 1 800 万平方尺蘑菇栽培废料得到资源化全面利用，发展新兴产业芦笋 4 000 多亩，每年转化 20 万亩水稻秸秆，并辐射到嘉善等周边县区，促进了蘑菇栽培废料的资源化利用与芦笋产业的快速发展。

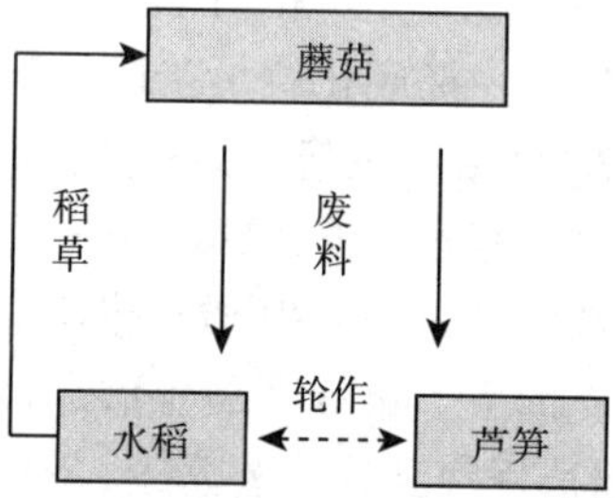

图 2　稻—菇—笋一体化模式示意图

该模式一方面为菇农解决了蘑菇废料难处理的问题，减少了环境污染，另一方面使果蔬种植户有了充足的有机肥，降低了生产成本，提高了农产品品质，从而实现了双赢，有利于优化当地的农业产业结构，改善生态环境，促进水稻、蘑菇、芦笋等产业的对接协调和可持续发展，具有明显的经济效益、生态效益和社会效益及较高的推广应用价值，获得了省农技推广基金会等部门评定的特别优秀成果奖，并被列为省六大推广模式之一，在全省得到了推广。

3. 山核桃壳—基质/活性炭/肥料等模式

（1）基本概况。临安是“中国山核桃之乡”，山核桃总面积达 50 余万亩，占全国山核桃总面积的 40%强，山核桃常年产量 1.2 万吨左右，加上 2 万吨外来蒲壳，每年废弃的山核桃蒲壳高达 8 万吨以上。由于在山核桃采收季节绝大多数林农将蒲壳当废料随处乱倒，既浪费了宝贵的可再生利用资源，又严重破坏了当地的生态环境。

为了解决蒲壳乱倒、破坏环境这一顽疾，近两年，临安市加强山核桃后期管理，专题研究山核桃蒲壳的处理，开展了山核桃蒲壳袋装化试点，积极与企业联系，提高蒲壳回收利用率；鼓励农户将蒲壳还山于林，用作肥料；提倡农户将蒲壳烧炭，用于来年烘制笋干等。如今，全市已有 60%以上的山核桃蒲壳得到了有效处理。

此外，杭州市农业科学院科技人员于 2009 年开展了山核桃蒲壳栽培食用菌技术研究，结果表明，山核桃蒲壳是一种可用于食用菌栽培的新型基质；2010 年开始，临安市农业技术推广中心农作站联合杭州市农业科学院食用菌研究所，在岛石镇开展利用山核桃蒲壳栽培香菇技术试验示范，通过菇棚设施改造、基质配方试验、香菇适栽品种筛选等研究内容的实施，取得了重要突破，相关技术基本成熟，核心示范区年栽培香菇 30 万棒，示范效果良好。目前，山核桃蒲壳已成为岛石镇栽培香菇的主要原料，不仅解决了山核桃蒲壳处理难的问题，还解决了部分劳动力的就业问题。

最近，浙江省农业科学院环境资源与土壤肥料研究所专家还利用经生物发酵技术处置后的山核桃蒲壳，研制出部分替代松鳞的铁皮石斛栽培营养基质，取得了很好效果，正组织有关企业进行工厂化生产和规模化应用。

（2）主要成效。山核桃蒲壳有机质含量高，与植物有良好的亲和性，可以增加基质的缓冲性，增强保肥能力，将其粉碎后可制成果蔬和花卉的育苗基质。而且，山核桃蒲壳含有多种生物碱成分、丰富的钾和适量的微量元素，能很好地抑制作物的病虫害，促进植物生长，对改良土壤酸碱度有明显的效果。此外，山核桃蒲壳经粉碎、烘干、压缩制棒、炉窑炭化等一系列操作后制成的活性炭，具有无烟、无毒、易燃、无污染特点，是一种环保型炭，根据专业部门测试，其含碳量高达 85%～90%，数量单位热值高达 8 000～9 000 卡[①]以上，高于木炭和白炭，可用于冶金、铸铁、烧烤、锅炉等。如岛石镇临安常胜炭业有限公司 2012 年处理山核桃蒲壳 8 000 吨，生产高钾抑虫有机肥超过 2 000 吨，使全镇 60%左右的山核桃蒲壳直接转化成有机肥，形成循环经济产业链。昌南活性炭有限公司每年要消耗 5 万吨山核桃蒲壳，烧制出 5 000 吨活性炭。岛石镇可可食用菌专业合作社 2012 年利用山核桃蒲壳栽培香菇 30 万棒，茶树菇 5 万袋，实现产值 300 多万元。在各大花卉公司，以山核桃蒲壳为基本原料，经过低营养快速发酵、处理、分级，制成了兰花等高档盆花栽培基质花卉肥料，不仅销往全国各地，还大量出口到日本、中东等地。

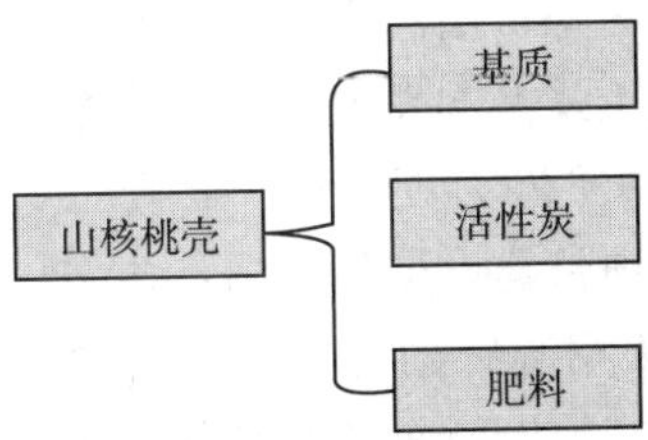

图 3　山核桃壳资源化利用模式示意图

该模式不仅实现资源再利用、变废为宝、大大降低环境污染，而且培育了当地的食用菌产业，延长山核桃产业链，探索出了具有当地特色的生态与经济共赢发展之路。

---

① 卡为非法定计量单位，1 卡＝4.184 0 焦耳。下同。——编者注

4. 农业废弃物“电—热—肥三联产”模式

（1）基本概况。龙游是传统农业大县，地处钱塘江源头地区，全县规模化畜禽养殖场有上千家，年出栏生猪最多达 100 多万头。虽然近年来龙游县大力开展农村规模养猪场“改沼治污”工程，但畜禽排泄物污染问题一直未能根治。

2004 年，龙游企业家朱有标成立了浙江兴泰农牧科技有限公司，开始在小南海镇龙丰村大规模养猪。经过几年的发展，成为年出栏达 4 万头生猪（其中种猪 1.5 万头）的浙江省第二大种猪养殖场，被农业部认定为畜禽养殖标准化示范场。2006 年，为了缓解猪场的排污问题，公司新建 3 000 多米^3 的沼气池，产生的沼气用于做饭、烧水，既给猪场保温，又节约了用电。但是，沼气池消耗能力有限，产生的沼液如果直接排放，依然会造成污染。为此，公司向有关部门申请了农牧废弃物资源化及沼气发电项目，于 2009 年 9 月立项。2010 年，在世界银行可再生能源项目资金的扶持下，朱有标成立了浙江开启能源科技有限公司，与有关专家设计了一套沼气用来发电，沼液加入秸秆后回用发酵，沼渣用于生产高效有机肥的技术方案，并投资 4 000 多万元，在养猪场附近建起了沼气发电站，猪粪尿经全密闭的吸污车运进来后，泵入匀浆池，再经二级厌氧消化后产生沼气，沼气经过水气分离、脱硫、贮气和稳压等工序，最后由沼气发电机发电，发电余热用来给厌氧消化增温，沼液加入秸秆后回用发酵，沼渣用于生产高效有机肥。2011 年 8 月，一期工程 1 兆瓦发电站开始正式上网发电，年处理畜禽粪污和其他农业废弃物 12.2 万吨，年并网发电量 1 320 万度，年产有机肥 1.2 万吨，收益 700 多万元。

项目建设得到了浙江省和当地政府有关部门的大力支持。省环保厅下拨 100 万财政补助资金，各相关部门也均从政策、资金方面对项目予以支持。如龙游县政府对每吨猪粪补贴 13 元，如果发电量超过设计能力的 60%，则每吨补贴 15 元，并享受发电 0.01 元/千瓦时的接网工程补贴；县供电局 10 余次到企业协商专线架设和负荷接入系统事项，确保企业能尽早进入发电期。

（2）主要成效。浙江开启能源科技有限公司以畜禽粪便和其他有机农业废弃物为原料，采用废弃物中温厌氧发酵和沼气生物净化工艺等先进生产工艺技术，产生的沼气用于发电并网销售，沼渣加工后作为有机肥，实现了工业与农业的有机融合和猪粪尿的无害化处理，建成“电—热—肥”三联产模式的示范工程，是浙江省农牧业循环经济的示范企业。项目全部建成后，每年可处理农业废弃物 22.31 万吨，基本上能消纳全县的生猪排泄物，年生产沼气 750 万米^3，年发电量 1 600 万度、可供 6 000 多户家庭用电，减排二氧化碳 7.68 万吨、甲烷近 180 万米^3。与火力发电相比，每年可节约标准煤 4 500 吨，并有效减少二氧化碳、二氧化硫、氮氧化物等污染物的产生。该模式以沼气为纽带的农村能源绿色技术、绿色生产、绿色环境的循环发展体系，为全省乃至全国的农业废弃物处理探索出一条新路，整个项目具有显著的环保效益、社会效益、经济效益，对于构建低碳社会有着积极的作用。2012 年，公司被评为县级农业龙头企业，成为利用沼气发电并与国家电网并网的新能源企业。

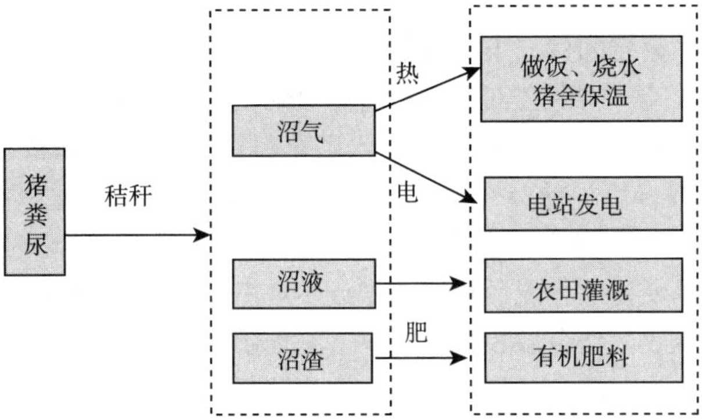

图 4 农业废弃物“电—热—肥三联产”模式示意图

5. 菇渣（菌糠）转化生物蛋白饲料养牛模式

（1）基本概况。菇渣（菌糠）中主要成分是食用菌的菌丝残体和经食用菌分解后的纤维素、半纤维素、木质素等，含有丰富的氨基酸、菌类多糖和铁、钙、锌、镁等微量元素，营养价值相当于糠麸类饲料。尤其是用稻草、麦秆、玉米芯等纤维材料为栽培基料生产食用菌获得的菇渣（菌糠），原料中 50%粗纤维和 20%木质素得到降解，而粗蛋白质含量由原来的 2%提高到 6%～7%，脂肪含量比种菌菇前增加 1～5 倍，且易于粉碎、气味芳香、适口性好。菇渣（菌糠）中还含有多种食用菌生长代谢产物，其中多肽衍生物可以作为抗体，多糖具有抗血凝、解毒和免疫作用，皂甙的衍生物有抗菌作用，这些物质共同构成了抗病系统，在饲料中添加可提高畜禽的抗病力。

近年来，随着食用菌产业的发展，食用菌栽培后产生的菇渣（菌糠）已成为数量十分可观的重要资源。据资料，全国每年大约有 500 多万吨菇渣（菌糠），浙江省菇渣（菌糠）约 50 万吨，其中丽水市菇渣（菌糠）约占全省的 1/2。若将其作为饲料开发利用，全省每年转化的菌糠饲料，相当于多生产了 30 万吨的玉米，产值约 5 亿元。既可实现菇渣（菌糠）向生物质能源的转化和再利用，又可解决食用菌主产区的环境污染问题，使食用菌产业产生巨大的效益。

龙泉市是浙江省食用菌生产大县，也是世界香菇人工栽培的发源地。食用菌是龙泉的主导产业，产量、产值位居全省前列。全县菇渣（菌糠）资源丰富，以往采收后的菇渣（菌糠）都被农户用来当柴烧或被随地丢弃，造成了很大的资源浪费和环境污染。为了解决这一问题，2006年龙泉市政府启动市校合作工程，与浙江大学等16所高校开展全面合作。市政府聘请浙江大学教授陈再鸣为食用菌首席专家，以金溢牧业公司为研发平台，主持开展“畜牧业循环经济模式研究”和“菌糠废弃物转化为生物饲料试验”项目，这两个项目同时被列入2008年省级循环经济“991行动计划”重点项目。2008年，金溢牧业公司在陈再鸣教授的建议下，开始饲养高山小黄牛，并在养殖基地开展菌糠喂牛技术综合试验，将浙江双益菇业有限公司的菌糠发酵后用作饲料喂牛，经试验统计，饲喂发酵菌糠的养殖成本比用草料饲喂的成本降低50%，肉牛增长速度提高30%，可提前3个月出栏，具有良好的经济效益、社会效益和生态效益。2010年初，龙泉市畜牧兽医局开始在肉牛养殖场（户）中率先推广应用发酵菌糠喂牛技术，此后这项技术逐步向各畜禽养殖场（户）推广。

（2）主要成效。据金溢牧业公司估算，1千克菌糠生物饲料相当于约0.6千克玉米饲料价值，以此推算每天每头牛可降低饲养成本2元，每头牛可增加收入近600元。目前公司高山小黄牛养殖规模不断扩大，可常年向市场稳定供应龙泉高山小黄牛2 000多头，产品深受消费者欢迎，成为丽水市规模最大的养牛企业和国内唯一一家利用废菌糠生物饲料喂养高山小黄牛的企业，先后获得丽水市重点农业龙头企业、省级养殖示范基地、浙江省食品行业十佳品牌等荣誉。

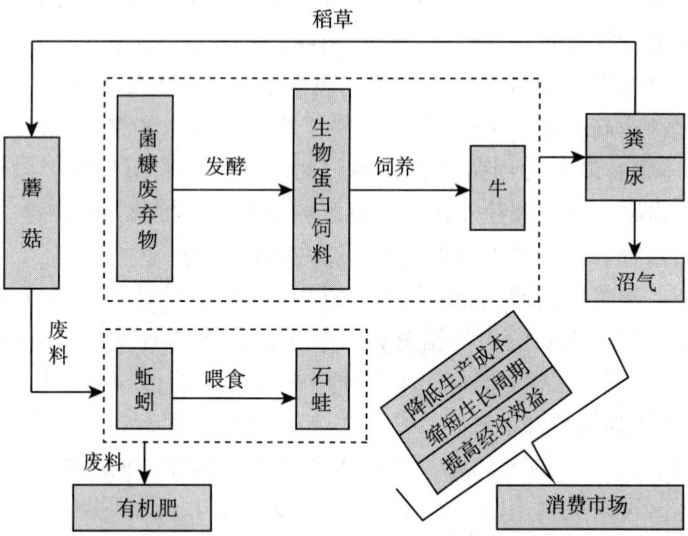

图5 菇渣（菌糠）转化生物蛋白饲料养牛模式示意图

在此基础上，金溢牧业公司紧抓机遇，在龙泉市农业局、科技局和浙江大学等有关单位领导和专家的大力支持下，进一步延伸产业循环链，把肉牛养殖产生的牛粪与稻草等配合种植蘑菇，初步估算每 100 头肉牛产生的粪可种植蘑菇 500 米^2，经济效益达 3 万元左右；将种植蘑菇的废料用来繁殖蚯蚓，再用蚯蚓喂养石蛙等珍稀动物，而繁殖蚯蚓的废料又是上好的有机肥料；同时，将牛尿液及牛场冲洗水引入沼气池，产生的沼气供农场内部能源照明和燃料，从而形成了植物、食用菌、肉牛、蘑菇、蚯蚓、石蛙、有机肥、植物的多层循环体系，使资源利用率提高了 5～6 倍。2011 年 12 月 30 日，金溢牧业公司凭借着"食用菌废弃物转化生物蛋白饲料技术研究及推广项目"夺得"创富先锋——2011 中国邮政储蓄银行浙江省分行创新创富大赛"二等奖，获得了 6 万元的创业助力金和邮储银行 500 万贷款授信机会。2013 年，公司又扩建一座标准化生物饲料加工车间，新建一个标准化高山小黄牛繁育基地，以扩大养殖规模，走出了一条山区畜牧业发展的特色之路。

6. 安吉竹废料综合利用模式

（1）基本概况。竹产业是安吉的特色传统产业，全县立竹量、商品竹年产量、竹业年产值、竹制品年出口总额、竹业经济综合实力均名列全国第一；安吉也是全国的科技示范县、竹产业建设先进县和省级产业示范基地，居"中国竹子之乡"之首。目前，全县拥有竹林面积 108 万亩，其中毛竹面积 86 万亩，立竹量 1.7 亿支，年产商品竹 2 800 万支，已形成从竹资源到竹地板、竹家具，从竹纤维到各种纺织品以及竹叶黄酮、竹醋液、竹炭等 7 大系列 3 000 多个品种，产品出口到 30 多个国家和地区。

（2）主要成效。为了进一步提高竹资源综合利用率和附加值，做大做强竹产业，安吉县紧紧围绕高附加值和能占领市场制高点的新产品，突出"借脑"搞研发的思路，大力引进省内外科研单位和高新技术项目，不断推动竹加工业科技创新与转型升级，着力提高产品质量档次，缩短产品开发周期，相继开发出了竹窗帘、竹叶黄酮系列产品、竹叶抗氧化剂、竹纤维、竹啤、竹醋、竹饮料、竹屑板、重组竹胶合板、竹塑复合地板、竹制花盆等新产品 30 多个，促进了竹产品升级换代，竹产业链不断延伸，实现了全竹高效利用和竹产业的快速发展。同时，一批竹加工企业充分利用竹屑、竹加工下脚料、废竹叶、竹节等废弃物，生产出高附加值的竹炭、竹醋液、竹叶黄酮等产品，所有加工废料就地解决，并实现了资源化利用，既减轻了产地环境压力，又增加了竹产业收入。据统计，安吉县现有各类竹废料利用企业达 41 家，年消解竹废料 20 多万吨，年可节省木材近 2 万米^3，相当于 2 700 亩用材林，常年从事竹废料加工利用人员达 1 500 余人，有力地促进了全县竹资源的高效循环利用与产业的持续发展。

2012 年，全县竹业总产值达到 143 亿元，自营出口额超过 2 亿美元，以不到 1.8%的国内竹资源，创造了占全国 20%的竹业总产值；全县竹废料利用

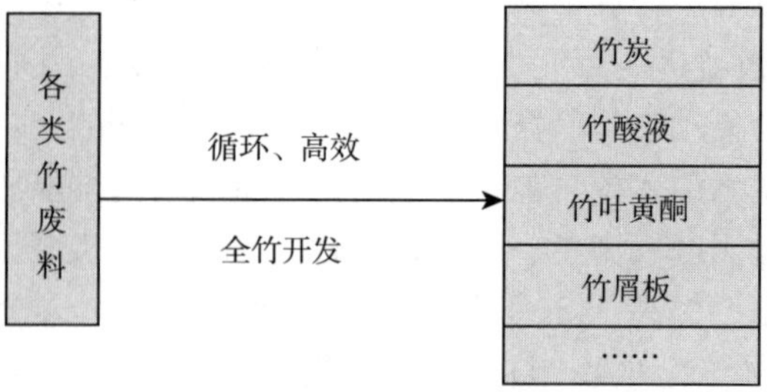

图 6　竹废料综合利用模式示意图

年产值达 3 亿元，利税 8 000 万元，废料利用率达到了 100%；全县农民从竹子中人均增收 7 100 元，约占农民人均纯收入的 60%，成为农民增收、农业增效和推动农村经济发展的支柱产业，赢得了“世界竹子看中国，中国竹子看安吉”的美誉。

7. 宁海“点、线、面”三级生态循环农业模式

（1）基本概况。宁海县地处浙江东部沿海，濒临象山港和三门湾，面积 1 843千米^2，人口 60 万人。近年来，宁海县把牢生态循环农业建设关键环节，积极实施循环经济“2 133”工程，出台《关于促进生态循环农业发展的若干意见》，每年安排专项资金进行有效支持，大力推进产业基地、生态养殖小区、大中型沼气工程等重点项目建设。着力打造有机肥收集加工研发、沼气综合利用、沼液综合利用、农业废弃物回收服务、秸秆综合利用“五大”服务平台，使果蔬园废弃的菜叶成为养殖场的绿色饲料；畜禽的粪便和打碎的秸秆混合，制成有机肥还田；动物粪尿通过集中发酵成沼气，用于发电或回供农业生产；沼液经管道流入农田，成为瓜果蔬菜的“营养液”。同时，按照“蓝色东部”和“绿色西部”的生态产业格局，形成点、线、面紧密结合，企业、产业、区域三个层次环环紧扣的“三级生态循环农业体系”，结合“八大生态循环农业产业基地”延伸发展，成功地将循环经济转化为生态生产力和可持续发展的助推器，走出了一条具有宁海特色的生态循环农业发展之路，该模式被誉为全国县域循环经济发展的五大模式之一。

（2）主要成效。通过多年来生态循环农业的探索与实践，宁海县农业和农村经济发展取得明显成效，产业竞争力日益增强。目前，区域内已建成减排典型农业企业 20 家，其中 9 家被列为宁波市循环经济试点企业；60%以上农产品通过优质加工达到转化，60%以上农产品出口创汇，90%以上的农作物废弃物有效转化利用；县域大循环圈内六大主导产业同步发展，形成了 3 个现代农业综合区、20 个现代农业示范区、40 个现代特色农业精品园的块状产业发展格局；全县农村清洁能源利用率达 85%以上，主导农产品标准化覆盖率达

85%以上；拥有无公害农产品 145 个，绿色食品 14 个，有机食品 10 个，“三品”认证面积 41 万余亩，占全县总种植面积的 62.1%；创建了“浙江名牌”6 个、“浙江名牌农产品”2 个、“浙江著名商标”4 个、“宁波名牌与知名商标”28 个，有力地提升了产品知名度，促进了农业增效、农民增收。2009—2013 年，全县建成 7 个农业部大中型沼气工程，累计年节电 350 万千瓦时，年节约成本 170 万元，年综合利用秸秆 7 万吨、农业废弃物 1.8 万吨、水资源 7.2 万吨、畜禽排泄物 4.5 万吨，利用沼液 5.6 万吨，生产有机肥 2 万吨，累计投入完成 2.68 亿元，年可实现废弃物资源利用近 7 000 万元。2013 年该县成功创建为省级生态循环农业示范县。

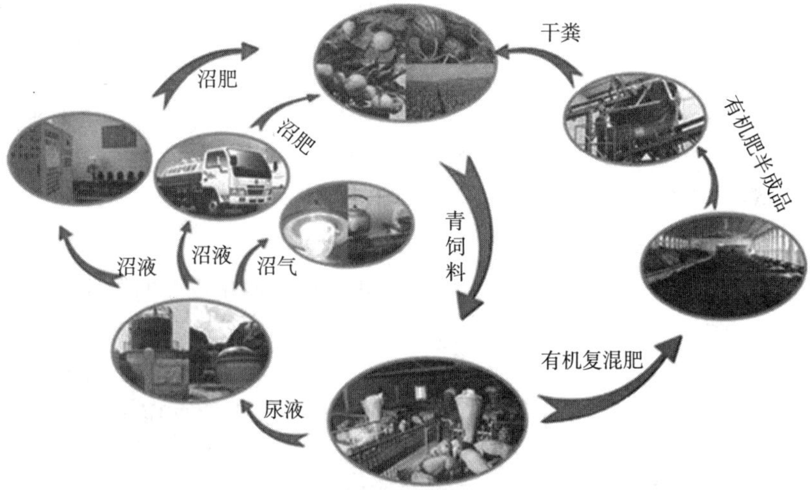

图 7　宁海县生态循环农业模式

（二）若干启示

通过归纳总结农业废弃物资源利用典型案例的成功经验，结合浙江省农业产业结构特点、资源特征以及农业废弃物资源化利用发展实际，可以得出以下若干启示。

1. 注重政策措施落实

近年来，全省各级政府和有关部门立足现有农业生产实际，对各种农业生产要素和农业废弃物进行统筹考虑，遵循“减量化、再利用、资源化”的原则，用循环经济的理念带动农业产业发展，先后出台了《浙江省农业废弃物处理与利用促进办法》（浙政令〔2010〕278 号）、《浙江省人民政府办公厅关于促进商品有机肥生产与应用的意见》（浙政办发〔2010〕151 号）、《浙江省商品有机肥推广应用实施办法》（浙农计发〔2011〕53 号）、《浙江省沼气开发利用促进办法》等政策文件，编制了《浙江省“十一五”农业面源污染治理和农村清洁能源开发利用规划》，进一步明确工作重点，强化保障措施，不断加大财政投入，激发了各类经营主体的积极性，促进了全省农业废弃物的资源化利用和生态环境的改善。

2. 注重技术研发推广

多年来，全省坚持走产学研、农科教相结合的发展路子，鼓励经营主体与省、市农业科学院等农业科研院校建立多种形式的技术合作关系，积极组建农业科技推广联盟，加强经营主体与省、市及当地三级农技推广基金组织的联系，研发推广废弃物资源化利用的先进实用技术，引进稻草捆扎与集运机械、蘑菇培养料翻堆与送料等先进设备，为整体推进农业废弃物资源化利用奠定技术基础；建立有效的技术创新激励机制，鼓励企业创一流技术、树知名品牌，提高产品科技含量和竞争力；加强对种养经营主体的技术培训、政策解读、实践指导，鼓励支持种养大户、农民专业合作社、基层农技人员开展农业废弃物资源化利用新技术、新模式的试验示范，提升了全省农业废弃物资源化利用水平。

3. 注重经营主体培育

农业经营主体是推进农业废弃物资源化利用产业化发展的重要依托。近年来，全省各地结合农业发展实际，坚持扶优扶强原则，完善培育机制，大力培育、扶持各类现代农业经营主体，增强了农业废弃物的无害化处理和资源化利用能力，在减轻农业面源污染的同时，有效推进了当地食用菌、芦笋、山核桃、生态畜牧业等特色优势产业的发展壮大和一些新兴产业的培育。同时，努力创新“公司/合作社＋基地＋农户”的经营管理模式，进行工农联姻、产销结合，形成了农企互为依托、风险共担、利益共享的双赢机制，推进了农业废弃物资源化利用的产业化、规模化，大大拓展了全省农业循环经济的发展领域。

4. 注重典型案例示范

在推进农业废弃物资源化利用、加快发展生态循环农业进程中，全省各地涌现出了一批农业废弃物资源化利用的新典型。与此同时，省农业厅等有关部门以创建生态循环农业示范区和示范项目为重点，切实做好相关技术配套、指导，开展了浙江省十大生态循环农业创新模式评选；并以专业大户、专业合作社等主体为试点，发挥相关涉农部门、机构的指导帮扶作用，采取以点带面、面线结合的方式，做好示范推广工作；通过农民信箱、农业信息网等媒体开展广泛宣传，采取现场会、报告会、培训班等形式，宣传普及农业废弃物资源化利用的理念、技术和模式，充分发挥成功典型的引领功效，加快先进适用技术的示范推广，有效推进了全省农业废弃物的资源化利用和生态循环农业的发展。

三、农业废弃物资源化利用的主要路径

（一）总体思路与创新战略

1. 总体思路

以打造浙江美丽田园为目标，提高资源利用率和利用价值为核心，推进农业废弃物资源综合循环利用为重点，围绕农业增长方式转变，把可持续发展思想和循环经济理念贯穿到整个资源化利用中，按照资源—农产品—农业废弃物—再生资源（资源化）的农业资源循环利用和废弃物资源化利用模式，坚持农业资源开发利用与生态环境保护并重，大力实施机制创新、技术创造、文化创意和主体创业战略，积极构建资源节约、环境友好的农业生态经济系统，实现农业废弃物的减量化、无害化、资源化和高值化。

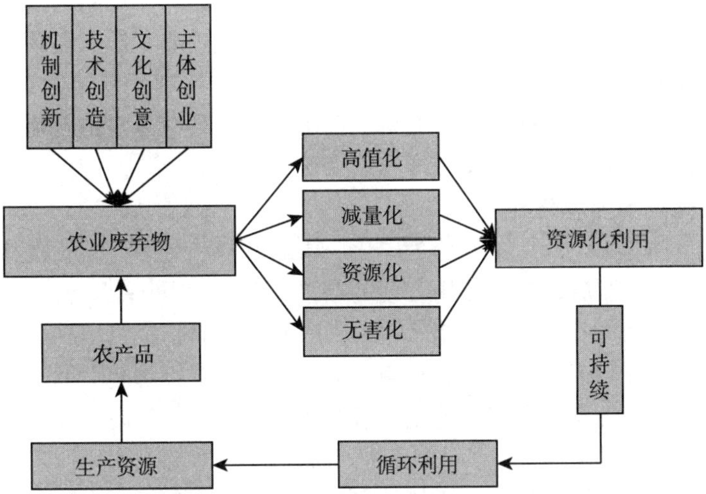

图 8　农业废弃物资源化利用的总体思路

2. 创新战略

（1）机制创新。进一步深化体制机制改革，以市场配置各项生产要素，建立与完善农业废弃物资源利用投资体制，加快农业废弃物资源化利用的市场化，建立开放进取、不断创新、充满活力的适应农业资源高效利用的体制机制，推进农业资源开发利用方式转变，为农业资源高效持续利用注入动力。

（2）技术创造。按照实现农业资源高效利用目标，进一步突出技术创新与集成，围绕全局性、方向性、关键性的问题，开展联合攻关，加快先进适用技术引进、消化、吸收步伐，突破关键技术瓶颈，提升整体技术创新集成能力，

促进科技与生产紧密结合，提高农业资源综合利用率，为推进农业废弃物资源化利用提供技术支撑。

(3) 文化创意。以挖掘农业文化资源为核心，以拓展农业功能、弘扬农业文化为依托，把文化创意理念融入农业废弃物资源化利用全过程，使文化创意与农业生产、农艺技术以及资源利用有机连接起来，变废为宝，构筑多层次的产业链，形成彼此互动的产业价值体系，大幅提升农产品附加值与资源潜能。

(4) 主体创业。充分发挥各类现代新型经营主体在农业废弃物资源化利用中的示范、带动作用，大力培育各类现代农业新型经营主体，强化各类经营主体的竞争意识、创新意识、经营意识，通过政策引导、资金扶持和技术支撑，不断提高创业主体的自主发展能力、科技创新能力和市场应对能力，成为农业废弃物资源化利用的引领者和主体力量。

（二）主要路径

依据浙江农业废弃物资源化利用特点，按照发展总体思路与创新战略，充分借鉴浙江省农业废弃物资源化利用成功经验，从产业发展、循环利用、资源开发、功能拓展等多角度，将全省农业废弃物资源化利用总结归纳为“六化”创新路径，即生化燃料能源化、有机还田肥料化、蛋白开发饲料化、营养培育基质化、生态环保材料化和文旅融合创意化。

1. 生化燃料能源化利用

生化燃料能源化利用主要分为碳化、厌氧发酵和热解。碳化是指农业废弃物通过干燥、压缩后，制成使用方便的新型燃料棒（块）；厌氧发酵是指运用厌氧发酵制沼气技术和微生物制氢技术，将农业废弃物经过多种厌氧微生物分解形成沼气或者利用异养型的厌氧菌分解小分子的有机物制氢的过程；热解主要通过热解技术将农业废弃物转化为清洁的气体燃料、热解油和固体热解焦等产品，这些产品均可作为燃料供热解所需的热源。能源化利用应着重消解畜禽养殖污水和以稻草秸秆为主要原料的农业废弃物，使其经过生物与化学过程生

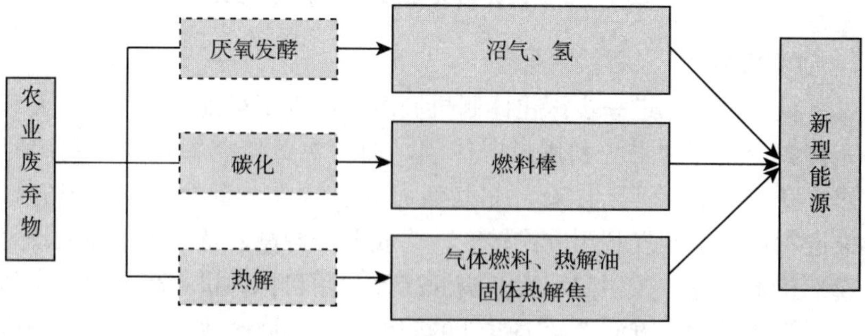

图9 农业废弃物生化燃料能源化利用示意图

产各种新型能源，将农业废弃物变为能源资源，既解决农村能源短缺问题，又可以改善水环境、减少秸秆焚烧，有效保护农村生态环境。

2. 有机还田肥料化利用

农业废弃物有机还田肥料化利用分为直接利用和间接利用。直接利用是在土壤中通过微生物作用分解、释放出其中的矿物质养分供作物吸收利用，分解成的有机质、腐殖质为土壤中微生物及其他生物提供食物，以改善土壤结构、培育地力。间接利用主要通过应用高效发酵微生物筛选技术、高效有机肥生产技术、农业废弃物的腐生生物高值化转化技术、畜禽粪便高温堆肥产品的复混肥生产技术、秸秆等植物纤维类废弃物沤肥还田技术以及根茬粉碎还田技术等，将农业废弃物转化为生物有机肥资源，以发挥农业废弃物在提高土壤肥力、增加土壤有机质、改善土壤结构等方面独特的作用。无论是直接利用，还是间接利用，有机还田肥料化利用应重点消解畜禽养殖固体废弃物，特别是采用蝇蛆、蚯蚓等生物消化技术，都可以提高废弃物资源化利用价值，有效促进养殖污染治理和耕地质量提升，改善农业生态环境，提高土壤持续生产能力，促进农作物生长。

图 10　农业废弃物有机还田肥料化利用示意图

3. 蛋白开发饲料化利用

农业废弃物蛋白开发饲料化主要分为植物纤维性废弃物的饲料化和动物性废弃物的饲料化。其中，植物纤维性废弃物的饲料化通过应用微生物处理转化技术，将秸秆等植物废弃物加工变为微生物蛋白产品；通过秸秆废弃物氨化或青贮化处理技术，改善原料适口性和营养价值。动物性废弃物的饲料化主要将废弃物中未消化的粗蛋白、消化蛋白、粗纤维、粗脂肪和矿物质等，经过热喷、发酵、干燥等方法处理后掺入饲料中利用，或将其通过无害化处理后利用蝇蛆生物转化技术，生产出水产蛋白饲料。农业废弃物蛋白开发饲料化利用不仅可以提高其营养价值、饲料适口性和利用率，开发出优质动物蛋白资源，弥补全省水产养殖蛋白资源匮乏，而且可以节约饲养成本，有效解决病死动物污染城乡环境和防止人畜病共患问题。

4. 营养培育基质化利用

农业废弃物营养培育基质化利用是指将经适当处理的农业废弃物作为农业

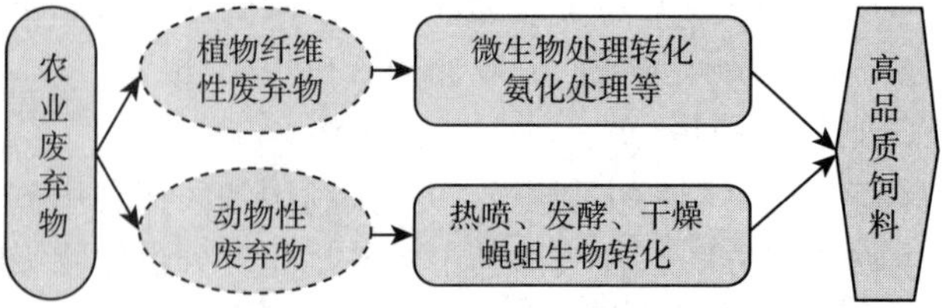

图 11　农业废弃物蛋白开发饲料化利用示意图

生产的育苗和栽培基质，其主要起到支撑、固定植株，为植物根系提供稳定协调的水、气、肥环境的作用，可用于食用菌栽培和蔬菜、花卉等设施育苗及栽培基质原料。如部分食用菌生产废料和山核桃蒲壳（细料）可用于生产蔬菜育苗基质，山核桃蒲壳（粗料）和山茶果壳经生物发酵处理后可用于铁皮石斛、兰花等高档植物的栽培基质，提升农业废弃物的资源利用价值。通过农业废弃物营养培育基质化利用不仅可以降低农业生产成本，提高农作物产量和品质，还能有效促进种苗产业发展，为资源化利用农业废弃物提供一条重要途径，有助于推动设施农业及其相关产业的发展。

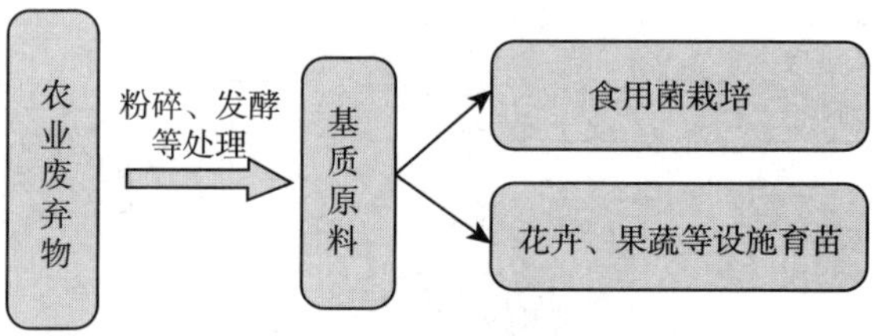

图 12　农业废弃物营养培育基质化利用示意图

5. 生态环保材料化利用

农业废弃物生态环保材料化利用是农业废弃物资源化利用新拓展的一个领域，主要是利用农业废弃物中的高纤维性植物废弃物等生产纸板、人造纤维板、轻质建材板等多种材料的原料，以及作为生产白炭黑、碳化硅陶瓷、氮化硅陶瓷、新型保温材料、建筑材料、调味食品、化妆品、工业添加剂等的原料。通过农业废弃物生态环保材料化的循环高效利用，不仅可以弥补木材等原料的短缺，减少林木砍伐，保护森林资源，而且还可以充分有效地利用农业废弃物资源，降低废弃物对空气、水和土壤等生态环境的污染。

6. 文旅融合创意化利用

近年来，随着创意农业产业的不断发展和农业文化进一步弘扬，人们开始把文化创意理念逐渐融入到农业废弃物资源化利用中，充分利用农业废弃物生产精美的雕刻工艺品、贴画作品、装饰用品、竹花盆等各种工艺品，展示传承农业文化，提升产品附加值，延伸农业产业链，推进农业产业转型升级。由此

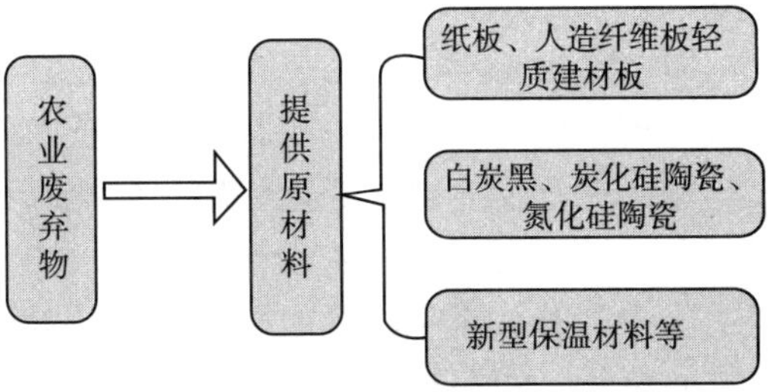

图 13　农业废弃物生态环保材料化利用示意图

可见，随着理念的不断更新、科技的不断进步，农业废弃物文旅融合创意化利用范围日益广泛，有着广阔的发展前景，也是未来农业废弃物利用的一个重要方向。

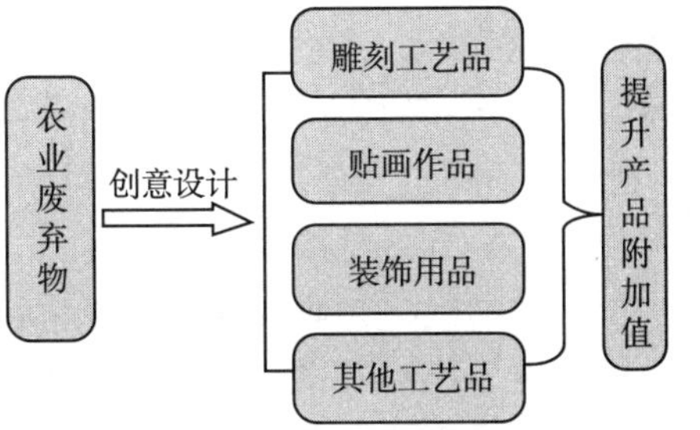

图 14　农业废弃物文旅融合创意化利用示意图

四、加强农业废弃物资源化利用的对策建议

（一）健全政策法规，营造资源化利用良好环境

健全政策法规。要尽快出台有利于农业废弃物资源化利用的相关政策与法规，制定实施细则，通过建立和完善农业资源管理制度规范体系，明确政府、企业和农户在推进农业废弃物资源化利用中的权利、责任和义务，为各行为主体提供指引和约束。同时，把农业废弃物资源化利用纳入国家资源综合利用和管理的政策框架之中，强化奖惩力度，从制度上推动和保障农业废弃物资源化利用和农业循环经济的发展。

加大宣传力度。把农业废弃物资源化开发利用工作作为推进“五水共治”、保护生态环境、促进农业和能源可持续发展，乃至建设美丽中国、发展生态文明的重要手段和内容，多形式、多层次、多渠道广泛宣传与推进农业废弃物资源化利用的重要意义，通过树立宣传典型事例和成功经验，深化社会各阶层人士对农业废弃物资源化开发利用的认识，提高人们参与程度，形成全社会关心、支持农业废弃物资源化开发利用的良好氛围。

强化监督管理。加强农业废弃物的监督管理，建立农业废弃物资源的管控体系，规范农业废弃物管理行为，通过物联网信息技术对农业废弃物资源流向进行实时监控，掌握农业废弃物资源化利用变化情况和相关信息，做到实时监测、优化配置和科学调度，推进农业废弃物资源化工作走上法制化、制度化、信息化和规范化轨道。同时，要加强监管人员素质培训，建立合理完善的监管制度，大力更新监管手段和技术，形成监管体系完备、执法合理有效的管理机制，进一步规范各参与主体的具体行为，为农业废弃物资源化利用提供保障。

（二）完善扶持体系，加大资源化利用投入力度

加强部门协调。农业废弃物资源化利用是一项综合性强、涉及面广、难度大的系统工程，必须加强组织领导，将农业废弃物资源化利用列入农业资源利用的重要议事日程，搞好部门之间的协调与配合，确保各项工作有序开展，特别要加强农业、林业、水利、环保、财政、国土、科技等部门以及有关科研院所的协作与联系，加强项目间的有机衔接，相互协调，分工协作，形成统一高效、整体推进的工作机制，共同做好农业废弃物资源化利用。

完善扶持政策。各级政府要出台相关政策措施，制订激励、税收、补助、低息贷款等一系列优惠政策。逐步加大各级政府的财政资金投入力度，大力推进畜禽粪便收集处理中心、农村沼气工程建设、病死动物无害化处理设施、动植物废弃物饲料蛋白生物转化和商品有机肥生产应用体系建设。要结合农业资源循环利用工作，创建省级农业废弃物资源化利用实验区（示范点），科学确定区域养殖总量，调整优化生态畜牧业布局，积极探索不同区域、不同资源类型的利用模式，为农业废弃物资源化利用提供典型示范。以财政资金投入为杠杆，发挥政策性资金集聚效应，鼓励和引导各类社会资本进入，进一步拓宽融资渠道，建立多元化的投融资支撑体系。

创新激励机制。探索创建激励机制，建立有利于农业废弃物资源化利用的政策导向，对农业废弃物资源化利用产品、企业和项目在财政税收、金融信贷、土地利用、技术创新等方面出台配套措施。要建立田间废弃物回收制度和农业废弃物资源化开发利用专项基金，对企业和项目给予低息或贴息贷款，提供信贷担保，支持扶持各类农业废弃物资源化开发利用项目，通过提高农业废弃物资源综合利用效益，进一步增强各经营主体的参与积极性。

（三）加快技术创新，提升资源化利用整体水平

加强技术集成创新。针对农业废弃物的特点，进一步加强技术创新，依靠

生物技术、信息技术和工程技术，突破制约农业废弃物资源化利用的技术瓶颈，加快相关废弃物资源化技术、环境无害化技术和清洁化生产技术研发，以及高附加价值、综合循环利用的高新技术研发和设施设备升级，尤其要重视农业废弃物资源化利用技术的集成转化，形成具有自主知识产权的核心技术、关键技术和创新产品，构建适合浙江省情的技术体系，增强技术保障和支撑能力。

推进技术示范推广。借助创建省级农业废弃物资源化利用实验区的契机，组织开展农村农业废弃物综合利用的科学研究和试点，重点依托省内外科研院所，积聚各类科技要素，努力加快实用技术的试验示范和推广应用。积极推广“沼液物流配送”模式，采取政府引导、企业运作的方式，及时将处理后的沼液作为液体有机肥配送到农作物种植基地。提高农村种养殖业绿色发展水平，有序推进各地效益农业、生态农业发展，并积极组织典型样板，加强示范引导、以点促面，提高全省农业废弃物资源化利用水平和节能减排效果。

积极探索新模式。继续做好农业废弃物资源化利用的实验区和仙居示范点建设，积极依托实验区（示范点）和农业“两区”平台，引进应用新技术、新工艺，并充分借鉴浙江省农业废弃物资源化利用成功经验，大力创新和利用“资源—废弃物—再生资源”的循环农业发展模式，促进农作物秸秆、畜禽粪便等农业废弃物从污染治理向资源化利用转变，注重资源高效循环利用、产业发展和功能拓展，不断探索适合浙江省省情的新模式、新路径，形成适宜当地的“生产、生活、生态、生命”协调促进的循环农业发展新格局。

（四）培育经营主体，推进资源化利用产业化进程

大力培育经营主体。制定优惠政策，培育和扶持一批农业废弃物资源化利用和无害化处理的新型经营主体，特别是通过省级农业废弃物资源化利用实验区、产业化基地建设，重点扶持培育从事农业废弃物资源化利用的科技型企业（集团），推动和鼓励企业开展技术创新，激发企业发展活力，培育废弃物综合利用的“静脉产业”主体，进一步延长相关产业链，以此推动农业废弃物资源化利用逐步向工厂化、规模化、标准化、高效化深度发展。

提升企业创新能力。紧扣市场需求态势、技术发展趋势以及政府产业政策的导向，优化资源配置和产业布局，出台专项优惠政策，鼓励企业培养、引进废弃物综合利用领域的高端技术人才和管理人才，加强人才考核机制、研发经费保障等配套措施改革，在相关领域组建结构合理、技术创新团队，加快关键技术的自主开发和引进，培育企业和整个产业自我成长、良好运营和自主创新的原动力。

积极创新组织模式。加强产学研一体化的战略合作，建设以企业为主体，

以高校和科研院所技术力量为依托，以市场为导向，以资本为纽带，以现代企业制度为规范的战略合作联盟。探索创新各类组织模式，切实优化产学研一体化的利益联结机制、协作机制与组织模式，完善沼液配送等农业废弃物利用社会化服务体系，健全病死动物、废弃农药包装物和农膜等“村收、镇聚、县处理”的农业废弃物收集和无害化处理体系，促进农业废弃物资源化利用产业化发展。

专题四　浙江省农作制度区域主导模式创新研究

“十二五”时期，是我国经济社会转型升级的关键时期，也是实现全面建设惠及全国人民小康社会目标的攻坚阶段，加快我国农业转型升级、转变增长方式、全面推进现代农业建设成为这一时期的重大战略任务。以此为标志，我国国民经济发展正步入新常态，要适应新常态，关键在于全面深化改革，走科学发展与创新驱动路径，实现经济社会持续健康发展。特别是在农业发展面临着农业资源环境约束趋紧、农业持续发展制约因素增多、农民增收难度加大等诸多问题的背景下，如何破解资源环境压力，努力探索符合我国基本国情、体现中国特色的现代农业发展路子，实现农业转型升级和农业可持续发展，成为各级政府和社会高度关注的问题。为此，党的十八大明确提出要“以科学发展为主题，以加快转变经济发展方式为主线”，加快发展现代农业，增强农业综合生产能力。

浙江人多地少，农业资源禀赋不足，特别是随着工业化、城市化的加速推进，农业所面临的耕地资源减少、环境约束加大的发展瓶颈更为明显。在这一背景下，全省各地积极探索新一轮农作制度创新和农业产业转型升级，形成了一批高效、生态、低耗的新型农作种植模式和产业转型升级范例，有力推动了全省农业持续健康发展。本专题旨在分析新时期浙江农作制度创新和农业产业转型升级重要性的基础上，系统总结浙江省农作制度创新的不同类型和典型案例，提出全省农作制度创新的基本思路、发展方向，不同区域农作制度创新和产业转型升级互促的主导模式，及深化农作制度创新的相关政策建议，以突破农业资源环境约束，协调农林牧渔各业统筹发展，提高农业资源利用效率和经济效益，探索“资源节约、环境友好，经营集约、经济高效，产品安全、功能多样，技术密集、耕作精细”的新型高效生态现代农业发展道路，进而为新时期“三农”发展创造更大发展空间，培育更强发展动力。

一、农作制度创新科学内涵与历史变迁

（一）科学内涵、特点和意义

1. 农作制度创新基本内涵

农作制度创新是以科学发展观为指导，根据农产品消费需求和农业产业发

展的变化趋势，遵照农业生态学和生态经济学的原理，通过种植业、养殖业的多种形式结合以及水旱作物的合理复种、轮作，构建优质高产、节本增收、安全生态的农作模式及其配套技术，对土地、物种、时空进行科学配置，形成效益更高的新型农业复合生态经营系统，实现物质的良性循环和能量的最佳转换，拓展生产的广度和深度，把传统的“老三熟”变成新型、高效的“多熟制”，使有限的土地资源空间要素投入生产出更多的优质农产品，为建设资源节约型、环境友好型的可持续发展的高效生态现代农业服务，从而推进农业产业的转型升级。

2. 农作制度创新的现实意义

（1）稳定粮食生产、促进农业增效农民增收的有效途径。20 世纪 90 年代以来，由于种粮长期处于微利状态，种植粮食和经济作物的效益差异较大，多数农民在结构调整中过于重经济作物轻粮食作物，甚至重经弃粮。目前，浙江省水稻生产以单季稻为主的局面已经形成，但是全省粮食自给率不到 40%，其中口粮的自给率不足 65%，大量的粮食依靠外地调入，粮食安全面临着威胁。新型农作制度的应用，特别是“千斤粮万元钱”模式，通过积极发展水稻、鲜食型旱粮，既稳定了粮食生产，保障了粮食安全，又丰富了农产品种类，提高了经济效益，促进了农民增收，可谓一举多得。

（2）转变发展方式、促进农业产业转型升级的重要举措。浙江省人多地少，人均耕地占有量仅为 0.54 亩，不足全国平均水平的一半，随着工业化、城镇化的快速推进，人口刚性增长与耕地日益减少的矛盾将更加突出。创新农作制度为转变农业发展方式开拓了新的途径。通过农作制度创新，可将单一的种植业、养殖业转变为种养结合等复合型高效生态模式，单一学科转变为多学科、交叉学科相结合的集成技术体系，传统产业转变为节本增收、环境友好、生态平衡、产业链延伸的现代高新产业，从而改变过去单纯重数量轻质量、资源掠夺、环境污染的粗放扩张型发展方式，有效缓解耕地资源不足对农业生产的制约，使农业发展空间越来越大、发展质量越来越高，农业产业层次得到提升，农民实现持续增收。

（3）改善生态环境、促进农业可持续发展的必然要求。由于受长期以来生产习惯的影响，当前农业生产过度依赖化肥、农药的局面没有根本改变，严重影响了农产品的质量安全和农业生态环境的破坏。实践证明，新型农作制度利用水旱轮作或生物间的互促互抑，不仅可以综合控制病虫草害、改良土壤团粒结构、减轻连作障碍，还可以减少农药化肥用量，保障农产品质量安全，优化农业生态环境，实现肥药减量、节本增效，是一种可持续发展模式，具有良好的生态效益。如菌稻轮作可使危害香菇、黑木耳的蚊类、螨类、菇蝇等害虫明显减少，水稻纹枯病明显减轻；栽培后的菌糠用作水稻基肥，可减少化肥使用。草莓和水稻轮作，不但可减轻草莓病害，提高草莓的品质和产量，而且水稻也容易获得高产。南美白对虾与哈密瓜轮作，既减少了虾病的发生，提高养虾效益，又为种瓜提供肥沃的土壤，使种瓜、养虾实现了互补双赢。

（二）农作制度演变态势和发展历程

1. 演变态势

改革开放以来，浙江社会经济快速发展，产业结构日趋合理。2013 年全省实现生产总值 37 568.49 亿元，是 1978 年的 303.66 倍（按当年价格计算）；三次产业结构比重由 1978 年的 38.1∶43.3∶18.7，发展为 2013 年的 4.8∶49.1∶46.1；一产的比重下降了 33.3 个百分点。与此同时，浙江现代农业建设也取得了显著成效，农业现代化进程不断推进，且一直走在全国前列。2013 年全省实现农林牧渔总产值 2 837.39 亿元，比 1978 年增长了 3.58 倍（按可比价格计算）；农林牧渔增加值 1 787.25 亿元，是 1978 年的 37.95 倍；农业、林业、牧业和渔业的产值比重由 1978 年的 77.4∶3.0∶14.3∶5.3，调整为 2013 年的 47.1∶5.0∶19.3∶26.7。从种植业内部结构来看，2013 年全省农作物种植业产值为 1 336.79 亿元，其中粮食产值 231.66 亿元、占种植业产值的 17.33%，而 1978 年全省粮食产值占种植业产值的比重高达 73.5%（图 2）。2013 年全省农作物播种面积为 3 665.15 万亩，比 1978 年的 7 140.20 万亩下降 48.67%；其中粮食播种面积 1 880.61 万亩，比 1978 年的 5 208.30 万亩下降了 63.89%；粮食播种面积占农作物总面积的比重也由 1978 年的 72.94%调整为 2013 年的 51.31%（图 3）。粮食和经济作物的种植比例逐步趋向合理。

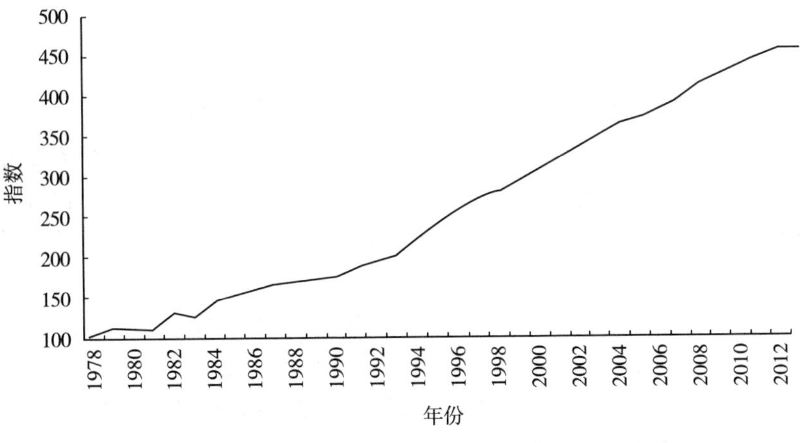

图 1　浙江省 1978—2013 年农林牧渔业总产值指数（1978 年=100）

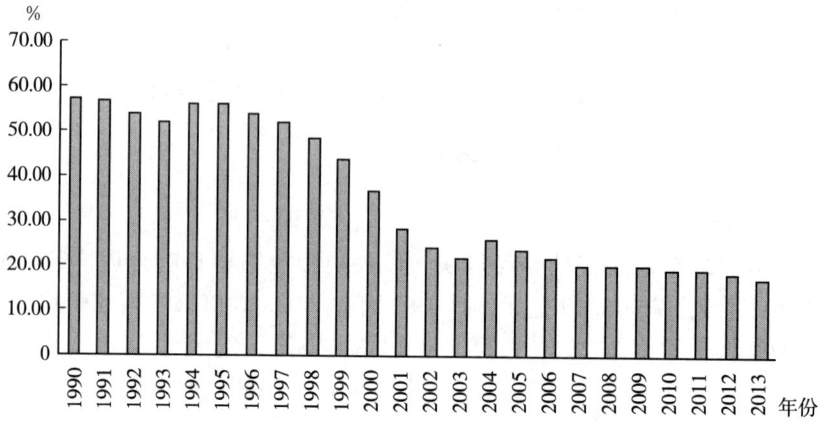

图 2　浙江 1990—2013 年粮食作物产值占种植业产值的比重

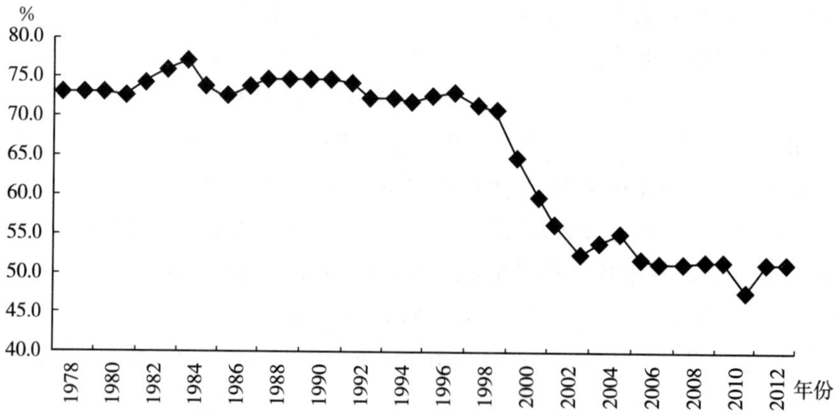

图 3　浙江 1978—2013 年粮食面积占农作物播种面积的比重

2. 发展历程

浙江农作制度的变革与创新，经历了一个长期探索与实践的过程，它的发生与发展绝不是偶然的。从本质上说，这是农村改革深化和市场经济强力拉动的必然趋势，是科技兴农方针不断深入的结果，也是广大科技工作者与农民群众积极创新、勇于探索的产物。回顾浙江省农作制度变革，大体上经历了 3 个阶段。

第一阶段：20 世纪 60 年代至 70 年代中期，为粮棉油发展时期。主要在水稻种植上改单季稻为双季稻，改间作稻为连作稻，改二熟制为三熟制（麦—稻—稻、油—稻—稻、肥—稻—稻），改高秆品种为矮秆品种，当时称为改革耕作制度，前后持续 20 多年，实现良种、良田、良法、良制“四良”配套，粮食复种指数达到 2 以上，使浙江省从缺粮省到自给省再发展到余粮省，粮食亩产从 250 多千克到 400 千克、上 500 千克、超“双纲”再到吨粮田。改变了粮食长期低产徘徊，需求紧缺的局面，为解决人们温饱和农业结构调整打下基础、创造了条件。“三熟制”是浙江农业生产上的一大创举，当时在全国处于领先地位。20 世纪 80 年代以来，特别是建立社会主义市场经济体制后，“三熟制”季节性强，劳力、化肥、农药投入大，农业成本高的矛盾日益突出，导致种粮收入大幅度下降，甚至种粮亏本，严重影响了农民的种粮积极性。

第二阶段：20 世纪 80 年代中期前后，调整农业产业结构、发展多种经营。随着改革开放不断深入，中央和浙江省提出大力调整农业产业结构，主要内容就是调整粮食和经济作物的种植比例，进一步扩大农民的生产自主权；同时对蔬菜、水果等鲜活农产品市场开放比较彻底，农产品内部结构调整力度开始加大，按自然规律、经济规律要求合理布局农作物的局面初步形成，园艺类作物、水果等高效益经济作物增长势头强劲。由此全省农作制度亦发生相应变化，由传统的双季稻种植逐步演变为单季稻，粮食种植面积开始下降，蔬菜、中药材、水果等经济作物种植面积得到较大幅度增加，促进了优势产业、特色产业的发展，丰富了农产品的有效供给，农民收入也得到了明显增加。但也带来了一系列较为突出的矛盾与问题，尤其是土地的利用率大幅度下降，冬闲田和抛荒田大量增加。这对土地资源紧缺的浙江来说，无疑是一种极大的资源浪费。

第三阶段：20 世纪 90 年代以来，创新农作制度、发展生态高效农业。特别是近些年来，围绕以市场为导向，效益为中心，创新农作制度为主导，通过农业科技的推广和农民的创造，出现了种养结合、复合配套、生态混养等多种形式的新型农作制度，这是对传统耕作制度的重大变革。相对于传统“老三熟”，新型农作制度可以有效提高土地的利用率，使有限的土地生产出更多的优质农产品，有力地促进了农业增效、农民增收，显著提高了农业综合效益。这一重大变革与创新，初步改变了以往农业种植模式与产业格局，基本适应了现代农业发展趋势，深受农民欢迎，得到了各级政府的重视和扶持。尽管目前还处于起步阶段，但总体上发展势头良好，许多农作模式在当地得到推广应用。

（三）存在的主要问题

1. 政策扶持力度有待加大

农作制度的创新模式一般都要求加强田、林、路、水等农业基础设施建设，增加大棚、农业机械、喷滴灌等现代生产设施，完善农村生活、交通、旅游等配套设施，农民对资金的建设需求较大，而目前农村金融信贷体系还不太完善，政府对相关项目的政策扶持较少，远不能满足农民的建设需求，急需加大扶持力度，以推进新型农作制度模式与相关配套技术的推广应用。

2. 示范推广水平有待提升

随着农作制度的创新实施，浙江省已形成了以大户、园区、龙头企业或合作社等组织为载体，以农业项目实施为依托的新型农技推广体系。但是，由于对新型农作制度开展针对性、系统性的研究比较少，许多高效种养模式尚存在技术瓶颈，加上涉及部门较多，缺乏统筹布局和示范引导，农民综合素质偏低，很多模式仍处于试验摸索阶段；尤其粮食生产技术推广网络线断网破，人才流失、知识老化、经费不足等问题突出，难以确保先进适用技术的到位率。

3. 新型农业机械应用较薄弱

机械化率不高是影响全省新型农作制度扩大应用的重要因素。与稻、麦等粮食作物不同，大部分经济作物如鲜食大豆、蔬菜的收获，名茶、桑叶的采摘，果蔬套袋等现阶段都只能依赖人工。据调查，目前挖 1 亩迷你番薯约需 6 个工，以平均每工 120 元计，人工成本就达 700 元以上。同时，蔬菜、草莓、西甜瓜等高效经济作物必须设施栽培，后季种水稻时，大棚内农机操作不便，难以实现机械化。全省现有设施大棚 200 多万亩，但与水稻轮作的面积仅 21 万亩。

4. 农业生产效益有待提高

农业生产总体上还是劳动密集型产业，在农村劳动力大量转移以及劳动力老龄化趋重的形势下，高效经济作物的种植规模不可能像水稻一样扩大。同时，大棚栽培的经济作物一般上市越早，价格越高，效益越好。但如果同期上市量多了，或区域种植面积大了，往往就会影响销售价格。此外，台风、洪涝等农业自然灾害导致的生产风险也是一个不容忽视的问题，尤其对设施栽培所造成的威胁较大，轻者减产减收，重者绝收；而设施栽培成本高、投入大，一旦受灾，损失巨大。

5. 农业产业关联度不够紧密

农民专业合作社和农业龙头企业的发展在新型农作制度实施中起到了巨大的作用，提高了农民的组织化程度，降低了农户的生产经营风险，逐步实现了以市场为导向、科技为基础、产业化经营为动力的农业生产经营体制。但是由于农户过多、过小，产品的利用和深加工技术仍比较落后，仍以初级农产品原料生产为主，产业之间的关联度较为松散，尚未真正形成种养加、产供销、贸工农一体化生产的经营格局，从而使得农业经营综合效益不高。

二、新时期农作制度创新实证分析

浙江省委、省政府 1 号文件《关于切实做好 2005 年农业和农村工作的若干意见》，提出了浙江省农业“大力发展高效生态农业，进一步提升农业综合生产能力”的要求。近10年来，在全省农技推广基金会、各执行部和涉农部门的共同努力下，坚持以发展高效生态现代农业为目标，以推进农技推广机制改革为载体，努力探索，农作制度创新取得了明显成效。尤其2013年以来，在省委、省政府的高度重视和正确领导下，省农业厅把加快新型农作制度推广应用作为重点工作，保障了“米袋子”、丰富了“菜篮子”、鼓起了“钱袋子”。据省农业厅调查，到2014年底，全省新型农作制度应用面积达204.22万亩，其中大棚蔬菜/瓜果/食用菌—水稻、中药材（如西红花、浙贝母）—水稻等水旱轮作模式面积115.58万亩；浙贝母/春玉米/秋大豆、桑茶果园套种等旱地间套多熟模式面积40.94万亩；稻鱼共生、桑茶果园套养家禽等立体种养模式面积45.82万亩。上述模式中亩均年产值最低的都接近万元，高的达5万～6万元。

创新农作制度的实践，充分展示了新型农作制度在合理利用土地资源、实现效益最大化中所起的积极作用。本专题在参考前人农作制度创新成果的基础上，结合全省农业生产实际，对浙江农作制度创新模式进行了总结、提炼，将其归纳为种养结合型、粮经复合型、水产混（套、轮）养型、立体种养型和功能拓展型5个类型。

（一）种养结合型

种养结合型就是在同一块田里，既坚持粮食优质高产，又与养殖业复合经营，主要有稻鱼共生、稻鸭共育、稻鸡轮养、粮经禽多熟种养，以及两种（水稻、黑麦草）三养（养二季鸭、一季鸡）、三种（水稻、绿萍、黑麦草）五养（养三季鸭、二季鸡）、“三杂”（杂交稻、杂交鸭和杂交油菜）种养等不同生态区的多种多样农作制度及配套技术。

稻鸡轮养模式：该模式主要分布平原粮食主区，充分利用冬闲稻田，以种稻为基础，养鸡为重点，种养直接结合为特色的复合型农作模式。一般单季稻于5月底至6月上旬播种，11月上旬前采收；10月中下旬购入苗鸡，在固定鸡舍常规育雏3～4周，11月中旬把鸡迁至农田大棚饲养，翌年1月下旬至2月上中旬出栏（一般为过年鸡），饲养期100～120天；2月中下旬至5月底安排第二批鸡养殖。据试验，该模式粮食平均亩产610.7千克，比对照亩产（单季稻）440千克增产170.7千克；平均亩产值21 921.2元，利润8 071.3元，分别比对照亩产值844.8元、利润74.8元，增加21 076.4元和7 996.5元。该模式具有增加粮食产量、保障禽产品有效供给、提高粮禽产品转化价值等多种功能，是生产、经济、生态相统一的良性循环农业新模式。

稻渔共生模式：该模式主要分布在青田、永嘉、瑞安、文成、庆元、景宁、德清、嘉善、平湖、绍兴等浙南、浙西山区和平原粮食主产区。一般在水稻插秧后投放水产种苗，收获前捕捞上市。如德清县的稻鳖共生模式，2013年实现鳖单产 199 千克/亩、亩产值 21 451 元、亩成本 15 210 元、亩利润 6 241 元，稻单产 563.8 千克/亩，亩产值 5 074 元，亩成本 1 200 元（因不施肥、不用农药，比常规种植水稻每亩节本 300 元左右），亩利润 3 874 元，稻鳖两项合计亩收益 10 115 元；“清溪香米”获第十五届全国稻米博览会金奖，不仅使农产品质量更为安全，还有效提高了农产品价格，实现了提质增效。

稻虾轮作模式：该模式主要分布在绍兴县，有稻—虾—虾轮作、稻—虾—鳅轮作等多种模式。如富盛镇稻—虾—鳅轮作示范基地，采用种一季早稻、养二茬青虾和泥鳅的种养模式。2013 年平均每亩产早稻 475 千克、青虾 50.5 千克、泥鳅 110 千克；亩均总产值 10 079.5 元，净利润 6 429.5 元，分别比单种早晚稻的农田增加 6 909.5 元和 4 439.5 元，增幅分别为 217.9%、223.1%。同时，示范基地通过了无公害产地产品双认证，并注册了“老么弹”“白塔洋”等商标，提高了青虾市场竞争力和经济附加值。

（二）粮经复合型

粮经复合型是采用优良品种和先进适用的设施栽培技术，实施粮食与蔬菜、瓜果、花卉、食用菌、药材等轮作，既可以克服单一作物带来的连作障碍，又能大幅度提高农田经济效益，实现稳粮增效。

水稻—大棚蔬菜模式：该模式分布广、类型多、面积大，主要有水稻—大棚番茄/茄子/瓠瓜/生姜等，其中以水稻—大棚番茄/茄子为多。其中水稻—大棚番茄模式主要分布在温州、嘉兴，温州是早中稻—大棚番茄，嘉兴是特早熟晚粳稻—大棚番茄，种植面积较大的有苍南、瑞安和嘉善。一般大棚番茄在 9 月上旬育苗，10 月上、中旬定植，第一批果实在春节前后上市，一直采收到 5 月上旬，亩产可达 6 000 千克以上，亩产值 18 000 余元；早中稻在 5 月中下旬直播或移栽，8 月中、下旬收获，特早熟晚粳稻在 6 月中旬移栽或直播，10 月上中旬收获，亩产 450～500 千克。

单季稻—黑木耳（香菇）轮作模式：稻—耳模式主要在龙泉、云和、景宁、开化、常山等地广泛应用。5 月上中旬单季稻播种，9 月下旬至 10 月上旬收获，一般亩产稻谷 500 千克；黑木耳于 10 月至 11 月初排场出耳，亩排 8 000棒左右，平均亩产干耳 600 千克，产值 3 万～5 万元，纯收入 2 万元左右。稻—菇轮作茬口安排和产值类似于稻—耳轮作模式，主要在缙云、莲都、龙泉、庆元等地推广。

单季稻—浙贝母模式：该模式主要在磐安、武义、鄞州、缙云、云和、景宁、庆元等地应用，年种植面积近万亩。浙贝母 10 月底前完成播种，5 月上中旬采收完成。亩产鲜浙贝 600 千克（折干品为 180 千克），产值可达 17 000

元；单季稻5月下旬播种，10月上旬收割，亩产550千克左右。

（三）水产混（套、轮）养型

水产混（套、轮）养型是改革传统单放单养，实行鱼鳖、虾蟹、贝藻等混养模式，以及培育优良品种，改善养殖环境、减少饲料施用和病害发生，从而既可降低养殖风险、减少外源污染，又可提高养殖塘的利用效率、水产品产量和经济效益。

鱼鳖虾混养模式：该模式在全省分布较广。如龙游县龙洲渔业示范区建有高标准生态养殖塘1 010亩，园区主要养殖草鱼、日本系中华鳖、青虾等，开展草鱼高密度养殖、鳖虾混养等养殖新技术探索、示范推广，其草鱼养殖密度达每亩2 300尾，比一般农户高出3倍多。同时，示范区逐步完善“公司＋基地＋农户”的模式，按照“五统一”方式，提高产业化发展水平。2013年该示范区总产值达3 145万元，创造效益980万元，带动周边400余户农户发展养殖6 000多亩，产值逾6 000万元。

藕塘养鱼共生模式：该模式主要分布在嘉兴、湖州、金华等地。如长兴县2014年将该模式作为重点模式进行研究、示范，并作为高效模式在当地进行推广应用。于3月中旬移栽莲藕，7—12月收获，可亩产莲藕2 000千克，产值5 000余元，6月套养鲫鱼和甲鱼苗，12月陆续捕捞上市，可亩产鲫鱼180千克和甲鱼60千克，亩产值1.6万余元，模式净利润可达万元以上。

羊栖菜（海带）套养贻贝模式：该模式主要分布在宁波象山、温州洞头等沿海地区。羊栖菜套养贻贝，应先种羊栖菜，再挂贻贝；羊栖菜夹苗时间为9—10月，贻贝放养时间为10—11月。海带与贻贝套养，则先挂贻贝，再养海带；贻贝于10月中下旬暂养并分包挂养，海带11月下旬夹苗挂养；5月中上旬收获羊栖菜、海带后，继续养殖贻贝，一般在7—8月收获贻贝。该模式生态效益非常明显，贝类等养殖动物通过吃掉水中的微生物，净化水体，有利于藻类进行光合作用；而藻类以贝类产生的二氧化碳为原料，通过光合作用产生氧气反馈给贝类等动物。这一生态循环维持了水中氧气和二氧化碳的平衡和稳定，形成互利互存的共生关系，提高了水环境的生态修复能力。

虾蟹贝混养模式：该模式主要分布在宁波、舟山、温州、台州等沿海地区，不仅降低了养殖过程中的饲料成本与水消毒成本，而且降低了池塘管理的人工成本，从而提高了养殖水域利用率和经济效益。如台州三港海水养殖专业合作社拥有养殖基地1 010亩，主推青蟹、小白虾、泥蚶等虾蟹贝混养模式，示范面积500亩，其中泥蚶养殖面积75亩、缢蛏养殖面积25亩。项目实施后，青蟹亩产30千克、亩产值2 700元，小白虾亩产75千克、亩产值5 400元，泥蚶亩产3 000千克、亩产值8.4万元，缢蛏亩产1 000千克、亩产值2

万元；示范区总产值达 1 080 万元，亩利润 10 500 元。

（四）立体种养型

立体种养型是利用山林、竹林、茶园、果园、杂地、梯田，发展生态畜禽养殖或套种苗木、中药材、牧草、山稻、水果等作物，在山田、林地、杂地种植番薯、玉米、蔬菜等农作物，形成种养结合、农林牧循环的生态种养模式。

园地套养模式：该模式主要分布在杭州、台州、湖州、衢州、金华等地。即在桑、茶、果、林“四园”中套养家禽，其中杭州、台州两市的茶园和果园套养面积较大。省农技推广中心 2013 年在安吉县天子湖镇吟诗村建立了 300 亩的茶园养鸡新技术示范点，年放养白茶鸡 1.8 万羽，实现销售额 160 万元，除去苗鸡、防疫、饲养、人工等成本，获利 85 万元；同时，全年可减少病虫防治和用工成本 120 元/亩，鸡粪处理后还园，又可降低成本 310 元/亩。淳安千岛湖镇养殖大户朱小土承包了 60 亩毛竹林和 200 亩油茶园，2011 年在园中放养土鸡 5 万羽，销售土鸡、土鸡蛋、茶油，年销售总额达 249 万元。淳安威坪镇河村徐柏寿承包 150 亩茶园，在林地上套种了山核桃、建养猪场，如今茶叶年产值达 10 万元，山核桃年收入 4.8 万元，养猪毛收入 110 万元，家庭年纯收入 30 余万元。

果园种草养羊模式：该模式主要分布在杭州、湖州、金华、台州、温州等地。位于余杭区鸬鸟镇的杭州余杭三水果业有限公司，拥有山地 750 亩（含毛竹山），其中以蜜梨、水蜜桃为主的果园 500 亩，养殖湖羊 2 100 头；建有生产管理用房、水果分级包装车间 600 米^2，冷库 3 座，湖羊养殖区 3 个，羊舍 2 300 米^2，饲料房 350 米^2，是省二级种羊场。从 2002 年起，公司依托浙江大学园艺系、国家保鲜中心、浙江省农业科学院等科研单位，成功总结出“梨（桃）—草—羊—梨（桃）”高效生态循环农业模式，将水果种植与湖羊养殖有机结合，即在果园中种植黑麦草、留马唐草养殖湖羊，羊粪作果树的有机肥，实现了“果硕、草茂、羊肥”，显著提高了种养业经济效益和社会效益。2009 年被环保部命名为国家级有机食品生产基地。该模式的成功实施，每年可节省饲料成本 13 万元、肥料成本 10 万元、运输费用 5 万元，水果售价达 7 元/千克。

油茶（香榧）—山稻套种模式：该模式主要分布在丽水等地。遂昌县有上百年的山稻种植历史。2014 年在湖山乡三归村建设油茶—山稻基地 550 亩，通过良种和新技术的推广应用，亩收稻米 100 千克。由于米质好且不施化肥农药，市场售价每千克 30 元以上，亩收入 3 000 元，亩净利约 1 500 元，新增净收入 80 多万元，实现以短养长。同时，林地增施有机肥、秸秆还地，既改良了土壤，又促进了油茶生长。该模式具有三大好处，一是山稻可为油茶或香榧苗提供庇荫，减少了遮阴网费用；二是套种山稻能给油茶、香榧幼林地蓄水保墒，防止水土流失；三是通过以耕代抚，抑制杂草，减少油茶林或香榧的管理成本，提高林地利用率，增加林农经济收益。因此被省林业厅实施“一亩山万元钱”林技推广行动列为林下种植十大模式之一。

山核桃林地“乔牧”复合经营模式：该模式主要分布在杭州淳安、临安等地。为解决山核桃林地水土流失严重、土壤酸化等问题，2012 年淳安县威坪镇茶合村、王阜乡王阜村开展山核桃林下套种黑麦草、白三叶、苇状羊茅、鸭茅等牧草，利用收获的牧草进行山羊饲养，探索山核桃立体生态复合经营之路。试点实施面积 110 亩，带动面积 1 100 亩。试点区可产优质青饲料 100 吨，供饲养 75 头羊，羊又可提供有机肥栏粪 50 吨。试点培养了 3 户示范户，培训农户 200 人次，并在王阜、华坪二村推广了利用山核桃林地种植牧草养山羊 400 头。示范户养殖的“波尔山羊”平均每只产值 1 800 元；本地山羊平均每只产值 980 元；羊栏粪也有一笔不小的收入。

（五）功能拓展型

功能拓展型是充分利用生态环境、自然景观和农业资源，结合农作制度改革与创新，改变原来单一传统生产功能，挖掘当地农业文化、农业文明，发挥创意农业理念，积极拓展农业的多项功能，提升农产品附加值和农业经营效益。

奉化桃园观光模式：水蜜桃观光园位于“中国水蜜桃之乡第一村”的奉化市溪口镇新建村，地处溪口核心景区内，交通便捷。观光园始建于 1997 年，总面积 1 300 亩，园内建有引种世界各地特色名优桃品种的“世界桃街”，展示奉化水蜜桃栽培技术和栽培品种的奉化水蜜桃展览馆，及亭、台、楼、阁和垂钓等配套休闲景观设施，成为集水蜜桃生产的高产高效示范、水蜜桃品种展示和旅游观光于一体的综合性园区。近年来，当地不断探索，积极创新农作制度，在桃园套种牧草和油菜，以提高土地复种指数、培肥地力，避免冬季桃园景观的单调性；相继推出了春赏花、夏尝果，采桃尝桃游、垂钓烧烤和桃树认养等活动，年游客达 2 万多人次，成为溪口旅游的一个新亮点。

仙居油菜花节模式：近几年来，仙居围绕建设长三角地区重要的旅游休闲胜地和省绿色农产品生产基地的目标，充分发挥生态环境优势和旅游资源优势，利用举办杨梅节的成功经验，从 2007 年开始连续出台扶持政策，发动农民在冬闲田上大规模种植油菜，使油菜的种植面积从原来的 3 万亩猛增到 7 万多亩，在 2008 年举办了首届油菜花节，成片的油菜花海与当地的山水景观互补辉映，吸引了大批的游客前来观光休闲，有效带动了农家乐等旅游业的发展，促进了农民增收，在高效生态农业与旅游业的有机结合方面创出了特色和亮点。目前，仙居的油菜花节已成功举办了七届，成为浙江省十大最具影响力的农事节庆和知名品牌。2014 年油菜花节期间共吸引海内外游客 203.4 万人次，实现旅游收入 8.43 亿元。

青田稻鱼文化模式：青田稻鱼共生系统是一个有着 1 200 多年历史的典型生态农业模式。悠久的田鱼养殖史孕育了灿烂的田鱼文化，不仅蕴含丰富的传统农业知识、多样的稻鱼品种和传统农业工具，还有国家级非物质文化遗产项目——青田鱼灯舞等一批独具特色的民俗文化、节庆文化和饮食文化。近年来，青田以稻鱼共生为公共品牌，全球重要农业文化遗产（GIAHS）为主线，“两区”建设为平台，推广稻鱼共生标准化技术，拓展休闲、观光、文化等农业功能，积极打造田鱼文化旅游休闲区，建立了 GIAHS 稻鱼共生博物园、小舟山梯田油菜花稻鱼共生观光园、仁庄稻鱼共生保护示范园，带动了全县休闲观光农业发展。

从上述模式可以看出，虽然由于全省山区、丘陵区、平原区和沿海区等自然条件不同，农业主导特色产业也不尽相同，采用的农作制度创新模式有较大的差异。但这些模式均具有以下五个共同特点：一是把传统农业精耕细作与现代科学技术融为一体；二是把农林牧渔融为一体，将各业有机结合起来，形成新生物链，并拓展农业功能，提高了农业的整体效益；三是把植物—动物—微生物融为一体，形成良性的农业循环经济；四是把经济效益、社会效益和生态效益融为一体，注重综合效益；五是把生物技术、农艺技术与工程技术融为一体，走集成创新。

三、农作制度创新的基本思路和发展方向

（一）基本思路

以建设绿色农业强省为方向，稳粮为基础，农业增效、农民增收为核心，现代科技为支撑，提高土地产出率、劳动生产率和农业综合生产能力，实现农业产业转型升级为目标，按照稳粮致富、提质增效、创新驱动的总要求，坚持创新、推广、示范并重，牢牢把握稳粮增效、集约节约和生态循环原则，推进传统农业精华与现代科学技术结合；紧紧围绕各地特色优势农业产业的发展，加强农作制度创新，着力发展绿色农业、生态农业、循环农业、设施农业、节水农业、创意农业和智慧农业，提高农业综合经营效益，促进农业产业转型升级，改善农业生态环境，营造美丽田园，走出一条环境友好、资源节约、产业循环、生态高效、农旅结合的具有浙江特色的高效生态现代农业发展道路，推进全省农业持续、健康、协调发展。同时，农业产业的转型升级又不断要求加强农业科技与理念创新，进一步深化农作制度改革，通过农业新品种、新技

术、新设施的研发应用，实现农技、农机与农艺的有机融合，因地制宜推广高效生态农业种养模式，提高土地利用率和农业综合经营效益，保护和改善农业农村生态环境，促进农业持续健康发展，从而使两者形成互促发展的良性机制。

（二）发展方向

针对浙江省农业自然资源总体特点和农业发展实际，根据今后农作制度创新与产业转型升级互促的基本思路，借鉴全省各地农作制度创新的典型模式，将全省农作制度创新归纳为集约节约型、复合生态型、产业循环型和功能多元型 4 个发展方向。

1. 集约节约型

集约节约型方向就是依靠农业科技进步与创新，通过不同作物间高效、集约农作制度的有机结合，合理搭配产业结构、优化种养模式，研发推广一批适合该类型农作制度创新的新品种、新技术、新农艺和新设施，以高效开发利用农业自然资源、节约土地资源，实现单位土地产出的最大化，进一步提高农业资源的利用率、产出率和劳动生产率，缓解全省农业资源短缺和社会需求不断增长的矛盾，推进农业优质高效、节本增收、生态安全和可持续发展。

2. 复合生态型

复合生态型方向就是通过积极发展多形式的复种轮作、间套作等生态立体种养农作制度模式，科学配置土地、物种、时空，均衡利用土壤养分，调节土壤肥力，有效提高土地复种指数、农产品贡献率和经济效益；同时，有效减少化肥、农药施用，提倡使用有机肥和生物农药，减轻农业生产对农业、农村生态环境的污染，从而改善农业生态环境、丰富生物多样性，达到农业资源的高效利用、生态互促，促进全省高效生态现代农业发展。

3. 产业循环型

产业循环型方向就是通过建立粮经结合、农牧结合、林牧结合、农渔结合等生态循环型“种、养、饲、加”一体化的农作制度综合生产模式，促进农业废弃物在产业间、区域间的循环，形成农业资源的全程循环利用，实现物质的良性循环和能量的最佳转换，从而拓展农业生产的广度和深度，提高农产品产量、品质和市场竞争力，推动农业产业的转型升级和产业间的循环发展、有机融合，最终实现农业废弃物的“变废为宝”和农业资源的高效、持续利用。

4. 功能多元型

功能多元型方向就是通过农作制度创新、产业链整合、功能价值整合和要素整合，努力挖掘当地的历史文化、农耕文明和农村传统习俗、风土人情，积极拓展农业的生态景观、文化教育、休闲体验、养生保健等外延功能，传承和发展浙江农业文化，加快农业资源、文化、技术相互交融、渗透，把农业生产、科普教育、休闲观光、农事体验、康体养生、文化创意等有机结合起来，开发体验农业生产、欣赏田园风光、了解农业知识和领略农耕文化项目，全面推进“美丽浙江、美好生活”建设。

四、农作制度创新的区域性主导模式

依据浙江区域农业自然资源条件、农业农村经济发展水平存在的差异性以及农业产业结构和农作制度特征，本专题将全省划分为平原、丘陵盆地、丘陵山地和沿海岛屿四大农业发展区域，以探索不同区域农作制度创新与产业转型升级互促机制的主导模式。

（一）平原农业区

1. 区域农业资源特征

该区位于浙江省东北部和东南部平原。其中浙东北平原包括杭嘉湖平原和宁绍平原两个浙江省最大的平原，被誉为“鱼米之乡、丝绸之府”。区内地势低平，海拔一般在10米以下，水网密布，湖荡众多；土壤主要有水稻土、潮土、滨海盐土等，其中以水稻土面积最大，且土层深厚，熟化程度高，有机质含量丰富，微酸性，适种性广，有利于发展粮、油、菜、桑、果等多种农作物，以及畜禽和淡水养殖业。浙东南平原濒临东海，是浙江人均耕地最少的区域。区内光照充足，降水充沛，其中温（岭）黄（岩）平原、温（州）瑞（安）平原是浙江的主要平原，适宜多种农作物生长，是浙江省粮食、蔬菜瓜果和水果的重点产区。

2. 农业产业发展现状

21世纪以来，该区进一步调整优化农业结构，凭借区位、资源、市场、技术、资金等诸多生产要素的集聚优势，区域现代农业发展取得了明显成效，初步形成了粮食、蔬菜、花木、水产、畜禽、水果、蚕桑等主导优势农产品的产业带或产业区，成为全省农业产业结构调整的先行区和高效生态现代农业的示范区。如瓜菜基地主要分布在杭州市区、余姚、慈溪、宁海、瑞安、平阳、苍南、嘉兴市区、平湖、海宁、海盐、嘉善、桐乡、上虞、台州市区、温岭、三门、临海等县（市、区）；花木基地主要分布在杭州市区、宁波市区、余姚、嘉善、海宁、嘉兴市区、长兴等县（市、区）；淡水产品基地主要分布在杭州市区、宁波市区、慈溪、嘉兴市区、嘉善、平湖、海宁、德清、长兴、湖州市区等县（市、区）；蚕桑基地主要分布在海宁、桐乡、湖州市区等市（区）；水果基地主要分布在杭州市区、嘉兴市区、海盐、海宁、桐乡、奉化、象山、宁海、温州市区、乐清、苍南、台州市区、三门、玉环、临海、温岭等县（市、区）；畜禽基地主要分布在象山、温州市区、瑞安、乐清、苍南、嘉兴市区、湖州市区、温岭等县（市、区）。

3. 农业发展总体定位与主导模式

（1）发展定位。该区今后农业发展定位为：以接轨长三角、服务大中城市为目标，以市场需求为导向，农民增收为核心，建立面向国际市场和长三角地区城市群的现代都市农业，努力巩固提升传统产业，积极培育壮大农产品加工、物流和休闲观光农业等新兴产业，着重发展优质粮油、绿色蔬菜瓜果、特种水产、花卉苗木、特色水果、食用菌、生态畜禽等主导优势产业，进一步加强农作制度创新，抓好新品种、新技术、新设施的引进和改良，以及适合大棚蔬菜与水稻轮作的农机农艺、农产品保鲜和加工流通等关键环节，示范推广一批生态循环农业种养模式，不断提升特色优势农产品在省内外的市场竞争力和产业化水平，提高农业综合效益，建成为全省现代农业发展和农作制度创新的核心区与龙头。

（2）主导模式。依据区域资源特点、农业发展总体定位与主导优势产业，该区将充分利用平原稻田、水域面积大等优势，因地制宜，选择适宜的农作制度创新模式。

其中，杭嘉湖平原区重点推广应用稻—瓜菜（菇）、瓜菜—旱粮—稻、旱粮—菜—稻、虾鱼套养等轮套、间作、混养种养模式，水稻—蘑菇—芦笋一体化、畜—沼—稻（菜/果/渔）、稻渔共生、渔菜共生、稻鸭共育、桑—菌（黑木耳、秀珍菇）等生态循环种养模式，以及果—旱粮—菜、桑—菜、桑—禽、桑蚕鱼等园地套种、套养立体种养模式，着力提高农业资源利用率，推进养殖业向规模化、设施化、生态化发展，提升农业产业层次。

宁绍平原区积极推广稻—瓜/菜、稻—虾、旱粮—瓜/菜、稻—草（鹅）等轮作模式，果—旱粮/瓜/菜/草、果—禽、花木—粮（瓜/菜、肥）、稻—萍—鱼、渔菜共生等立体种养模式，以及稻—鸭—渔共育模式、鱼—鸭（鹅）共生模式等多种不同形式的复合生态模式。

浙东南平原区大力发展粮经轮作、水旱轮作、复合立体种养模式，海水产品高效混养模式等，构成不同类型的农业复合生态种养模式。主要模式有旱粮—菜/瓜、旱粮—经济作物/果蔗、菜—瓜、菜—稻—菜、瓜/菜—晚稻、稻—稻—菜、稻—虾、粮—菇轮作模式，果—菜/菌、鱼虾贝/蟹混养、对虾—瓜、果—菜/旱粮/瓜、渔稻/菜共生、果/竹园养禽，以及休闲观光农业等“多位一体”、农牧结合的高效生态循环农业种养模式，提高农业资源利用率、土地产出率和农产品品质，推进区域农业产业的转型升级。

（二）丘陵盆地农业区

1. 区域农业资源特征

该区主要位于浙江省中部和东部丘陵区，土地类型复杂多样，以丘陵、盆地为主，间有少量的河谷平原；区域光热条件优越，农产品种类丰富多样，有利于农林牧各业全面发展。区内的金衢盆地是全省最大的内陆盆地，也是浙北平原和浙西南山地的结合部，历来是全省农业综合发展较好的区域。

按农业总体类型划分，该区可分为河谷平原、丘陵岗地和低中山三大农业类型。其中，河谷平原光热条件优越，土地肥沃，适宜于粮、经、肥等多熟制生产；丘陵岗地介于河谷平原与山麓过渡地带，土地缺水易旱，主要以发展茶、桑、果为主；低中山地分布于盆地周围，是区域内各大水系发源地和生态屏障，海拔多在150～1 300米不等，适宜于发展生态林业。

2. 农业产业发展现状

近年来，该区充分挖掘当地资源优势，着眼于农产品品种和结构的调整创新，突出抓好农产品生产的特色化、名优化和规模化，涌现出一批特色农产品和全国“特色之乡”，形成了若干特色优势农产品产业带（区）。如柑橘基地主要分布在衢州市区、常山、龙游、兰溪、金华市区等县（市、区）；茶叶基地主要分布在诸暨、嵊州、新昌、武义等县（市）；生猪基地主要分布在衢州市区、金华市区、江山、龙游、诸暨、嵊州等县（市、区）；小水果基地主要分布在仙居、兰溪、金华市区、义乌、浦江、天台、东阳、永康、江山、嵊州、诸暨等县（市、区）；特色家禽基地主要分布在永康、仙居、江山等县（市）；食用菌基地主要分布在江山、常山、衢州市区等县（市、区）；花木基地主要分布在金华市区、嵊州、诸暨、新昌等县（市、区）；此外，区内还有香榧、珍珠、油茶、蚕桑等特色农产品基地。

3. 农业发展总体定位与主导模式

（1）发展定位。该区今后要围绕粮食、蔬菜、特色干鲜果、茶叶、花木、食用菌、毛竹、畜禽、珍珠、蜂产品等农业主导优势产业，立足于发挥当地的资源、环境和产业、技术优势，以农作制度优化创新为突破口，积极发展生态农业、节水农业、旱作农业、景观农业，以节约农业资源，提高土地复种指数和农业经营效益，带动中部地区农业产业的转型升级，促进资源的高效利用和农民增收。

（2）主导模式。利用丘陵盆地农业的多宜性、多样性和综合性优势，大力发展种养结合、农牧结合、集约节约等高效生态立体种养模式。

盆地周缘的江河上游农林区要积极发展林下经济，主要推广林—药/果/茶/菜/菌、林苗一体化、林—牧、果—茶等模式，重点发展中药材、食用菌、茶叶、香榧、板栗、水果等农产品和森林生态旅游，促进农民增收和生态环境保护。

低丘岗地生态农业区发展以猪—沼—粮（果/菜/鱼）、莲藕—稻、耳—稻轮作、黑木耳—稻鱼共生、菜—粮—绿肥、粮—经济作物（蔬菜、甘蔗、席草、中药材等）等为主的生态种养模式，突出粮、果、畜、经济作物等产业化开发，建立绿色农产品生产基地。

河谷平原高效农业区围绕粮食、畜牧及蔬菜、珍珠、小水果等特色农业，发展粮—菜—畜、粮—牧—渔、粮—渔—果、猪—沼—稻（菜/鱼）、旱粮—稻—菜、瓜—菜—粮、蚌—稻—鱼、果园养鸡、稻鸭共育、鱼塘种稻等为主的种养模式，菜—稻、旱粮—稻等水旱轮作稳粮增效型模式，旱粮—瓜—菜、菜—旱粮—旱粮等旱作节水高效生态型模式，粮菜套种、棉花套种粮（菜）、果蔗与春粮间作、春粮套种棉花、桑园或幼龄果园套种菜/粮等间作套种模式，以及双低油菜—单季稻、鲜食春大豆—单季稻全年免耕种植等模式。

（三）丘陵山地农业区

1. 区域农业资源特征

该区主要位于浙西北和浙西南山区，其中浙西北地貌类型以低山丘陵为主，坡度较缓，土层深厚，境内有天目山、白际山、千里岗等山脉，为东、西苕溪源头，主要河流属钱塘江水系和苕溪，拥有“两江一湖”、莫干山名胜区和西天目清凉峰、龙王山等国家、省级自然保护区；区内地形起伏多变，气候阴湿多雨，昼夜温差大，十分有利于高山蔬菜和经济林果等生长。浙西南地貌类型以中低山居多，自然生态条件优越，是瓯江、飞云江、鳌江、灵江等水系的发源地，水热资源丰富。区内山地间有壶镇、丽水、碧湖、松古、云和、龙泉等山间盆地，是山区的主要农区；土壤类型以红壤、黄壤为主，土层深厚，肥力条件较好，有利于高山蔬菜、水果、茶叶、中药材和林特产品生产，也是浙江省的主要林业基地。

2. 农业产业发展现状

浙西北丘陵山地区距上海、杭州、湖州、嘉兴等大中城市较近，交通便捷。目前该区的竹笋、高山蔬菜、山核桃、蚕桑、食用菌、草莓、西红花、铁皮石斛、莲子、油茶等特色农产品生产已形成相当规模，成为区内最具竞争力的优势产业，其中笋干基地主要分布于富阳、临安、安吉等县（市），产量位居全省第一；山核桃基地主要分布在临安、淳安、桐庐、安吉等县（市）；茶叶基地主要分布在淳安、安吉、开化、富阳、桐庐、建德、临安等县（市）；食用菌基地主要分布在开化、淳安等县（市）；高山蔬菜基地主要分布在淳安、富阳、安吉、临安等县（市）；蚕桑基地主要分布在淳安、桐庐、临安、建德、开化等县（市）；油茶基地主要分布在开化、建德、淳安等县；此外，还有建德的草莓、西红花、莲子，桐庐的蜂产品，建德、淳安的铁皮石斛等特色优势农产品基地。

浙西南丘陵山地区充分利用良好的生态环境和丰富的农业自然资源，大力发展原生态农业、绿色农业和养生农业，基本形成了高山蔬菜、食用菌、竹（笋）业、中药材、茶叶、特色经济林果、田鱼等优势产品和产业，其中高山蔬菜基地主要分布在永嘉、文成、泰顺、丽水市区、缙云、龙泉、景宁、遂昌等县（市、区）；食用菌基地主要分布在庆元、龙泉、丽水市区、云和、景宁、松阳、磐安等县（市）；水果基地主要分布在永嘉、丽水市区、青田、遂昌、松阳、文成等县（市、区）；茶叶基地主要分布在磐安、永嘉、文成、泰顺、瑞安、平阳、苍南、龙泉、庆元、遂昌、松阳、景宁等县（市）；中药材基地主要分布在磐安、龙泉、缙云、景宁等县（市）；田鱼基地主要分布在永嘉、青田、文成、庆元等县；此外，区内还有竹笋、油茶等基地分布。

3. 农业发展总体定位与主导模式

（1）发展定位。该区是浙江省主要水系的发源地，也是下游平原地区重要的生态保护屏障。今后农业发展将以“绿色发展、生态富民”为目标，充分发挥林业在生态系统中的主导作用，积极构筑具有山区特色的绿色生态型农业、特色精品型农业和休闲观光型农业，围绕高山蔬菜、食用菌、竹（笋）、中药材、茶叶和特色经济林果等优势产品和产业，大力发展林下经济，完善现代林业生态体系和产业体系，建设一批森林食品基地，形成区域特色明显、经济效益显著的珍稀干果、竹木制品、山地精品水果、木本粮油、木本药材等产业带，创建一批省级知名农产品品牌，提升产业综合竞争力，促进山区经济、社会和生态协调发展。

（2）主导模式。浙西北丘陵山地区主要采用复合生态型、产业循环型和功能多元型农作制度创新模式，重点推广药—稻、菜—稻、瓜—稻、瓜—瓜—稻、粮—粮—菜轮作模式，桑—菌、菌—沼—菜、耳—稻、林—草—牧循环模式，山核桃套种油茶/茶叶/杨桐/牧草，油茶套种三叶青，果园套种蔬菜、牧草等，稻蛙共生以及林药、林茶、林禽（畜）、林游等“种＋养＋游”的立体经营模式，既保护森林资源和生态环境，又促进农民增收。

浙西南丘陵山地区按照“山上戴帽、山腰种果、山下养猪、山塘养鱼”的山地立体开发思路，根据不同海拔、不同产业布局，大力推广菜/菌/药/粮—稻、稻—菇—肥、肥—稻—菜、粮—稻—肥/菜、油—稻—肥、旱粮—菜—菜、药/旱粮—粮、粮食新三熟、稻—肥—畜禽、粮—经（药）—畜等粮经结合、农牧结合、水旱轮作模式，油茶/香榧—山稻、林—菜/粮、林—粮—果、粮—果—茶、果（茶）—蔬—畜、茶—果—蔬等桑茶果“三园”、山地林地套种套养模式，粮—畜—渔、稻鸭共育、稻蛙共养、稻鱼共生、稻/再生稻鱼共生、粮＋稻鱼共生、粮或油＋稻鱼共生、菜或肥＋稻鱼共生、药＋稻鱼共生、莲鱼共养等立体种养模式，以及森林游憩、农家乐，实现林药结合、林果结合、林畜结合、林菌结合、林畜粮（经）结合，带动山区农民增收致富。

（四）沿海岛屿渔（农）业区

1. 区域农业资源特征

该区位于浙北和浙东沿海地带，地貌特征以岛屿为主。海域辽阔，港湾众多，滩涂面积大，海洋生物资源丰富，是该区重要的农业资源特征。其中舟山渔场水温、盐度适中，水质肥沃，饵料丰富，盛产鱼、虾、贝、藻类等海水产品500多种，是我国渔业资源基础最好的渔场，素有“东海鱼仓”和“祖国渔都”之美称。

2. 农业产业发展现状

该区海水产品养殖优势十分明显，现已形成大黄鱼、对虾、梭子蟹、贻贝、羊栖菜、紫菜等特色优势产品产业带（区），如舟山市区的对虾、梭子蟹、大黄鱼，岱山的对虾、梭子蟹、贝类，嵊泗的贻贝、半滑舌鳎，洞头的羊栖菜、紫菜等优势特色产区。同时，区内的瓜菜、花木、水果、畜禽、茶叶等特色优势产业发展也取得明显成效，如瓜菜基地主要分布在舟山市区、岱山；水果基地主要分布在舟山市区、岱山；花木基地主要分布在舟山市区、嵊泗；茶叶和畜禽基地主要分布在舟山市区、岱山。

3. 农业发展总体定位与主导模式

（1）发展定位。依据该区的区位条件、农业资源特点、产业结构特点及发展方向，今后将立足海洋资源优势，积极利用沿海“港、湾、景”等资源，实行开发与保护并重，推广应用标准化立体混养技术和生态健康养殖技术，进一步创新养殖模式，建设以对虾、梭子蟹、大黄鱼、贻贝、羊栖菜、紫菜等优势品种为主的绿色浅海滩涂养殖基地，以及具有国内先进水平的鱼、虾、贝、藻种苗生产基地，大力发展垂钓捕捞、海鲜美食、海景欣赏等休闲渔业；继续发展花木、瓜菜、水果、茶叶等特色精品产业，加快形成生态高效现代农业产业格局。

（2）主导模式。充分发挥该区海域广阔，岛屿星罗棋布，港湾众多、滩涂面积大的优势，大力发展虾渔混养、蟹虾贝混养、虾贝类混养、渔藻贝类混养等浅海、滩涂立体海水产品养殖模式，积极发展休闲渔业，提高单位面积的投入产出率和养殖效益，加快水产业的转型升级；同时，积极推广瓜菜—粮、花木—瓜菜（草、肥）、果（茶）—粮（菜、牧）等粮经结合、农牧结合、水旱轮作等生态高效种养模式，大力发展旱粮和节水农业，促进渔（农）民增收和海岛经济可持续发展。

五、深化农作制度主导模式创新的对策建议

（一）加大政策扶持力度，深化农作制度改革

切实加强领导，建立健全工作机制。各级党委、政府和科技、教育、财政等有关部门要高度重视和大力支持农技推广事业。各地要建立农作制度创新联席会议制度，由分管农业县（市、区）长牵头，农业职能部门、科技、财政、教育分管负责人参加，并邀请农技推广中心负责人、首席农技专家参加，具体负责推广目标的提出，任务的分解，工作的实施、考核、政策兑现等日常工作，并研究创新成果推广计划，协调解决推广工作中的困难和问题。

加强政策导向，注重引导与培育。政府应注重政策的导向作用，出台相应的扶持和鼓励措施，引导农民开展农作制度创新。建议省财政安排一定资金，选择不同模式和区域，推进农作制度改革示范点建设，以点带面加快推广应用。各地财政部门也要整合和安排专项资金，对当地特色农业产业的新型农作制度从技术推广、设施补助、项目立项、成果奖励、农产品电商化、休闲观光农业等多个环节予以重点扶持，及时解决项目用地、融资等相关问题；整合县产业化政策、省以上示范县项目资金，鼓励农民专业合作社和家庭农场积极运用生态种养模式。积极鼓励各类经营主体与农户开展农作制度创新，引进推广新型高效生态种养模式，通过政策扶持、明确奖罚制度，充分调动广大农户创新农作制度的积极性和创造性，促进农民持续增收。

建立稳定投入机制，设立项目专项资金。各级政府要把创新农作制度作为财政支农的扶持重点，多方整合各级各类项目资金，以省补资金为引导，整合其他专项资金，加大农作制度创新项目扶持力度，继续落实好工作经费和基金补充，确保随着经济的发展逐年增加。农业职能部门要加大培训投入力度，把农作制度创新作为农技人员知识更新培训和农民教育培训的重点，着力提升农技人员和农民应用、推广新型农作制度的能力和水平。建立健全推广应用新型农作制度的考核激励机制，把农作制度创新作为考核基层责任农技人员的重要内容。鼓励和支持各类农业经营主体、农业科研机构、基层农技人员开展新型农作制度试验示范，不断开发新模式、新成果。

努力营造氛围，合力推进农作制度创新。进一步加大对农作制度创新重要意义的宣传，重点推广一批优秀实施项目，认真总结高效生态种养模式推广应用过程中的工作经验和成效，及时宣传先进典型，争取各级领导和社会各界对农作制度创新工作的重视和支持。把新型农作制度在“两区”建设中的推广应用作为创新成果推广重点，统筹科研试验、技术示范和项目建设等资源，加大

推广力度，根据“两区”建设的产业布局，认真筛选效益高、易推广、可持续的优秀项目，形成政府重视、部门配合、农民参与、媒体宣传、公众关注的良好氛围，合力推进全省农作制度创新与产业转型升级，努力实现“各方多赢”。

（二）加强农业科技支撑，推进农作制度创新

加强研究攻关，完善相关配套技术。积极组织“三农六方”对当前主要农作制度中存在的关键技术问题进行研究和攻关，如作物选择、品种推荐、茬口搭配、栽培方式、连作障碍及避鸟害、避台风危害技术等，不断完善配套栽培技术。积极引进、示范适宜于在大棚内作业的小型农机具，建议省厅有关部门牵头生产厂家加快研发步伐，实现农机、农艺有机结合，提高机械化程度。积极鼓励农业科研机构参与农作制度创新，坚持科技协作，加快研究攻关一批集成技术，强化瓶颈难题攻关、新品种新技术试验和模式组装融合，使农作制度不断推陈出新、提升发展。

坚持试验示范，加快技术推广应用。充分利用创建生态循环农业试点省的机遇，积极开展新型农作制度示范点建设，加快总结创新一批可看可学、可复制、可推广的示范样板。紧紧围绕农业产业转型升级，依托农业“两区”平台，结合农业科技项目实施，通过技术培训会、召开现场会、设立科技示范户等形式，发挥农技人员在推广新型农作制度中的主力军作用，加强培训指导，重点加快稻—菜（瓜、菌、药）等成熟模式的示范推广，稳步扩大稻鱼（鳖、虾）以及桑、茶、果、林“四园”养禽等立体种养模式的示范区域，积极探索再生稻养鱼、养鳖等新模式；充分利用电视、电台、报纸、农业信息网、农民信箱等平台，加快新技术的传播速度，提高技术到位率。

健全农技服务体系，做好创新推广工作。按照提高县（市、区）一级、强化镇一级、发展村一级、延伸户一级的总体要求，形成机构完善、功能齐全、制度健全、保障有力的公益性服务网络，为新型农作制度建设提供服务保障。深化基层农技推广体系建设，建立乡镇（街道）农业公共服务中心、村级农业技术服务站点，扩大服务面和服务领域。整合农业信息资源，优化农技110热线、农民信箱、电视专题等信息平台功能，积极建设集地理信息系统、首席专家实时指导等于一体的信息化服务平台，使农业经营主体有效运用农作制度创新模式，推进农业产业发展提升。

加强人才培养，提供科技支撑。各地农业部门每年组织农业科技人员到浙江大学、浙江农林大学、省农业科学院等高等院校、科研院所参加农技人员知识更新培训，并开设农广校本科班、大专班多层次的农业专业学历教育，培养一批农作制度创新带头人。大力引进各类人才，加强与省农业科学院、长三角涉农高校等科研机构的合作，着力推进行业科技创新中心的建设，加快培育农

业科技创新主体和农业科技企业，实施农业科技重大专项和平台建设，提升农业科技创新能力，促进农业科技成果转化应用，为新型农作制度建设提供科技支撑。

（三）强化农业产业化经营，加快产业转型升级

培育现代经营主体，提高产业化程度。创新农作制度，主体是关键。要以种养大户、专业合作社、农业龙头企业、家庭农场等现代农业经营主体为重点，通过技术培训、现场观摩和实践指导等形式，使其掌握新技术，应用新模式，并发挥其示范带动作用，不断提高新型农作制度覆盖面。抓住当前农业转型升级的有利时机，引导和鼓励有实力、懂经营、会管理的大户发展合作组织，组建农业企业，或以“农户＋合作社＋公司”为主要模式，积极发展农民专业合作社，进一步推进新型农作制度的规模经营，提高农业经营效益。

实施品牌战略，强化产品市场营销。充分利用当地知名农产品的品牌优势，实施名牌战略，统一品牌、统一包装、统一销售，扩大品牌的覆盖面，积极为农户拓展销售渠道。充分利用农作制度创新的优势，大力发展具有当地特色的名、特、优、新、稀农产品，充分挖掘农产品的文化内涵，培育区域品牌，提高农产品附加值。围绕当地的农业特色优势产业，强化农产品市场营销，广泛组织农业经营主体参加各类农展会、推介会，借助农村电子商务平台，推进线上线下有机结合，全方位展示新型农作模式生产的生态精品特色农产品，提高产品的知名度，以市场拉动产业，推进农业产业转型升级。

做好社会化服务，推进适度规模经营。农作制度创新模式和技术要取得较高的经济效益，其前提和基础是规模农业。坚持平等协商、自愿有偿的原则，依托县（市、区）、镇、村三级土地流转服务组织，在农民自愿的基础上，实行土地使用权流转，推进适度规模经营，进一步提高农作制度创新模式的规模效益。同时，加强农业产前、产中、产后不同领域的社会化服务工作，为推广农作制度创新项目提供供种、植保、机耕、机种、机排（灌）、机收等主要环节或全程社会化服务，提高大宗农作物生产机械化水平，有效减轻生产劳动强度和生产成本，提高种植效益。

参 考 文 献

陈埠，任天志，2008. 现代农作制模式构建与技术创新［C］. 中国农作制度研究进展2008.
陈亮，闫彦，2010. 虚拟水消费与浙江农业水资源配置优先序研究［J］. 节水灌溉（7）.
陈廷煊，2012. 中国新民主主义农业经济史［M］. 北京：中国社会科学出版社.
陈维春，杜欢，2013. 论中国农业废弃物资源化综合利用立法史［J］. 华北电力大学学报：社会科学版（2）.
陈智远，石东伟，王恩学，等，2010. 农业废弃物资源化利用技术的应用进展［J］. 中国人口·资源与环境，20（12）.
程湘虹，郑彩凤，2011. 鲜食大豆/丝瓜/苋菜—菠菜一年四熟高产高效栽培技术［J］. 上海蔬菜（1）.
代稳，张美竹，2013. 基于生态足迹模型的水资源生态安全评价研究［J］. 环境科学与技术（12）.
戴旭明，2006. 浙江省创新种养模式和种养制度的实践与体会［J］. 浙江畜牧兽医（2）.
丁爱芳，2012. 农业废弃物资源化利用途径及策略分析：以江苏省句容市为例［J］. 生态经济（2）.
丁春梅，2005. 浙江省水资源可持续利用研究［D］. 杭州：浙江大学.
董雪，葛立群，崔莹，2012. 辽宁省主要农业废弃物年排放量估算及利用分析［J］. 资源与环境科学，23（3）.
杜婷，郭太平，刘中心，等，2006. 利用农业废弃物生产绿色墙体材料［J］. 建筑技术（9）.
杜艳艳，赵蕴华，2012. 农业废弃物资源化利用技术研究进展与发展趋势［J］. 广东农业科学（2）.
范晓秋，2005. 水资源生态足迹研究与应用［D］. 南京：河海大学.
费根楠，2008. 创新农作制度发展高效农业［J］. 老区建设（9）.
冯开文，李军，2014. 中国农业经济史纲要［M］. 2版. 北京：中国农业大学出版社.
盖东海，2012. 河北省水资源可持续利用研究：基于生态足迹法［D］. 保定：河北农业大学.
高国明，陈钦宏，俞爱英，2010. 农作制度创新模式单季稻—黑木耳高效栽培技术［J］. 农业科技通讯（3）.
高伟，高瓦 K M，2013. 利用农业废弃物的生物制氢［J］. 沈阳化工大学学报（2）.
葛松林，1995. 中国古代农业技术哲学思想初探［J］. 科学技术与辩证法（2）.
顾骅珊，2009. 农业废弃物循环利用模式探讨［J］. 生态经济（1）.
郭文韬，1996. 中国传统农业哲学略论［J］. 古今农业（1）.
国家林业局农村林业改革发展司，2013. 集体林权制度改革课题成果汇编［M］. 北京：中国林业出版社.

韩金竹，张建华，2013. 农业废弃物和农产品的创意利用 [J]. 上海农业科技 (3).

韩宇平，雷宏军，2012. 基于虚拟水的区域发展研究 [M]. 北京：中国水利水电出版社.

何可，张俊飚，田云，2013. 农业废弃物资源化生态补偿支付意愿的影响因素及其差异性分析：基于湖北省农户调查的实证研究 [J]. 资源科学，35 (3).

洪晓芸，李鹏，2012. 区域农业废弃物资源存量估算及分布差异研究 [J]. 资源与环境科学，23 (5).

侯宁，2011. 集体林改视角下的森林资源物权制度构建 [M]. 北京：中国林业出版社.

胡火金，2007. 天人合一：中国古代农业思想的精髓 [J]. 农业考古 (1).

胡一朗，2012. 中国农业废弃物资源化利用的演化博弈分析 [J]. 中国农学通报 (20).

黄林楠，张伟新，2008. 水资源生态足迹计算方法 [J]. 生态学报 (3).

季淑枫，2012. 余杭三水果业有限公司："梨—草—羊—梨" 循环模式介绍 [J]. 杭州农业与科技 (4).

贾治邦，2012. 论中国集体林权制度改革 [M]. 北京：中国林业出版社.

冷小黑，2013. 农户林业合作经营行为研究：以江西为例 [M]. 北京：中国农业出版社.

李鹏，王文杰，2009. 我国农业废弃物资源的利用现状及开发前景 [J]. 天津农业科学，15 (3).

刘秀珍，2009. 农业自然资源概论 [M]. 北京：中国林业出版社.

刘月琴，刘庆普，2013. 农业废弃物资源化利用分析展望 [J]. 农机使用与维修 (11).

刘振东，李贵春，杨晓梅，等，2012. 我国农业废弃物资源化利用现状与发展趋势分析 [J]. 安徽农业科学，40 (26).

鲁奇，任国柱，2002. 农业资源态势分析与优化配置 [M]. 北京：科学出版社.

梅建平，2009. 浅谈我县农作制度创新对农村经济发展的作用 [J]. 丽水农业科技 (3).

彭靖，2009. 对我国农业废弃物资源化利用的思考 [J]. 生态环境学报，18 (2).

彭世奖，2016. 中国农业历史与文献研究 [M]. 广州：世界图书出版社广东有限公司.

邵东国，过龙根，王修贵，洪林，等，2012. 水肥资源高效利用 [M]. 北京：科学出版社.

沈季强，沈国雄，2010. 低碳农业经济与农作制创新模式初探 [C]. 华东地区农学会、山东农学会学术年会交流材料.

宋松柏，2003. 区域水资源可持续利用指标体系及评价方法研究 [D]. 杨凌：西北农林科技大学.

孙健，杨新琴，2006. 农作制度创新是建设现代农业的有效途径 [J]. 浙江农业科学 (4).

孙永明，李国学，张夫道，等，2005. 中国农业废弃物资源化现状与发展战略 [J]. 农业工程学报，21 (8).

孙占祥，2008. 辽宁省农作制度演变规律及发展策略 [C]. 中国农作制度研究进展 2008.

谭世明，2013. 社会资本视角下集体林权制度变迁与演化机理研究 [M]. 北京：中国社会科学出版社.

汤勇，2011. 创新农作制度理论与实践 [M]. 北京：中国农业出版社.

唐海力，2012. 浙江省水资源的利用状况研究［D］. 杭州：浙江农林大学 .
陶思源，2013. 基于农业循环经济视角下的农业废弃物资源化利用［J］. 农业经济（4）.
田宜水，2009. 生物质固体成型燃料产业发展现状与展望［J］. 农业工程技术（3）.
童雪松，2008. 小基金撬动大产业，促进农作制度创新和农业科技进步［J］. 丽水农业科技（4）.
王东祥，2004. 海水淡化：解决浙江水资源短缺的战略选择［J］. 浙江经济（22）.
王建国，1992. 北方贫瘠地区农业发展战略初探［J］. 理论探索（3）.
王敬国，2011. 资源与环境概论［M］. 2 版 . 北京：中国农业大学出版社 .
王瑞波，高春雨，孙炜琳，黄圣男，2017. 农业废弃物资源化利用模式与实践探索：以新疆生产建设兵团 34 团为例［M］. 北京：中国农业科学技术出版社 .
王忠豪，龚钢明，2011. 芦笋秸秆废弃物资源化利用技术开发［J］. 中国资源综合利用，29（2）.
温婧，孙吉林，2012. 改变农村能源结构让农业废弃物变废为宝［J］. 农业工程技术：新能源产业（9）.
温铁军，2005. “三农”问题与世纪反思［M］. 北京：生活 • 读书 • 新知三联书店 .
温铁军，孔祥智，郑风田，崔海兴，等，2010. 中国林权制度改革：困境与出路［M］. 武汉：华中科技大学出版社 .
吴群，2013. 农业废弃物资源化利用的现实意义与对策建议［J］. 现代经济探讨（10）.
吴湘婷，苏青，2012. 水资源可持续利用水平评价和对策研究［M］. 北京：中国水利水电出版社 .
徐海江，2002. 基于可持续发展的浙江省水资源战略研究［D］. 杭州：浙江工业大学 .
徐珊，夏丽华，2013. 基于生态足迹法的广东省水资源可持续利用分析［J］. 南水北调与水利科技（10）.
薛智勇，王卫平，许育新，等，2006. 农业废弃物资源化现状与多元循环利用探讨［C］. 2006 年中国农学会学术年会 .
严建立，屠国兴，叶安，等，2013. 杭州市创新农作制度的实践与成效［J］. 杭州农业与科技（6）.
姚青海，聂路，李文学，等，2013. 水稻与浙贝、元胡轮作技术［J］. 上海农业科技（3）.
姚振火，2007. 加强浙江省水资源管理和水资源费征收的思考［J］. 浙江工商大学学报（2）.
于冰沁，孙贝烈，2014. 农业生产力与自然力：生产农业是发展农业生产力的必由之路［M］. 沈阳：东北大学出版社 .
元生朝，1989. 论我国的立体集约农作制度［J］. 耕作与栽培（6）.
占毅，2006. 基于可持续发展理念的浙江省水资源优化配置研究［D］. 杭州：浙江大学 .
张波，2012. 固体废弃物在新型墙体材料中的资源化利用［J］. 工业安全与环保，38（6）.
张波，2012. 农业废弃物秸秆在建材应用中的研究进展［J］. 江苏农业科学（10）.
张波，2013. 农业废弃物秸秆生产人造板的资源化利用［J］. 中国胶粘剂（12）.
张继群，张国玉，2012. 节水型社会建设实践［M］. 郑州：黄河水利出版社 .
张莉敏，刘金光，罗良国，2011. 我国农业废弃物资源化利用的激励机制研究［J］. 农业环境与发展（6）.
张明生，2005. 浙江省水资源可持续利用与优化研究［D］. 杭州：浙江大学.
张五常，2017. 中国经济制度［M］. 北京：中信出版社.
张俙何，洪春来，朱凤香，等，2013. 农业废弃物资源化利用现状与前景展望［J］. 现代农业科技（20）.
张霞，2010. 民国时期“三农”思想研究［M］. 武汉：武汉大学出版社.
张燕，2009. 中国秸秆资源“5F”利用方式的效益对比探析［J］. 中国农学通报，25（23）.
赵雅静，王义祥，翁伯琦，2009. 试论发展农业循环经济与优化现代农作制度［J］. 农业现代化研究，30（1）.
浙江省农业技术推广基金会，2006. 农作制度创新的探索与实践论文集［M］. 北京：金盾出版社.
浙江省农业厅，2006. 浙江休闲观光农业一百例［M］. 北京：中国农业科学技术出版社.
浙江省统计局，2005—2014. 浙江统计年鉴：2005—2014 年（历年）［M］. 北京：中国统计出版社.
郑海霞，2007. 农业资源高效利用：基于 GIS 技术方法［M］. 北京：中国经济出版社.
钟祥财，2017. 中国农业思想史［M］. 上海：上海交通大学出版社.
周明华，朱晓颖，2010. 浙江省水资源优化配置研究［J］. 浙江工业大学学报（8）.
周悦，谢屹，2014. 基于生态足迹模型的辽宁省水资源可持续利用分析［J］. 生态学杂志（33）.
朱建国，陈维春，王亚静，2015. 农业废弃物资源化综合利用管理［M］. 北京：化学工业出版社.
朱信凯，张晨，杨晓婷，2017. 习近平农业思想及十八大以来的实践［J］. 经济社会体制比较（5）.
祖田修，2015. 近现代农业思想史：从工业革命到 21 世纪［M］. 张玉林，钱红雨，译，北京：清华大学出版社.

后　　记

在浙江省农业科学院扶持学科建设专项经费资助下，本书得以付梓出彼。本书是课题组近年来承担国家与浙江省农业资源区划研究项目阶段性的重要研究成果，也是新时期浙江农业自然资源综合开发利用战略研究及农业区划研究领域的开创性工作。

长期以来，本课题组在全国农业资源区划办公室、浙江省农业资源区划办公室的支持下，积极开展了一系列农业资源区划相关领域的研究，受到时任浙江省副省长葛慧君的高度重视，她为有关报告提笔作序并给予了充分肯定，这极大地鼓舞了有关科研人员的创造热情和工作信心。此后，由浙江省农业资源区划办公室牵头，浙江省农业科学院农业自然资源和农业区划研究所农业区域经济研究室承担，开展了农业自然资源综合开发利用相关项目的系列研究，得到了省国土资源厅、省农业厅、省水利厅、省林业厅、省环保厅、省海洋与渔业局、省气象局等多部门大力支持，并延续了近十年，十分不易。

因本书研究选题的特殊性，相关研究工作涉及的部门之众多、数据资料之繁杂、组织协调之艰难，都超出了当初的预想，回顾研究的曲折历程和步步辛苦，再看到手边沉甸甸的书稿，想到研究成果为省政府和各部门采纳应用，心中充满了感慨与感恩。在本书即将出版之际，特别向给予我们帮助，积极协助和紧密配合的省有关部门，关心和鼓励我们的单位领导，历次参加编写的工作人员，一并致以最衷心的感谢！

追求真理没有止境，服务“三农”没有止境。当前，我国实施乡村振兴战略的新时代大幕刚刚拉开，浙江肩负着“干在实处永无止境，走在前列要谋新篇，勇立潮头方显担当”的新使命，在探索浙江特色农业现代化道路的征程上，仍然任重而道远。本书的出版，是对科研人员过去工作的阶段性总结和梳理，可以预见的是，今后农业资源区划领域将有更多有价值的新问题值得进一步探索和研究，我们将继续为“三农”研究贡献热情和力量。由于水平所限，书中难免存在不足甚至谬误之处，敬请各位专家和同行不吝赐教！

作　者

2018年10月

于杭州

图书在版编目（CIP）数据

新时期浙江农业自然资源综合开发利用战略研究 / 王美青等著 .—北京：中国农业出版社，2019.2
ISBN 978-7-109-25290-5

Ⅰ.①新… Ⅱ.①王… Ⅲ.①农业资源开发－研究－浙江 Ⅳ.①F327.55

中国版本图书馆 CIP 数据核字（2019）第 039274 号

中国农业出版社出版
（北京市朝阳区麦子店街 18 号楼）
（邮政编码 100125）
责任编辑　孙鸣凤

中国农业出版社印刷厂印刷　新华书店北京发行所发行
2019 年 2 月第 1 版　2019 年 2 月北京第 1 次印刷

开本：700mm×1000mm　1/16　印张：13.25
字数：260 千字
定价：68.00 元